U0503686

陕西历史博物馆学术文库
Academic Dissertation Library of
Shaanxi History Museum

文博鸿踪录

An Exploring Journey in
Cultural Relics and Museum Field

——成建正文集

文物出版社

图书在版编目（CIP）数据

文博鸿踪录：成建正文集／成建正著 . —北京：文物出版社，2014.9

（陕西历史博物馆学术文库／成建正主编）

ISBN 978 – 7 – 5010 – 3978 – 4

Ⅰ.①文⋯　Ⅱ.①成⋯　Ⅲ.①考古—中国—文集　Ⅳ.①K87 – 53

中国版本图书馆 CIP 数据核字（2014）第 042928 号

陕西历史博物馆学术文库

文博鸿踪录
——成建正文集

著　　者　成建正
封面设计　周小玮
责任印制　张道奇
责任编辑　丁　马
出版发行　文物出版社
地　　址　北京市东直门内北小街 2 号楼
　　　　　邮政编码　100007
　　　　　http：//www.wenwu.com
　　　　　E – mail：web@ wenwu.com
制版印刷　北京京都六环印刷厂
经　　销　新华书店
版　　次　2014 年 9 月第 1 版第 1 次印刷
开　　本　965 × 1270　1/32　印张　10.25
书　　号　ISBN 978 – 7 – 5010 – 3978 – 4
定　　价　86.00 元

　　成建正，男，汉族，1955年10月出生，西安市人。管理学硕士、研究馆员。曾任陕西省博物馆副馆长、西安碑林博物馆党委书记兼副馆长，现任陕西历史博物馆馆长，兼任中国博物馆协会副理事长、中国博物馆协会区域博物馆专业委员会主任委员、陕西省博物馆协会副理事长、西北大学文博学院兼职教授。发表和出版论文、著作20余种，多次获奖。近年来，在博物馆管理理论与实践方面的研究和著述、译作较多且有一定影响。

一　2009 年 10 月 18 日，陕西历史博物馆基本陈列"陕西古代文明"获第
八届十大精品陈列领奖现场（左一）

二　2010 年 8 月 16 日，"丝绸之路"展开幕式现场

六　2012 年 9 月 25 日，韩国国立庆州博物馆交流展开幕式现场
七　2013 年 5 月 18 日，香港国际博物日讲座现场
八　2013 年 9 月 27 日，欧亚经济论坛文化分会会议现场

九　民国时期碑林风貌
一○　开成石经

陕西古代文明
SHAANXI ANCIENT CIVILIZATION

大唐遗宝
何家村窖藏出土文物展
TREASURES OF THE
GREAT TANG DYNATY

二七　临潼姜寨聚落遗址模型

三二　唐昭陵六骏（其中拳毛騧、飒露紫为仿制品）

三三　唐献陵石犀

三四　北魏皇兴五年弥勒造像

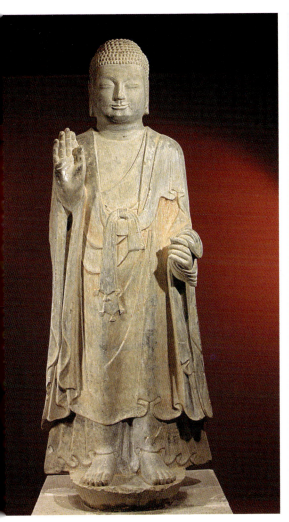

三五　北周大象二年佛立像
三六　唐菩萨立像

丝绸之路
托罗梅所记梅斯代理人至赛拉之路
芽马库斯使突厥及回拜占庭之路

N

巴尔哈什湖
Lake Balkhash

蒲类海

山北六国

阿里麻里

○突厥可汗庭

车师前王庭

楼兰○

伊吾

焉耆

敦煌

黄

河

疏勒

库车

莎车

于阗

且禾

伊循城

张掖

长安（赛拉）

四〇　唐章怀太子墓壁画狩猎出行图（局部）

四一　唐章怀太子墓壁画客使图

四二　唐贞顺皇后敬陵墓室壁画

序　言

单霁翔

对于一个长期从事专业工作的人来说，少不了写些东西，或曰著书立说。这既是学者的人生追求，也是一种社会责任。而当这些作品汇集成册时，我们往往能从中看得出作者学习、工作的经历与思考、治学的轨迹。送到我手里的这本文集便是如此。

从 20 世纪 70 年代至今，陕西的博物馆事业经历了不平凡的快速发展时期。而成建正先生曾经工作过的半坡博物馆、陕西省博物馆、碑林博物馆和陕西历史博物馆，或在这个过程中得到了发展、或在这种机遇里诞生与改组，体现了中国博物馆事业在复苏、探索与变革、繁荣过程中的诸多特征。成建正先生在亲历这个过程的同时，结合他从事宣教、陈列、管理工作的实践，用数十万文字记录了他近四十年时光相继在三个博物馆不同岗位上作为专业人员和管理者的思考、感悟与体会，体现了他对事业难能可贵的专注与热忱。如同苏东坡在《和子由渑池怀旧》中所说："人生到处知何似，应似飞鸿踏雪泥。泥上偶然留指爪，鸿飞那复计东西。"这本文集清晰记录了他在文博工作的不同岗位上思考、探索与追求的"指爪"。

文集收录的文章计三十余篇，按内容大致分为博物馆学研究、历史文化丛论与著述序言三部分。

1972 年，成建正先生进入我国第一座新石器时代遗址博物馆——西安半坡博物馆担任讲解员。当年 5 月 17 日，该馆对外开放了以反映六千年前半坡人生产生活、社会形态、艺术创造为主线的基本陈列，接着又举办了"生物进化和人类由来"展览和原始社会史陈列。当时，在专业人员较少、分工不很细致的半坡，成建正先生有幸参加了陈列设计、考古调查与发掘等一系列专业工作，并发表了两篇颇有特点又具新意的文章——《半坡史前村落复原场地的初步设想》和《试析原始宗教的历史地位》。体现了他年轻时就具有的善思考、肯钻研的特点和对文物、博物馆事业的投入与关注。

20 世纪 80 年代以后，成建正先生也经历了同时代很多人都有过的在职脱产学习、工作单位变动、在不同岗位历练的过程。据我所知，他工作过的文物博物馆单位就有省文物局、陕西省博物馆、碑林博物馆、陕西历史博物馆。担任的职务包括主任科员、副馆长、党委书记兼副馆长、馆长等。这些丰富的实践与历练，开阔了他作为专业人员的视野，积累了他作为管理者的经验与体会，同时也为他日后担任陕西历史博物馆馆长奠定了阅历、专业与管理经验等方面的基础。

改革开放以后，与全国一样，陕西博物馆界迎来了发展的新契机。主要体现于博物馆数量大幅增加，理论研究之风兴起，工作实践中出现了多种形式的探索，现代化博物馆的构想和建设也付诸实践，其中陕西历史博物馆新馆的规划与建设最具代表性。

这里需要说说陕西省博物馆与碑林博物馆及陕西历史博物馆的渊源关系。

陕西省建立博物馆的历史始于 1944 年，名称几经变更，至 1955 年确定为陕西省博物馆。地址设在西安碑林。馆舍则一直利用原碑林与孔庙的旧建筑。成建正先生在一篇文章中将其中的关系说得很清楚。

早在 1961 年 10 月，时任国务院副总理的陈毅参观位于西安碑林的陕西省博物馆时曾经感叹："碑林拥挤，空间太小，光线太暗，看起来不方便。"1973 年 6 月 10 日，周恩来总理参观陕西省博物馆时说："陕西文物很多，展室狭小，在适当的时候，新建一个博物馆"，"馆址可选在大雁塔附近"。1977 年 8 月，中共第十一次全国代表大会召开期间，时任文化部文物局局长的王冶秋对参会的陕西代表说："周总理指示，要在陕西新建一个博物馆，可以搞得宏伟一点，投资可以多一些。"省文化局随即向文化部文物局和国务院呈送了《关于新建陕西省博物馆的初步设想方案》和《关于新建陕西省博物馆的请示报告》，1978 年 3 月获国家计委批准后，1983 年正式成立"陕西省历史博物馆筹建领导小组"，下设筹建处，开始了具体的筹建工作。1985 年，陕西历史博物馆被列为国家"七五"计划建设项目，目标定为现代化的国家级博物馆。1991 年 6 月 20 日建成开馆。

陕西省博物馆分为碑林博物馆和陕西历史博物馆后，成建正先生曾担任碑林博物馆的党委书记兼副馆长，他的注意力也集中在了碑林博物馆的运行管理与发展研究方面。文集中《博物馆管理四题》、《市场经济体制下博物馆管理的几个问题》、《碑林的定位与发展》、《积极申报世界遗产，尽显著名古都风采》、《西安碑林与世界文化遗产》等几篇文章，都是对该馆运行、管理与发展进行积极探索与研究的结果。

21 世纪初叶，陕西的博物馆也加入了全国博物馆的改扩建浪潮中。成建正先生主持改造了原石刻馆并制定了碑林博物馆整体规划方案。在后任领导的不懈努力下，2010 年 5 月 18 日，规划中的碑林博物馆新石刻艺术馆正式建成开放。该馆建筑曾获"鲁班奖"，其中的专题展览"长安佛韵——古代佛教造像艺术展"荣登 2009～2010 年度"全国博物馆十大陈列展览精品奖"金榜。

成建正先生担任陕西历史博物馆馆长的时间是 2005 年 7 月。履新不久，便提出对历史博物馆陈列体系的构想并筹划改造该馆的基本陈列"陕西古代文明"和专题陈列"大唐遗宝"。在陕西省文物局的大力支持和全馆上下的共同努力下，这两个展览取得极大成功。分别于 2008 年和 2010 年荣获第八届和第九届"全国博物馆十大陈列展览精品奖"。为了促成意大利政府提供赠款与贷款支持的"唐墓壁画馆"建设工程早日实施，他与和该项目相关的同事们多次拜访时任意大利驻华大使馆官员和中方代理机构。在各方面的共同努力下，该项目自 2007 年 1 月 9 日开工典礼至 2011 年 6 月 20 日正式对外开放，历经 5 年的精雕细琢，终于建成了国内首座集展示、保护、传承、利用为一体的唐墓壁画珍品馆。其中的努力、艰辛与苦乐都汇集在《唐代壁画珍品馆与国际合作》和《十年磨一剑——陕西历史博物馆唐墓珍品馆》两篇文章中。而《陕西历史博物馆的历史、现状和前景——写在新馆落成 15 周年之际》和《"十一五"期间我省博物馆事业面临的几个问题》则是成建正先生作为陕西历史博物馆馆长与陕西省博物馆学会会长对全省博物馆事业发展进行理论探索的结晶。

2008 年，陕西的博物馆迎来了免费开放的新实践。3 月 26 日，全国首批免费开放博物馆启动仪式在陕西历史博物馆举行。《陕西历史博物馆免费开放的做法与思考》、《写在〈陕西古代文明〉正式开展之际》、《拥珍品而现精妙——陕西历博展陈构想》三篇文章对博物馆免费开放后如何更好地发挥社会功能进行了积极探讨。

2008 年，中国博物馆学会区域博物馆委员会与陕西历史博物馆合作举办了西安论坛，会议主题为"区域博物馆与社会和谐"，成建正先生认真思考了西北地区博物馆馆际合作的发展方向，并通过《西部博物馆事业的发展之路》一文体现了他的思路。2010 年 7 月，由西北五省（区）六馆合作的大型原创性展览"大西北遗珍——丝绸之路"在陕西历史博物馆展出，精美绝伦的稀世珍宝与大气磅礴的精彩展览赢得了观众喝彩。此后，展览在全国六地巡回展出并获得成功。早年就关注过该主题并发表了《神话、传说与丝绸之路》的成建正先生又在《汉唐长安与丝绸之路》和《汉唐宏观历史视阈下的丝绸之路》中以更加广阔的学术视野对西北五省区与丝绸之路的相互作用与影响进行了阐释。

2008 年始，国家文物局开展了全国博物馆评估定级工作。2 月 5 日，发布了《关于开展首批一级博物馆评估定级工作的通知》。经严格考核与评比，陕西历史博物馆被评为国家一级博物馆和西部地区唯一的省部共建博物馆。同年，基本陈列"陕西古代文明"荣获第八届全国十大陈列展览精品奖。2010 年，"大唐遗宝——何家村窖藏出土文物展"又获第九届全国十大陈列展览精品奖。2011 年陕西历史博物馆再获全国最佳陈列推广奖。此时的成建正先生对博物馆学进行了更深刻的思索，在国家博物馆、上海博物馆、重庆博物馆、浙江博物馆等处相关论坛的发言和《博物馆的文化力量》、《博物馆的社会责任》、《当代博物馆的文化传播与服务——从陕西历史博物馆谈起》、《面向公众的博物馆（博物馆的展示与服务）——中国博物馆展望》等论文表现出他在博物馆学研究方面新的努力和成果。

除了在博物馆馆长、研究员岗位上所做的工作外，成建正先生还利用他陕西省政协委员和曾经的西安市政协委员身份，为陕西的博物馆事业鼓劲与建言。他在陕西省政协第十届委员会第一次会议上所做的题为"发展文博事业，建设文化强省"的专题发言，向西安市政协提交的《积极申报世界遗产，尽显著名古都市风采》提案均受到了相关部门的关注。

成建正先生以文博人求知和创新的自觉，在学术上进行了不辍耕耘，期待以后以"奋厉有当世志"之精神，有更多佳作问世，施益于文物博物馆事业的发展。与此序之始相呼应，这里以苏轼《浣溪沙·山下兰芽短浸溪》中"谁道人生无再少？门前流水尚能西，休将白发唱黄鸡"之句作为结尾。

2013 年 4 月 2 日
于北京故宫博物院

目　录

博物馆学研究

历史文化丛谈

著述序言

博物馆学研究

博物馆的美育职能初探

博物馆的美育职能，是一个早已有之的话题。我国近代著名教育学家蔡元培先生就曾认为，博物馆"与学校具有同样的功能"，"都有教育的作用"，且博物馆的教育重在科学与美育，"要求知识以外，兼养感情"。他曾呼吁筹建科学博物馆、自然历史博物馆、历史博物馆、人类学博物馆等实施"社会美育的专设机关"〔1〕。

可是，蔡老先生的真知灼见至今尚未引起我们的重视，目前流行的博物馆学教科书和研讨文章中似乎很少涉及博物馆的美育职能。学术界在为建立我国博物馆学完整的理论体系所进行的种种努力和尝试中，好像也无暇顾及这个问题。博物馆美育可能产生的社会效益被无情地忽视了。在美育被视为提高全民族精神文化水平的必要途径，被视为与德、智、体育并列的教育方针的今天，这无疑是一件憾事。

本文探讨的关于博物馆美育条件、方式、作用等问题，尚属抛砖引玉之举，以期引起学术界同仁对博物馆美育职能的重视与讨论。

一 博物馆的美育条件

我国现有的博物馆，以社会历史类为主。其内涵主要是古代文物和表现历史内容的陈列（展览）。这种单一的类型能否适应博物馆

---

〔1〕 宋伯胤：《中国博物馆的历史足迹》，《文博》1985 年第 4 期。

事业发展的趋势，不属本文的讨论范围。但仅就这样的内涵而言，确实为博物馆实施其美育职能提供了广阔的用武之地。

1. 博物馆内涵——美的历程

美是社会实践的产物。人类文明形成和发展的过程，实际上也是美的事物、美的观念形成和发展的过程。而博物馆正是以它丰富的收藏和陈列展览，把历史文化的高度结晶和外在标识以及民族精神的物质凝聚展现在人们面前，揭示出一个美的历程。当人们漫步、浏览于博物馆时，有人会从硕大粗笨的旧石器的力度中感受到"人猿相揖别"的历史过程的壮阔；有人会从笔调简单的彩陶的古朴中真切感受到"天下为公"时代人类的心理和思维特征；也有人会从精美端重的青铜器的云雷兽面中感受到一次历史巨变给予社会的震动……人们总是在朦胧的体验或顿觉的醒悟中感触到这个文明古国的心灵历史。诚如一位美学家所说："时代精神的火花在这里凝冻、积淀下来，传留和感染人们的思想、情感、观念、意绪，经常使人一唱三叹，流连不已。"[2]这种体验和感受所激发的美感，如同三山五岳、长江大河所给予人们的感受一般由衷和自然。

可见，博物馆的美育条件是一种客观存在，所需要的是发现、认识和再创造。

2. 古代艺术品——美的震慑力

中国是一个文明古国。在世界上，像中国这样从未间断地将自己的历史和文化从远古时代延续到今天的国度，几乎绝无仅有。自然，我们的博物馆不乏精美绝伦的古代艺术品。无论是举世闻名的兵马俑和铜车马、巧夺天工的石刻群和石窟寺，还是栩栩如生的唐三彩和唐墓壁画、意境深远的国画和书法，都因为融入了艺术家的独到匠心和艺术的永恒魅力而具有巨大的感观吸引力、艺术感染力和美的震慑力，令人惊叹，使人折服。据说，有一位十分傲慢，几乎目空一切的大国首脑，当他站在秦俑坑前的时候，

---

〔2〕 李泽厚：《美的历程》，文物出版社，1981 年。

也不由自主地流露出折服、震慑的神情。这使人联想到乌斯宾斯基的小说《舒展了》之中一段真切的描写。他记叙了一位穷愁潦倒的乡村教师在巴黎参观卢浮宫维纳斯塑像时的感受："……当我停步在大厅里的弥罗岛的维纳斯面前时，我被一种非同一般的、不可思议的力量所震慑……因为从这一瞥开始，我就感到在我的心中升起了巨大的欢乐……我突然感到，在人类的语言中找不出一个词汇，可以来说明这尊石像创造奇迹的奥秘。……打碎她，这等于使世界失去了太阳，如果在人的一生中连一次都没有感受到维纳斯的温暖，他就不值得生活在这个世界上……是她'舒展了'我的被现代化生活揉皱了的灵魂，给予了我感受这种灵魂"舒展开来"的无涯欢乐……"〔3〕这种十分真切的落魂失魄的陶醉足以说明博物馆美育条件是何等充分。

3. 继承、探索——审美魅力

我国现有博物馆的藏品和展品，以距今年代久远、早成历史陈迹的古代遗存为主。稍加留意，我们就会看到，这些古迹斑斑的人类创造的印痕，一再引起即将进入新世纪的人们的回顾和欣赏，不断地感染、激励着今天和后世的人们。物质生活愈丰富，文化水平愈高，这个现象愈明显。为何如此呢？一方面是因为民族文化的继承性与统一性。我国的古代遗存，是中华民族情理结构的一种凝聚态。它与今天中国人的心理结构有着互相呼应的同构关系和影响。如同在文艺欣赏中，描写封建帝王爱情悲剧的《长恨歌》照样能感动今天的革命者，表现亡国君主哀叹的李煜词还可以为当代的民众所欣赏，宝玉和黛玉的爱情悲剧仍然能引得现今的青年读者黯然神伤一样，古代物质遗存也具有这种历史的超越力量。另一方面，是因为审美心理包含有明显的好奇心和求知欲。按时代顺序，古代的遗存是陈旧的东西。但对现代人来说，由于隔着历史的迷雾，在与司空见惯的现代物品相比时，它们却成为人们眼中全新的东西。而

---

〔3〕 林兴宅：《艺术魅力的探索》，四川人民出版社，1985 年。

"凡是新的不平常的东西都能在想象中引起一种乐趣，因为这种东西使心灵感到一种愉快的惊奇，满足它的好奇心，使它达到原来不曾有过的一种观念"〔4〕。此外，对于古代遗存，有的我们能够解释清楚，有的则无法解释清楚，只好把一部分思索、想象的余地留给观众。而那些需要观众思考、想象的东西，在审美意识中，又增加了一分神秘的色彩和魅力，能够使人产生涉新猎奇的满足。有人说过："人们不会在一个来历明确的现代纪念碑前停步；可是当人们在一个大洋的荒岛上忽然发现一个铜像，它的一个胳膊伸出指向夕阳坠落的地方，它那受海水和风雨冲刷的座右铭上刻有象形文字，这对那个旅行家该是何等美妙思考的源泉！"〔5〕这段话恰好说明了神秘带给人的审美魅力。

4. 民族精神——崇高的美感

我国社会历史类博物馆最鲜明的特征，就是以其陈列展览向人们展示出中华民族的历史创造和独特文化。这既是人类历史的伟大成果，又是民族聪明才智的凝聚、民族创造力量的象征和我们祖先辛勤劳动的结晶，包含着极为丰富、深刻的审美内容。这导致了众多观众对博物馆的向往，使博物馆有可能通过形象的展示把观众的注意力和思维引向预定的路线，使观众产生突然的领悟，受到智慧和力量的启发。这里既有理智的接受，又有情感的渗透。当博物馆的主题思想为观众所接受之后，势必上升为人们的带情感倾向的观念——自豪、自尊、奋发、进取。在革命博物馆和历史人物纪念馆，民族英雄不畏强暴的凛然正气，革命先烈宁死不屈的献身精神，则更直接地激励着人们。所有这些，无疑是一种比较长久地保持，并容易造成实践动作的崇高美感。它对爱国主义、革命理想和传统教育，有着不可低估的作用。

---

〔4〕 爱迪生：《论洛克的巧智的定义》，《西方美学家论美和美感》，商务印书馆，1980 年。

〔5〕 朱狄：《艺术的起源》，中国社会科学出版社，1982 年。

二 博物馆的美育方式

关于美育方式的理论并不玄妙。美感依赖于人的感觉，人的感觉又依赖于客观对象。博物馆的美育，简言之，就是使客观对象（陈列展览）通过人（观众）的感觉（在博物馆的具体环境中，主要是指人的高级审美感官中的视觉）而产生美感。在这个意义上，观众的审美感官，就成为沟通美（客观）与美感（主观）的不可缺少的过渡性"窗口"。所以，博物馆美育职能的体现，关键在于抓住观众的审美情趣，引导观众用视觉去感受"景象美"，使陈列（展览）品成为审美对象（或曰客体）的基本单位，并产生出赏心悦目、足以动人的美感效应，从而激发出观众真实、深沉、长久的精神上的美感。

可是，要切实收到这样的效果，必须使博物馆展示在观众面前的审美对象，具备真实可信、独特新颖、诚挚深沉、含蓄蕴藉的特点。借用文艺审美的术语，即体现"真、新、诚、蕴"四字。

1. 真——为观众创造情境的规定性

"真"即真实可信。博物馆的真实性与艺术的真实性不尽相同。艺术的真实性可以理解为文艺作品的一种审美素质。而博物馆的真实性必须在考虑陈列展览审美素质的同时，把它理解为科学素质和历史范畴，兼顾"历史观点和美学观点"（恩格斯语）。具体地说，组织博物馆陈列展览，必须考虑到文物的真实性及其所构成的历史气氛的真实性。只有具备了这两个真实性，体现出时代风貌和历史精神的博物馆，才具有美的吸引力，才能得到观众的确认，进而经过想象的作用或持久注意的过程，使心灵进入客观对象所形成的规定情境。

文物的真实性，要求博物馆展现在观众面前的陈列（展览）品，具有鲜明的时代特征和实在的历史印痕。博物馆的观众知识水准和习惯爱好各不相同，但到博物馆的目的，总是为了欣赏那些产生于特定的历史时代，并经历了长久的历史过程已成陈迹的遗存。所以，在不影响珍贵文物保护的前提下，博物馆应尽量采用真品陈列。很难想象，在一个充满复制品的博物馆，人们会感受到美的历程的步履，体会到心灵深处的震动，产生出追溯古代社会的欲念，或者因现代复制者的才能而引起民族的自豪感。曾经有人谈到在中国历史博物馆参观司母戊大方鼎时的感受。观者曾长久地伫立在该馆通史陈列中居于显赫位置的大方鼎前，为其雄浑的造型、古朴的图案和硕大的体量而感叹，甚至从中联想到铸鼎的炉火和祭神的盛况，并试图从它斑斑的绿锈中寻找出关于它所经历的漫长时代的印记。可是，当他得知他所看到的是一件足以乱真的复制品时，未睹真品的憾情霎时冲淡了萦绕于心头的美感。可以想见，即使复制出比秦俑坑大数倍、数十倍的秦代军阵，也不会像原地出土的兵俑那样，吸引人们的感官，牵动人们的思绪，并震撼人们的心灵。可见，文物的真实性在博物馆美育中有不可忽视的作用。

历史气氛的真实性，是指实物资料及其组成的陈列展览与历史背景的融合。古代遗存，之所以能引起人们欣赏的愿望，除了它们本身所具有的"景象美"外，还因为它们总是与一定的时代和事件相联系，或多或少地保留着人类往昔经历的印记。在它们身上，人们总能感受到历史的节奏，产生众多的联想。面对半坡遗址的断壁残垣、沟壑土穴，观众很难直接感受"景象美"的吸引力。可是，当人们把它与开创中国文明之先河的原始人联系起来时，其美感效应不会小于现代化的高楼大厦。同样，秦俑坑能够吸引那么多人，也不仅仅因为兵俑本身的物质结构或造型特征，更重要的是因为它与中国的一个伟大时代，与中华民族的一位杰出人物，与无数不知名姓的能工巧匠有着直接的关系。所有这些，为人们想象力的自由驰骋提供了广阔的空间。

近年来的统计资料表明，专门性博物馆的参观率明显地高于综合性博物馆。这里所说的专门性博物馆，是指那些建立在古建筑群体内（如故宫博物院、沈阳故宫博物院），与重大历史事件、重要历史人物相关联（如杜甫草堂、鲁迅故居）。而这类专门性博物馆拥有藏品的数量远远低于大型综合性博物馆，它们对于观众的吸引力，主要在于其浓郁的时代气氛和鲜明的历史印记。

理解了实物资料与历史背景融合的重要性，我们起码应该做两方面的努力。

首先，在内容设计时应该以馆藏文物的拥有情况为依据。有什么样的文物，就表现什么样的主题。而不应片面追求历史陈列（展览）的所谓"系统性"，勉强加入实物资料难以表现或说明不了的内容。因为博物馆的表现方式与教科书不同，只有在实物资料充分、恰当的条件下表现出的内容，才是真实可信的。同样，观众去博物馆的目的也不同于去图书馆，只有历史真实的文化遗存，才能吸引和打动他们。而以文字说明揭示社会背景，以统计图表反映社会经济状况，以雕塑、绘画表现时代政治风云的方法，则很难引起人们的心理共鸣。我们不妨做一个简单的关于心理倾向的测试，统计一下在历史类博物馆的观众中，有几个人在上述说明、图表或绘画、雕塑前长久地停留（这里毫无否定必要的辅助手法之意。相反，使用得当的辅助手法，正是下面所要倡导的）。

其次，在形式设计时，应尽量创造出一种合理的感观环境，体现出特定阶段的时代精神和别开生面的艺术情境，使观众在身临其境之中产生强烈的时代感和好奇心，进而进行理念上的思考，得到启迪，产生联想，达到理解。例如，展出墓葬壁画的陈列室，最好营造墓道的环境，配以隐蔽的幽暗灯光。这样，观众既欣赏了展品，又可联想到它们的内容含义、创作条件和千百年来的栖身之所。村落遗址博物馆，最好附设复原的古代村落，所有细节都严格恢复古代的面貌。观众置身其中，其感受的深度、联想的广度及理解的清晰度，都是陈列室的柜中天地所无法比拟的。在这方面，国外已有成功的先例，如罗马尼亚的"乡村博物馆"、日本的"明治村"、斐济的"古代文化村"、泰国的"古城"等，均值得我们借鉴。

2. 新——予观众以丰富新鲜的感受

"新"，即独特新颖。要做到这一点，必须注意博物馆内容和形式的个别性、变化性、独创性几个因素。只有这样，才能使观众产生丰富新鲜的感受，体现出博物馆美的吸引力。

个别性。要求博物馆的一切表现方式，都应是新颖、个性化的。即使是表现普通的内容，也要使人看到不同凡响的特点。秦俑坑出土的六兵二马在美国各大城市展出时，各地博物馆均请了高明的设计师，采用了现代化的设备组织展览。结果无非是环境优雅、设备豪华而已。而芝加哥博物馆却采用了与众不同的手法，以透明镜面玻璃制成八角形二联橱，内置展品。橱内有灯光照明，观赏者置身于橱外光线较暗处。由于光照效果和反射原理，人们看到的不是六兵二马，而是由千军万马组成的军阵。观众在这里产生的审美感受，显然是六兵二马的效果所不能比拟的。名列世界七大奇迹（或称世界古代七大建筑奇迹）之首的埃及金字塔，除了以雄伟的金字塔和狮身人面像取胜外，还在夜晚为游客举办一种名曰"声与光"的节目。各种颜色的灯光在忽明忽暗之中交换地突出遗迹的某一部分，音色变幻的解说在抑扬顿挫地讲述金字塔的历史和传说，对这样的夜晚，谁能轻易忘怀呢？

变化性。要求博物馆的内容生动起伏，富于变化。历史发展的每个阶段有自己的特征，代表各个阶段的文化遗存有自己的个性，各个博物馆所拥有的藏品特点也不尽相同。所以，对历史过程的表现大可不必千篇一律地按经济、政治、文化的模式平分秋色。历史陈列（展览）的实质是再现历史，而"再现应当尽可能保存被再现的事物的本质"[6]。正确的方法应是在详细研究的基础上，选择那些既有鲜明的时代特征，又体现了一定的社会生活本质与规律的文物组织陈列（展览），使所表现的内容按历史发展的本来面目和比重跌宕起伏，浓淡结合，历史地具体地体现各个时代的个性和特性。

----

〔6〕 黑格尔：《美学》第 1 卷，第 147 页。

例如，在政治稳定、经济繁荣的年代，科学技术、建筑、工艺等，就昌盛一些。历史陈列（展览），就应该以此为重点。相反，社会动乱、生活艰难的时期，哲学思辨、文学、绘画等却相对地繁荣发展，陈列（展览）则应突出表现它们。只有这种由不同时代物质遗存特征产生的对比，才能成为强化的刺激信息，作用于观众的审美心理，形成定向联想，使人们对博物馆所展示的内容保持强烈而持久的印象。

独创性。要求博物馆的主题异峰突起，形式别具一格。其一，各博物馆要根据自己的藏品特征确定具有个性的基本陈列和主题内容。人的审美感官是无法欺骗的。丑的事物单调重复使人难堪，即使是美的事物，如果简单地重复，也足以使人厌倦。以往，我们常常将博物馆的教育职能片面地理解为举办能与历史教学吻合的、教科书式的陈列展览。直到现在，我们许多热心的同行仍在不惜人、财、物、时、地尽力拼凑所谓"完整的陈列体系"。岂不知，随着人们文化水平的提高和欣赏情趣的变化，对那种主题和形式千篇一律的通史性陈列，早已无兴趣可言。1985年11月初，正值旅游旺季之时，笔者曾对某颇有影响的省级博物馆的观众流量作过一次实地调查。该馆藏品数量和质量在全国均名列前茅，又位于某大城市的旅游热线上。馆内有地方史陈列对外开放，文物精美，陈列体系也堪称完善，照顾了各个历史时期的各个方面。可是，半小时内到馆参观者仅十二人，其中还有四人是专程参观正在举办的一个画展。这种现象是发人深省的。如果我们的博物馆不能赢得观众，我们时时强调的教育作用又从何谈起？其二，我们要开阔视野，从传统的收藏方式的博物馆概念中摆脱出来。当今世界，各种主题的博物馆应运而生。原状陈列、复原陈列、露天博物馆、"活人博物馆"的形式已被广泛采用。教育和娱乐正逐渐在博物馆的天地里融为一体。学习和借鉴这些方法，以它山之石攻此山之玉，也许对我们在陈列体制改革中的尝试不无裨益。

3. 诚——与观众的内心情感呼应

"诚"，即诚挚深沉。这是博物馆在涉及情感内容时应遵循的原则。在革命博物馆、历史人物纪念馆，这个原则尤其显得重要。博物馆的情感性内容，要由物的巧妙组合构成，寓情于物，情物交融。较为可行的方法是寻找客观应和的事象，即用能够直接成为某种特别情感公式的一组陈列品、一个场景置诸观众的感觉经验，唤起人们内心相同的情感。参观过中国革命博物馆周恩来同志纪念展览的人对此一定有很深的体会。当人们按照规定的参观路线，从展品中回溯过总理的革命生涯后，在展览的高潮部分，一组陈列品令人久久地伫立：一块旧上海牌手表，指针停在总理逝世的时刻；一本台历，翻在 1 月 8 日这个令全国人民震惊的日子；一枚伴随总理多年的纪念章，上有"为人民服务"五个金字。墨绿丝绒背景上，斜铺着《国际歌》结尾句的乐谱和歌词。这里无须用任何说明性文字。展览诚挚深沉的情感表现手法，足以引起观众强烈的情感共鸣，以至发生撼动人心，催人泪下的力量。

4. 蕴——使观众感受再创造的愉悦

"蕴"，即含蓄蕴藉。主题深刻而不是和盘端出，内容丰富却并非一览无余，才能产生反复咀嚼的深刻韵味。博物馆的陈列（展览）是一门艺术，我们切不可忽视对观众主观审美条件应有的尊重，而把本不必和盘托出的东西讲尽说绝。博物馆应该为观众提供想象力纵横驰骋的广阔空间，使人们在联想和想象中有所补充又有所发现，进而获得审美再创造的愉悦。同时，它应造成一种有利的审美气氛，使观众对文物采取恰当的审美静观的态度，得到高尚雅致的美感。蕴，是博物馆内容表现方面的基本原则。它应该有以下含义：

其一是"万取一收"。就是选用最具特征性的文物概括丰富、复杂的历史内容。面面俱到势必有所不到，详略得当则往往能通过局部代表整体；利用象征借代的方法间接提示，也能对丰富复杂的历史内容进行高度的概括。由数十件，甚至上百件青铜器组成的陈列，如采用了合理的组合方式和巧妙的表现手法，所引出的就不仅仅是人们对青铜文化的赞叹。观众还可以产生从兽面饕餮到特定历史时代的超越时空的感受，从列鼎而食到奴隶制的等级制度、从钟鸣鼎食到奴隶主阶级的奢侈生活的丰富联想。再进一步，人们还可以从青铜器怪异形象的雄健线条，深沉凸出的铸造刻饰和沉着、坚实、稳定的器物造型中，感受到进入文明时代所必经的那个血与火的年代的历史脉络。同样，在大型的唐墓壁画、巧夺天工的盛唐工艺品和充满浪漫主义气息的唐诗手稿面前，人们感受到的，自然包括含有盛唐时期稳定的社会生活、发达的生产经济和繁荣的文化艺术，以及关于宫廷生活、民间工艺、杰出诗人的种种联想。有谁能够说，面对《清明上河图》，他所体会到的仅仅是张择端高超的绘画技艺？

其二是"意在象中"。要尽可能地通过展品的巧妙组合，即利用陈列语言表现主题思想和历史事件，使理性内容含而不露。我们的博物馆以经典论述、通栏标题或大段的文字说明表达理念、观点的方法应该尽快地有所改变。高水平的博物馆，应该具备最富于暗示性、启发性的陈列（展览），主题婉转含蓄而意境触彻，使人观之再三犹感余味无穷，使观众通过自身的追索、理解、回味，获得象外之意，言外之音。苏联托尔斯泰故居博物馆在表现托翁逝世的内容时，将遗体的半身模型置于他生前经常散步的一片森林的特大幅照片之前。这个富有诗意的场面，既使人意识到伟人已在大自然的怀抱中长眠，又使人感受到其思想如生命之树一般长绿，丰富的内涵尽在不言之中。

上述分析，只简述了博物馆的四种基本的审美素质，借以说明博物馆的美育方式。当然，在这四种素质所构成的系统中，还包含着许多具体的手段、方法和技巧等因素，需要进一步探讨。但有一点是十分清楚的，即这个系统的复杂综合正是博物馆美学魅力的内在根据和美育职能的体现方式。

三 博物馆的美育作用

美育，作为人类文明发展的结果和人类自身建设的手段，有着多方面的作用。具体到博物馆，其美育作用主要体现在博物馆特定审美形态的组合所产生的各种复杂功能上，其中包括社会认识功能、精神启迪功能、情感交流功能、陶冶性情功能、感观娱乐功能等。这种种功能在观众心理上的反映及其产生的社会效应，就是博物馆美育的作用所在。

博物馆的美育，如前所述，是通过实物资料的形象展示体现出来的。在社会历史类博物馆，人们会形象地了解各个时代的社会生活状况，获得丰富、生动的社会历史知识，扩展视野。此外，重大的历史事件和那些尽管简单却反复出现的倾向，明彻地显露了生活的内在含义，必然引起人们理念上的思考，使人产生突然的醒悟，受到智慧的启发，进而挖掘出正确认识历史、把握现实、预测未来的潜能。博物馆美育的社会认识作用，在这里得到了充分体现。

关于民族历史创造和独特文化激发的自豪、自尊、奋发、进取精神，前面已经论及。这种精神能使人把自己置于民族一员的位置上，回顾民族的历史、正视自己的责任。同时，以宏观的人类历史对微观的个人，会使人感到个人是渺小的。这种感觉可以破人我彼此之偏见、废利害得失之计较，为人创造更高的情操，使人达到新的境界，感到生活的价值。这种潜移默化的思想教育作用，是传统的说教难以取代的。

美育是一种情感教育。在这方面，博物馆的优势十分明显。物化于古代遗存之中的中华民族传统的情感特征、审美趣味、艺术风格，因为与现代中国人的心理结构存在同构关系，必然引起人们思想感情上的共鸣，不知不觉地接受这些遗存所传递的情感信息，进而产生思想教育与情感陶冶统一的综合效果。而这种高尚的欣赏活动中产生的情感一旦弥漫于人们的心灵，必将引起精神上的升华。这种情感的交流和陶冶作用，应引起重视。

在现代生活中，"博物馆已成为人类科学文化事业的重要组成部分，陈列展览也普遍成为教育和娱乐的常用手段。它像是一篇融合过去、现在和将来的童话，能把回忆和幻想连接起来，考古与创新同样启发着人们的心灵。……像滋味同营养无法分开一样，教育和娱乐在这里失去了界线"〔7〕。这样理解博物馆的作用，并按照这样的理解去充分发挥博物馆的作用，使观众在接受教育的同时，体验到感观娱乐，博物馆在人们的心目中的位置将会重要得多。

"20世纪是博物馆的世纪。"人们势必越来越普遍地与这所"终生学校"结下不解之缘。处于新旧交替时代的中国人，更需要从观念上、情操上、心理结构上在博物馆汲取新世纪的营养。当代的中国博物馆，要义不容辞地利用民族先辈的无私奉献展示美的历程，用美的力量感染人们，激励人们，引导人们寻求美的事物，追求美的境界。

唯愿后世在忆及这个非凡的时代时，能够看到，在提高民族文化水平和精神素质的伟大事业中，有博物馆的贡献和博物馆工作者付出的心血。

（原载《文博》1987年第4期）

---

〔7〕 黎先耀：《世界博物馆漫游》，江苏科技出版社，1983年。

日常生活中的"看"与
博物馆中的"观察"

（译　文）

后现代社会对博物馆角色的观点是相互矛盾的。一方面作为一个学术之地，对于那些阅历丰富的公众和文化背景知识的拥有者，它应当超越一切敏锐的观察。另一方面它又被视为一个传播知识的教化之地，提供了文化载体的贮存，使那些抽象的文化概念得以图解。同时，博物馆又被看做是一个娱乐的场所，一个确定范围的休闲产品要得以成功地市场化运作，它又必须是一个旅游的热点。但是似乎没有任何建议把这些博物馆的基础特性，如学术的、教育的、娱乐的等，予以综合充分考虑。简言之，当面对观众碰到的这些问题时，持不同观点的人总是片面地去考虑问题。结果是，他们没有能力使参观者利用其潜质和经历从参观历程中受益。以下问题的提出和回答使上述过程能得以进一步澄清，也是对参观博物馆的建设性意见。

① 博物馆参观者应具备什么潜在的技能？

② 博物馆参观者真正利用了什么种类的参观手段？

③ 研究机构怎样才能帮助参观者发展其已拥有的参观方式和技能？

④ 哪些问题是参观者最基础的问题？

⑤ 哪些问题是参观者在参观过程中必须首先解决的？

⑥ 哪些知识对参观者来说是最受欢迎和关系最大的？

一 "看"

尽管在我们的意识存在中不间断地在用着眼睛，但这种作为个体的感觉器官的看的能力只是参观者的基础特性。因此，参观博物馆的经历，从这点来论，也就是一个正常的过程和经历，与我们日常生活的所有其他情形相似。也就是说博物馆的参观经历应该如此，它同每日生活一样，并不复杂。然而，通过研究参观过程怎样得以发生，就像左拉小说中描写的婚礼派对经历一样，或者那些更为科学的分析，那些涉及博物馆参观的社会学研究。其均显示两者并不是一回事。错误行为引起的惧怕，自己的忽视造成的忧虑，都造成了有别于日常生活情形的强烈感情。故大量的公众都提出"看"这一问题，有人从一种直觉方式探讨，有人却从哲学角度加以研究，也有人持一种心理学方法。

大量的博物馆学文章都提出有关"看"这一过程的问题，它应该是同艺术家的观察相对吗？或者是去分析有效博物馆学的条件，或者去追踪参观者最终的利用功用。基础的资料已经通过生理视觉和心理学合二为一之法即心理分析和社会学显示出来现在的研究充分考虑到诸种不同观点，但对其各自的系统性没有检验。这里着重探讨的是我们观察方式的分析，以及我们日常视觉种类的分析。这种对比将使我们辨析某些确定的疑问，是直接与参观者对展品的易读性问题相联系的。这些在以前的研究中还很少被提及。

日常生活中的"看"

以日常生活的情形来论，博物馆就是一个我们眼睛能大量接触的确切、真实的物体的场所。在每天的生活中，我们为了到达目的地，要不断地绕行于物体间，在此情况下，我们的"看"是功能性的，是为了判断出物体和自己的适当距离，目的是为了协调我们的行动，如果我们和某物体的距离不在恰当位置，会通过接受信息

（"看"）来加以改变，从而调整前进方向。当我们在房间内移动一把椅子时，我们既不会在此之前对其将由何替换而思考，也不会对其移动时间予以评估。每天生活中人们的"看"也是一个循环的过程，找到我们自己恰当位置的事实是不断在同一情形下重复着同一动作，以使我们靠近物体，离开物体，成为一组循环的视觉途径。在此过程中，物体丧失了其身份和各自的特性变为一种无名的整体中的元素，被作为一种规律性的可操作之循环。

另一个每日生活"看"的特性是其自动责任的发展，起初作用的有意识的行动，在重复性的这种动作的累积下被一种自动的下意识的行动系统所替代，从而我们所作的不再是一种有意识的活动。做一个形象的比喻，如同一个新拿到驾照的司机，开始他会全神贯注地集中于驾驶过程，当他们的驾驶习惯建立后，逐渐地他可以在驾车时思考其他问题或交谈。我们下意识所做的是基于我们有意识的活动，它不再与所谓"工作记忆"相联系，但其更为顺畅与有效。在另一种情形下，意识活动仍由"工艺记忆"所垄断，其直接影响即是，在新的环境下，带来大量新信息。确切地说，这种情形也就是参观者发现自己不适应参观博物馆的时候。大量未知或知之甚少的信息的出现，会使参观者有一种将被填鸭的感觉。在这种情况下，参观者不可能理解某单个展品，或者对它的细部产生认识，更不用说对展品有一个整体理解，因为其缺乏一种有效的途径去理解认识展品。

在日常生活中，对一单个物体的研究，通常采用靠近细心观察的方式，从而提供对此物的了解和掌握之法。它们不同的特点和可能被利用的方面正是由探测得来。物体的分析是纯功能性的，目的是为决定其精确的应用价值。

在最终确定其应用价值之前，眼睛会根据物体的外部特征判断其应用价值。一旦这种判断被确定，大脑即会对其做出指导性的评估。随之眼睛和大脑进入一种审查程序，即所谓的筛选过程，在此过程中，正常范围内的物体将不会被注意，大脑将只记录那些例外的物体（我们可从豆子分类过程来予以说明，在豆子被分类时会将那些非标准的排除掉）。在这种情况下，例外的物体将留在记忆中，其他的不会被记录。

"看"也是获取某个事物，以至于掌握它的一种手段。观察提供了一种适当的判断标准。它通过对事物整体或部分细节的分析来决定。某物体的价值将按照其完成程度、耐用性及外观判断，也与其产生时的经济水平、对其计划用途，或想从其中找出与之相关事物等方面有关。如果对一个事物美学特点有所留意，我们自然会把自己的审美情趣与之相联系。在某些情形下，想要得到的行动意味着一种要收藏的欲望。

我们日常生活中用来判定事物的客观标准在各地都是相似的，用途、艺术性、功能是普遍的判定法则。尽管社会、道德、精神评估法则会在不同的人类群体中有所改变，在社会学领域，我们会观察注意到，在同一社会中，评价标准将随各阶层文化背景的不同而改变，认知事物的特性和价值取向也会因为从一个社会阶层到另一个阶层而发生变化。同样的现象也发生在人类学研究中：同一事物在不同文化中会被赋予不同的特质，这些事物会不会被附加某些神奇的特性将依赖于时空的变化。一旦其被赋予某种威力就会从常态改变，理解也会从根本上发生变化。在这里，让我们检验一下当参观博物馆时观察的视觉特点。

二 博物馆中的"看"：博物馆中的参观条件

我们在博物馆看展品和日常观察事物有同样的特点吗？要回答这个问题，我们首先须考虑参观博物馆时观看展品的条件，一些特殊设备或某种博物馆参观氛围都能影响甚至改变我们视觉摄取展品信息的方式。

特殊的例外

首先，博物馆的展品（藏品）或历经大自然磨难而留存，或是经人为保护而传世。这些物品从其原处环境或保存处入藏博物馆，可以视为当时精典物品的代表，充当着物质生活证据的角色，构筑了一座保存、保护、展出人类物质、智慧和精神价值的"银行"或"档案馆"。在巴黎特卡迪罗博物馆门廊上方，铭刻着一段引自保罗·维拉瑞的名句，作为参观的导言："美丽稀有之物，汇于此斯文之所，吸引人们去看世间不曾目睹的所有事物。"当博物馆藏品不是特别的、例外的，而是当代生活物品的原型，那就是说它代表了一组的物品。然而事实上博物馆的藏品常常出自观众所陌生的社会群体，这或是由于社会学的原因，如有关宗谱纹章学的文物、牧羊人的牛角等；或是由于历史方面原因，如新石器时代的工具；或是由于地理上的原因，如出自波利尼西亚的独木舟的弦外木杆等。当参观者面对有关皇室早期创业的豪华文物、宗教专属的法器，以及在当代生活中不再具有功能的器具时，他们会感到茫然、无所适从，产生一种抵触厌倦参观的情绪。像电视的功能一样，博物馆应该能成为一个在现代生活中了解过去的通道，以便使人们借助它了解那些因时空阻碍难以接近的文物。特殊尺寸的艺术品（如建筑、纪念性雕刻等），珍贵材料制成的物品都不属于日常生活的标准器，同时还有那些破损严重不能修复的文物。有些物品、器物甚至到今日还在应用，但其当时意义、用途已发生改变。所以，当物品的属性改变时，我们看待它的角度也要随之改变。

不要触摸

首先要强调的是：博物馆藏品收藏过程对我们理解其方式有很重要的影响。例如，如果博物馆展品只能用眼看，不能触摸等。作为感官经验来说，就是限于视觉，而不能借助资料调动其他感官参与理解。而对人类社会的特定群体，如小孩和老人来说，他们对触摸展品表现出更大的兴趣。对某些质地的展品，如丝织品、大理石雕刻、青铜器等，参观者尤其想通过触摸来辨别展品。

但是目前这种靠单一感官理解的展览模式还要走相当长的路。

"手工制作展品"活动是一个寓教于乐的项目，提供不同质料供参观者制作复制品，在一定程度上打破唯一靠"看"来获取信息这一模式。这种活动加深了对原文物的理解，但是让每位参观者都去随意翻动展品以细察展品的特征也是不可能的，比如去把一只盘子翻过来，这种视觉对比的方法是行不通的。草图和油画，由于妥善保存的缘故，一般采取单独陈列方法，且只可采用合适的光照明。

没有经过训练的参观者，不可避免地将一无所获，因为他们以前的经验太少，缺乏用于理解的背景知识，而一些有经验的参观者，会在一系列的心理活动，如构思、想象、记忆、理解等的驱动下，被动地前行。这一系列的精神活动，就是我们称为"博物馆疲劳"的重要组成部分之一。观众的视觉能力在参观过程中产生了体力和精神上的双重压力，面对不断出现的展品，参观者不由自主地陷入紧张的脑力活动中，得不到喘息，这使情况更糟。近年来生理学研究已经揭示出有关人类能量消耗的真实情况，即主动消耗模式要比被动消耗模式耗费少得多的能量。任何种类的视觉强迫都会导致参观者增加能量消耗，后果是加重疲劳。低水平的陈列灯光或对视线的阻挡，也是增加视力负担的因素，这种视觉的干扰对无经验和有经验的参观者影响的程度有很大区别。

不能放弃的权力

参观者易于为日常生活的藩篱所囿，那些看到博物馆的展品就有占有欲望的参观者不可能获得展品信息，或者掌握它。和这一错误观念联系的见证是收藏品和展览的复制品的成功销售。参观者越是了解展品外观的欲望，他就越是会借彻底地分析展品外观而改变其最初的冲动，于是想获取展品的自然欲望得到了升华。这种改变将给其构筑一个完整的展品形象，而且是长时间的记忆形象，甚至忘却起初的错误观念。最终由一种复杂、彻底、重新构成的记忆取代，而且贯穿了非获取的观念。这就是人们常说的"百闻不如一见"的道理，只有亲身做了或经历了某种事物，才能记得更牢。不管如何，这些存储在大脑中的资料会在以后的博物馆参观中再次得到应用。因此，有经验的参观者不但会从许多视觉经历中得到快乐，而且他通过许多卓有成效的参观，会存储大量的展品信息，为其建成一座相当可观的视觉形象的"银行"。

引导作用

在博物馆建立一个好的视觉条件，要使陈列的文物不能仅在某一确定的角度使观众接近，而且这种视觉角度的导引作用又不能妨碍参观者从其他方面观看展品。

以某些确定的陈列展览为例，陈列中的反射光、过度的低灯照明、展品放置得过高或过低等等，都会严重阻碍参观者的视线。由于参观者数量的增加和组成不同，当代博物馆陈列原则是，尽量让观众在距展品较远的地方参观，这也就使参观者不可能观察到展品的细部。同时，展品陈列的高度一般是固定的，这样一来，观众不得不依赖自己的身高形成的角度去观察展品，经常感到不适。

展品在展室立墙陈列，已被实践证明能达到一种公众循环流动参观的效果。但此种陈列也带来另一后果，即展品的附加信息观众不能了解。因为文物的背面一般能显示出其质地、材料、制作方式等。在波瑞格国家美术馆，就有一个很好的例证：把一件中世纪雕刻陈列在展厅中央，观众可以从周围看到其未完成的表面，使观众了解到艺术家创造艺术品的过程，给观众以良好的视觉享受，从那些工具痕迹上，人们也了解了隐藏在艺术品背后的故事。所以，对观众视线的某些限制，总是会在"参观者—展品"，这一必然的合作关系中制造障碍，而这种关系应代表了一种对展品理解的基本模式。在这种情形下，观众对展品真实外观的了解将受到减弱。

双重构思

事实上，博物馆的氛围要比参观者和展品这种面对面的简单关系复杂得多。罗兰·斯切尔曾说过："博物馆虽然没有太多的供给，但至少对于非专业人士，它可以是一部内容丰富的全集。"参观者的注意力往往被两个相反的方式吸引：一方面，对每一个单独的展品来说，为了辨别和理解它，就要同以前积累的知识和脑海中的图像相联系；另一方面，对一组展品来说，如果它们在同一展室，甚至同一展柜，这将暗示出另一类型的视觉活动，这是一种复杂的精神活动，因为在此过程中，展品将分为两种方式。或者展品被看做一个可触及的元素，它仅有自己的价值，这样我们可称为"展品基础博物馆学"；或者同类的展品被当做文化、历史、社会信息的载体，我们称为"概念基础博物馆学"或"人类基础文化历史模式"。

在展品之外，参观者也会从展品之间的联系中发现一些东西。因为展览组织大的构想、展览细节等方面常会有争议。以现代主题展览的概念来说，它只是在一个结构空间中提供一个大的构思，应该鼓励每一位参观者通过展品陈列环境，根据自己的脚本、大纲和文化知识积累，去演绎展览主题，让仁者见仁，智者见智。

三 "看"在博物馆：博物馆"看"的特殊性

我们在日常生活中观察事物的方式，已经被证明是一种功能性的方式，与此相反，博物馆中观察事物的方式远非简单的观察可比，在这种局面上的观察是非功能性的，不能以简单的、需求性的"看"来证明，特别是当陈列品以某种方式成组展示时，更为复杂。

唯一靠纯视觉来辨识物体或地方的情况可能是旅游性参观，一般称作"庆祝性参观"。这种参观，它在客观上给人们提供了一种可能，可以对后者说："我去过那儿了。"然而对博物馆的展品，观众起码应有一定解释。因此，博物馆的"看"包含了两个层面：观察，然后诠释。

观察

博物馆"看"的特殊性在前面已有论述。这种方式的"看"以其紧张、搜寻、精确为特点，它尽力地想在脑海中建立一个忠实于展品的形象，在此过程中，整体和特征将先被记忆，然后分解，再重新定位，也就是采取先分解后组合的方法，但也不是完全的顺序记忆。同日常生活中的情形相比，这种辨识不仅是功能性的操作。

诠释

当"看"经历上述过程，它就到达了解释的阶段（层次）。会借展品外观所能提供的一切事实，去解释、理解。我们说对任何事物都可以有一种解释、理解，但其并不一定是反映事物的真实面貌，它常常掺杂着主观臆测。这种诠释只能是一种基本合理的理解，它从未经过验证。但是参观者能借助展品上的信息，把这些散乱的事实组合起来，使理解变得更为容易。"诠释"这个术语在本文中是指最初心理和生理分析技术模式，人们可以从这个过程的组织中得到一个理解的主干。

展品诠释的具体组成阶段已为参观者心理活动研究所提示，其通过如下过程来实现：

① 比较

② 联想

③ 组合

④ 修正

⑤ 澄清

⑥ 订正

⑦ 显示和理解

参观者构筑或证明一个判断，在此过程中学到东西，得出结论。没有专业的指导，参观者也会尽力借其心理活动，取得一个有逻辑性、可接受的、可理解的展览的信息。参观者越是能够轻车熟路地驾驭这些分析手段，他就越是能以自己的方式提出问题，找到结论。

我们现在已能够清楚地知道每天生活中的"看"和博物馆中的"看"是被相似但又不同的标准所限定，这使博物馆处于一个微妙的境地，因为它不得不在两个极端间调整自己对观众的态度。或者它让观众仍以日常生活观察模式来参观博物馆，或者给观众提供一种全新的观察模式，但后者显然需要去做更多的工作，如当人们参观时给予他们观察方式的指导，同时寻找一种合适的、特殊的训练机制。对于专业博物馆人士来说，去辨识和鼓励参观者提高参观者整体或个体的能力，那么它应该让参观者获取如下能力：深远细致的观察力；对已拥有的观察、分析手段恰如其分的应用；与求知欲与分析能力相联系的技能和相关知识。

博物馆参观者的这种训练的任何显示都要通过不同公众的评估加以改进。一个孩子可以运用他的天生的领悟力和视觉辨识力去勾画结论，一位成年人则被鼓励去检验他不牢靠的知识和更正由博物馆展品反映的散乱信息而导致的错误理解。

总之，我们可以对处于转折的博物馆功能的特殊发展作这样总结，学着去看，学着去分析，获得一种用于博物馆参观程序发展的知识。

（［英］M. C. 奥尼尔、C. D. 特丝原著，原载《碑林集刊》第五辑，陕西人民美术出版社，1998 年）

博物馆管理四题

参加 MBA 课程学习时，从美国来的几位老师要求在学完每门课后，结合自己的工作写一篇两三千字的小论文，以检验对课程的理解程度。于是，将课程的内容和自己从事博物馆管理工作的体会融在一起，凑成一些小文章，总算完成了任务。现择其中四篇，假《碑林集刊》数页刊出。

一 变革时代的博物馆管理

我们处在一个新旧交替的时代，变革是这个时代的主题。当这个主题引起的巨变已波及我们生活的各个领域时，作为博物馆管理者，不得不思考一些与职责相关的问题。首先是博物馆自身的变革。

按照现代管理学理论，所谓变革（Innovation and Change，我们通常称之为改革）是指组织（机构）根据外部环境和内部情况的变化及时改革本身的内在结构，以适应发展的需要。此文依据西方管理学关于变革的理论，讨论几个与博物馆变革相关的问题。

（一）博物馆变革的原因（必要性）

任何组织，作为一个开放系统，无时无刻不在与环境相互作用，并在适应外部变化的过程中追求一种动态的平衡，以便及时改变自己的内在结构，保持和增强生命力，提高效率。中国的博物馆，在计划经济体制下以由国家大包大揽的事业单位形式存续了几十年。

这段时间，各博物馆的境况大致相同，人们对其存在模式习以为常，变革的要求无从谈起。随着改革开放的深入和市场经济体制的建立，博物馆的传统体制模式承受着由外部环境和内部因素产生的两股冲击力。

在外部，政府极力倡导改革开放政策，由此而产生的实惠和利益日益显见，影响着人们对待变革的观念和态度。博物馆之间也出现了差异，有的得益于市场，效益大增；有的积极变革，成效显著；有的仍依赖于传统模式，苦度时日。这种差异产生的本身就是对旧体制的否定。国家已出台了关于事业单位体制改革的方案，有的行业（如高校）已率先实行，这在博物馆界引起了不小的关注和震动。

在内部，博物馆成员在外部环境的影响下，思维方式、价值观念和心理状态发生了深刻的变化。这主要体现在两个方面：一是希望体现个人价值。他们希望从事更能发挥作用和富有挑战性的工作，在适合自己的岗位上获得工作的满足感，并通过有效的竞争机制达到上述愿望。而我们现在的体制却导致了"一锤定终生"的状况。无论是管理者还是专业岗位，一旦确定，几乎终生不变。二是追求公平原则。这里的公平不是平均，而是指绩效面前人人平等的原则。长期的平均主义和大锅饭，在博物馆形成的赏罚不明、人浮于事、效率低下状况，已引起内部成员的严重不满，迫切希望改变现状。

上述外部环境和内部因素，都说明了博物馆变革的必要性和迫切性。

（二）博物馆变革的内容

美国管理学家哈罗德·利维特（Harold J. Leavitt）认为，一个单位组织的变革包括三项内容，即组织结构的变革、技术变革和人事管理方面的变革。就我国博物馆目前的状态而言，组织结构和人事管理两项变革更显得重要。

1. 组织结构的变革

博物馆的内设机构可大致分为三类：业务工作部门（研究、陈列、保管、宣教等）、行政管理部门（馆办、党办、劳资人事、安全保卫、财会票务、开放管理等）、后勤服务部门（如总务、经营部门）。其中有的部门（如总务部门）还分设了基建维修、房产管理、车队、食堂、资产等方面的机构或专职人员。在这种体制上，博物馆如同一个小社会，在一个封闭或半封闭的状态下，设置了许多自己用得上却不常用的机构和人员，自然形成了人浮于事、效率低下的状况。上述组织结构，可以从以下几个方面尝试变革。

（1）精简行政后勤管理机构。尽可能少地设置行政管理部门，在规模不十分大的博物馆，党务、人事（劳资）可合为一体。安全保卫、后勤保障、环境和物业管理等工作可以采用社会化服务机制。

（2）合理设置业务机构。这里涉及两个思路：一是加强专业研究和文物保护、科研工作。可以不惜代价广纳人才，并为其创造良好的工作、生活条件。二是转换一些职能，如陈列部研究制订陈列大纲的任务和相关人员，可以转移到研究部门，这样更有利于将研究成果体现在陈列中；形式设计和美工制作人员，可以集中起来从事艺术品和纪念品的开发工作，这方面人员负担不重的博物馆，可直接将相应的工作纳入社会化服务范围。

（3）增设开发生产和开放服务部门。目前，几乎所有的博物馆都存在着一种现象：一方面是有的部门人浮于事，大量正式职工无事可干；一方面是有的工作没有人干，只好大量外聘人员，造成人力和物力资源的极大浪费。之所以出现这种现象，一是由于历史上形成的人员结构先天不足，二是我们的有些行政和业务岗位没有严格的职能和标准，导致了人员向轻松、体面岗位流动的趋向。而人员一旦流入这些岗位，在现有的人事管理方式下，则很难将其调到辅助性或服务性的岗位。这一问题通过变革中的体制分流、人员流动可望解决。增设一些生产和开放服务部门，既可以开发和生产有本馆特色的旅游纪念品和文物复仿制品，为观众提供良好的服务，又可以为变革中的分流人员提供流动的方向。博物馆的很多人员，经过一些技能培训，完全可以胜任技术和服务工作。增设的开发生产和开放服务部门，可采用企业管理形式。

2. 人事管理的变革

由于历史和现实的多种原因，博物馆普遍存在着人员庞杂，职工队伍文化层次、业务素质和年龄结构先天不足，难以适应现代化博物馆对高水平专业和管理人才需求的现象。人才缺乏，人员总量饱和，工资负担沉重。沉重的人员包袱严重困扰并制约着博物馆的发展。有的博物馆的生存与运转已难以为继。可见，博物馆的人事管理变革刻不容缓。这种变革可从以下几方面入手。

（1）确定机构，定岗定员。博物馆之所以出现人浮于事的现象，除机构设置方面的原因外，还因为对各部门的岗位职数、岗位责任、岗位标准没有做出科学的评估和规定。以至于有的部门人员过剩，无事可干；有的岗位职责不明，可干可不干；有的甚至是因为人员不称职而无能力干事。所以，人事管理变革的一项重要内容就是在科学合理的机构方案确定以后，及时做出科学、具体、明确的岗位设置规定。要具体到一个部门设几个岗位，每个岗位有哪些职责和任务，对每个岗位的从业者有哪些思想水平、学历职称、专业能力、工作经验方面的要求。这种规定一定要明确具体。越明确具体，越便于操作。

（2）竞争上岗，公开聘用。岗位标准确定后，应该对全体职工公布，按照先确定部门管理者后确定工作人员的顺序报名应聘。在同一岗位有两名以上应聘者时，则可采用陈述岗位工作计划，回答与岗位相关的问题等办法竞争上岗。竞争时的考核机构一定要公正、客观，涉及专业工作的，要有专家参与考评。个别专业要求严格的岗位，如本馆员工中没有称职者，可以面向社会公开招聘或以其他方式引进。

（3）分流人员，人尽其用。任何一个博物馆都面临着一个问题：落聘的人员怎么办？简单地让职工下岗回家不是最好的办法。可以将其组织起来，进行某种技能培训后，用于开发生产和开放服务方面，做到人尽其用。

（4）绩效优先，按劳分配。人事管理的变革，不可能不涉及极为敏感的分配问题。要建立竞争机制，调动人才的积极性，提高工作效率，必须运用经济杠杆，打破分配上的平均主义。"存量不变，增量拉开"的办法在现阶段比较适合博物馆乃至所有事业单位。即依据按劳分配、优工优酬、兼顾公平、效益优先的原则，不论在什么岗位，国家规定的工资部分（存量）不变，而单位再拿出一部分钱，根据每个劳动个体在不同岗位上的不同贡献，给予不同数额的津贴（增量）。增量部分可以拉开距离，以示激励。当然，这需要一笔经费作为变革成本。实际上，许多博物馆在条件允许的情况下，也经常有这种增量的投入，而大部分馆将这种增量也平分掉了。投入多少增量，拉开多大距离，可按各馆的具体情况确定。

西方学者极力推崇一个变革公式：

$$C = (N \cdot F \cdot P) > R$$

在这里，C 为变革，N 为现状，F 为未来（变革后的前景），P 为计划，R 为阻力。公式说明，只要人们意识到了改变现状的必要性，看到了变革带来的美好前景，又有完备可行的计划，就一定能排除阻力，取得变革的成功。

二 博物馆人力资源的现状和对策

人力资源（Human Resource）是一个组织最重要的资源，是一切财富中最为宝贵的财富。正确管理并合理使用人力资源，充分发挥各类人力资源的积极作用，是一个组织发展的关键。

准确地说，博物馆的人力资源是指从事与博物馆正常运转及其发展相关的管理、科研、业务活动和其他工作的人力，是指那些具有一定工作经验、劳动技能和专业知识及能力，在博物馆工作系统中发挥存在功能的人。

应该说，目前我国博物馆的人力资源构成状况不很理想。这主要表现在以下几方面：

第一，在长期计划经济体制下，按照传统的事业单位管理模式，政府对博物馆大包大揽，所奉行的劳动人事制度属于国家用人主体，博物馆录用工作人员无统一的标准、严格的渠道与合理的结构，一旦进入博物馆，便成为终身职员（干部），缺乏必要的流动和有效的补充。于是导致了两种结果：一是大量存在着不符合博物馆工作人员标准的人，无法在专业技术性较强的岗位工作；二是由于编制所限，博物馆的许多岗位又缺乏合格的人才。

第二，由于业务特点和作业方式的改变，历史地造成人才结构不合理，有的专业人员无用武之地，形成人力资源的浪费。博物馆曾流行过图解式的类似教科书的陈列方式，那时美术人才工作量很大，于是各个博物馆都接收录用了一些美工（画师）。现在，博物馆陈列较多地采用了以文物展示为主、辅以图片和多媒体手段，很少采用图解的方式。展陈对美术人才的需求仅限于个别形式设计师，大部分美工便无事可干，长期闲置。还有的博物馆仅因建馆时采用了一些现代化的设备，便调入数十人组成庞大的设备管理部门。由于技术更新过快，该部门并不能很好地胜任设备维修、更新工作。遇到较大规模的维修和较复杂的技术问题，仍需依靠社会力量，造成浪费。

第三，长期以来，博物馆一直实行平均主义和大锅饭的分配方式，在等量的工资、奖金、福利上维护着表面的平衡，缺乏最起码的公平原则（这里指与绩效结合的分配）和激励机制，工作人员的绩效差异在利益上得不到体现。这在很大程度上影响了人们在工作岗位上的勤奋、刻苦和奉献，制约了人才的脱颖而出。

上述几方面的问题，除博物馆外，在其他事业单位也比较普遍地存在着。国家劳动人事部关于事业单位体制改革的方案已明确指出全面聘任制和自主分配的方案，但同时也提出了"老人老办法，新人新办法"的意见。对这一方案的完整理解应该是：今后应按照单位的实际需要面向全社会公开招聘合格的人才，同时要妥善处理已形成的人员问题。这就需要我们按照国家的有关政策，结合实际制定切实可行的方案，调整和优化结构，充分发挥现有职工的作用，提高人力资源管理水平。

首先，要按照本馆中长期发展的要求，兼顾博物馆发展和职工的利益，一方面保证对人力资源总量的需求，一方面在现有基础上进行人力资源的开发和利用。随着知识经济和经济全球化时代的到来，各行各业都需要大量知识面更广、专业更精、创造力更强的人才。博物馆要不失时机地通过引进、借用、招聘等办法多渠道招聘所需的高水平人才，以保证在管理、科研、服务等方面的竞争力。特别要注意引进过去不被重视的科学管理、文物保护、信息技术等方面的人才。此为"因庙请神"。此外，也需充分发掘现有职工队伍的潜力，适当调整结构，扩大工作范围，做到人尽其用。如利用美术人才集中的优势，设计、开发高水平、有本馆特点的旅游纪念品，举办艺术画廊等，既丰富了博物馆的文化内涵，又使专业人才有了用武之地。还可以对现有的非专业人员进行一些手工艺制作和旅游服务方面的技能培训，在馆内从事生产和服务工作。此为"因人设庙"。

其次，要优化人才结构，满足各层次、各专业对人才的需求。在横坐标上，要建立与本馆性质、业务范围和发展要求相适应的门类齐全的人才结构。以碑林博物馆为例，专业研究必须有考古学、文献学、美术史、书法理论、石刻保护、博物馆学理论方面的人才，开放服务必须有经营管理、讲解接待、环境优化等方面的人才。在纵坐标上，要建立比例科学的年龄层次和学历、职称档次组合，形成金字塔形的梯队结构，积蓄发展的后劲。

第三，要致力提高员工素质，使之适应所在岗位的要求，同时要注意职工队伍整体素质的提高，以发挥人力资源的整体效能。这是人力资源开发的一个重要任务，大致包括德、学、才、识、体多方面的内容，如下表所示：

德	强烈的事业心、责任感和创新精神；良好的思想和工作作风。
学	具备较高的文化素养和与本馆专业相关的知识结构。
才	有较高的才学、智能，能创造性地解决问题，出色完成工作任务。
识	见多识广，思路开阔，善于总结经验，汲取教训，深谋远虑。
体	年富力强，精力充沛，思维敏捷，工作投入。

要使大部分员工甚至全体员工达到上述标准，提高整体素质是一项十分艰巨的系统工程，需要将之作为博物馆发展战略的重中之重。

第四，针对现有员工队伍专业基础和综合素质参差不齐的状况，要通过自主培养、定向培养、鼓励自学成才等方式，努力将人力转化为人才。其中自主培养人才的方式比较适合博物馆，特别是一些带有技能性的工作如文物鉴定、文物修复、字画装裱、碑刻拓印等，最好的学习方式就是以师承形式代代相传。定向培养也是一种人才转化的有效方式，可选送一些有志于某项专业工作却又缺乏系统知识、比较年轻的员工进入院校取得更高的学历和更扎实的功底，再回到单位工作。

随着社会物质文化水平和精神文化需求的增长，博物馆作为集收藏、研究、教育于一体的社会文化机构，日益显示出它的重要性。而一个高品位的博物馆，一定要依托于高素质的员工队伍。探索和解决博物馆的人力资源问题，已经刻不容缓地摆在我们面前。

三 对博物馆业务工作系统的重新设计

在现代管理论中，工作设计（Job Design）用以解决工作内容与方法问题。其目的在于创造有效率的工作系统，以最小的资源投入获取最大的效益。具体地说，工作设计要解决的问题是谁做工作、工作如何做、在何处做怎样的工作等问题。

　　博物馆的业务工作专业性很强，一大批具有历史、文物、考古、博物馆等学科知识的专业人员分布在陈列、保管、宣教及专门研究等不同的专业岗位上，长期从事着所在部门和岗位的规定性工作。表面上看，这样的工作格局似乎有利于工作人员的专业发展，使每个人都有可能在自己的岗位上成为某方面的专家。可是，只要做一些深层次的探索，就会发现，这样过于专业化的固定型分工降低了工作系统的效率，影响了专业人员内在潜能的发挥，实际造成了对人力资源的浪费。

　　在由收藏（保管）、研究、展出（含展出时的宣教）等环节构成的博物馆业务工作链中，各个部门本是互相依存，互为因果的。藏品是基础，研究是对藏品的升华，展出是藏品和研究的综合体现。而在我们现行的工作系统设计中，却将这几个环节毫无道理地分开了。结果是搞研究、陈列（展出）的人接触不到文物，搞收藏（保管）的不考虑陈列，且各个部门固守着自己的领域，各自为政，互不沟通，甚至在工作中扯皮推诿，以邻为壑。系统的效率，往往在这种状况中减弱或消失。

　　对于经过系统专业学习和一定时间工作实践的专业人员来说，应该是能够胜任博物馆业务工作链上任何一个环节的。理应在接触各方面工作的基础上，寻找一个最适合自己特长同时也是自己兴趣所在的位置，以便充分发挥自己的潜能，谋求最好的发展。而现在的工作系统设计却将他们牢牢地固定在特定的部门和岗位上。有的人可能因从无机会接触适合于自己的岗位而失去发展的机会，有的人可能因长期从事单一的工作而失去对工作的起码兴趣，有的人则可能因岗位本身无所事事而荒疏自己的专业。珍贵的专业人才资源，也许就这样在不知不觉中空耗。

　　当然，上述状况的存在，有体制或制度方面的原因，这些问题会随体制改革的深入和人事制度的变更而逐步解决。同时，这种状况也反映了在博物馆管理方面存在的弊端。而这些弊端可以通过工作系统的调整或重新设计得到部分解决。

在有代表性的管理学理论中，涉及工作系统设计的有两个基本的思想学派。一为效率学派（Efficiency School），强调工作设计的系统与逻辑关系；另一为行为学派（Behavioral School），强调欲望与需求的满足。二者最重要的分歧，在于工作系统要不要高度专业化。20世纪70年代，行为学派曾在一篇讨论当今存在于工作系统的问题的报告中提出工作人员对其工作范围高度专业化明显而普遍不满。这里所说的专业化（Specialization）一词用以表示范围狭窄的工作。这些工作往往因为单调或与从事者兴趣不符而难以调动起工作人员的积极性。这也正是行为学派强调工作人员的兴趣与需求并主张使他们在一定范围内自主控制其工作内容的主要理由，也是西方工作设计者的主要兴趣所在。

这样看来，有必要采用一定的行为方法，对博物馆的工作系统进行重新设计，以利于工作人员潜能的发挥和工作效率的提高。

方法之一，是工作扩大（Job Enlargement）。工作扩大化是指对工作人员的工作范围和内容进行水平的扩展。当然，所增加的工作与原有的工作在专业领域、业务水准和责任范围方面应该是一致的。譬如一个文物管理员，在做好某类文物的登录、入库和日常管理的同时，亦可将工作范围扩大至其他类别文物的管理或文物的鉴定、征集领域。又如专业研究人员，可适当参与陈列大纲的制订或专业刊物、图书的审稿、编辑工作。这种对工作范围和内容的扩展，对于专业人员的工作兴趣、知识水平和业务能力都会有所启发和提高。同时因为更多地发挥了自己的作用，体现了个人价值，也容易使人在成就感之中得到满足，进而产生更高的工作热情。

方法之二，是工作轮调（Job Rotation）。这是一种定期在相同的专业领域、知识水准和责任能力范围内轮换工作人员岗位的方法，也就是我们常说的"轮岗制"。采用这种方法，可以避免工作人员因长时间陷于某种过于单一、具体的工作而产生的单调感和厌烦情绪，使其能够在一种新鲜的环境和具有探索乐趣的工作中有新的尝试和追求。此外，工作轮调还可以促使人们不断地在学习中汲取别人的经验并提高自己，以便在轮岗时进入理想岗位。同时，轮岗制也有利于人们发现自己的特点和长处，更充分地发挥员工的潜能。

方法之三，是工作丰富化（Job Enrichment）。工作丰富化是指增加工作人员的责任程度，对其工作进行垂直的扩展，即将上下几层工作程序有机地串联起来，形成一个完整的责任过程和工作系统，由同一个工作小组的人员承担。比如一个文物展览，通常要经过文物保管部门和陈列（展览）部门两个环节，而如果对其作垂直的工作扩展，将两个过程合二为一，将会使这个过程的工作思路更统一，操作过程更简单，责任更清晰，进而产生因为有所成就与被认知而具备的满足感。

以上所述，仅仅是指在现行的组织机构和工作系统中的调整办法。其实，博物馆的业务系统应该打破原有模式，重新设计，彻底改造。在专题类或艺术类博物馆，应该像上海博物馆和大量西方博物馆那样，设立集收藏、管理、研究、陈列（展览）于一体的工作部门（如西方博物馆的东方部，上海博物馆的书画部等）；在历史类博物馆，则可考虑按历史阶段设立综合性工作部门的方法（如上古部、中古部、近代部等）。这样做的优点在于可以打破人为的部门割裂，使博物馆几个重要的工作环节构成有机整体；便于专业人员熟悉藏品、深入研究并将其成果直接体现于陈列展示；有利于专业人员直接体会到完整的创造性过程，产生成就感，进而成为一种对工作的激励。上述设计对于专题类或艺术类博物馆尤为合适，对于历史类博物馆，则可能出现历史陈列中各阶段的比重不当、衔接不严密或思路不连贯等问题。这可以通过陈列大纲的总负责人（或小组）协调解决。如同一部多人合编的著作由主编统稿一样。

设计本身是一种探索。对工作系统的设计，更难免有纸上谈兵之嫌，需要接受实践的检验。

四　关于博物馆的信息管理

随着科学技术和社会化大生产的迅速发展，信息在管理中的地位越来越显得重要。如果将一个组织（机构）比作在大海上航行的船只，信息则是罗盘、航标。

博物馆作为一个公开、永久的文化教育机构，其主要的服务途径就是通过陈列展览这种特有的方式不断地向社会传播信息，可见博物馆与信息的密切关系。

同所有的管理活动一样，博物馆的管理也须臾离不开信息。博物馆信息系统（Information Systems）的内容包括博物馆业务活动和日常运转所需的资料和数据，如藏品、展览、观众、服务、票务的凭证、记录、统计和有关的情报、档案等内部信息，以及国家政策法令、经济趋向、行业发展动态、相关技术成果、市场状态、观众反映等外部信息。

以往，博物馆比较重视内部信息，博物馆的"人流"、"物流"、"资金流"产生的数据、资料、报表、指标等，通过有关部门的原始记录、台账、统计等基础工作，形成了对提高管理效率、积累资料和分析决策有重要作用的信息，发挥了积极的作用。可是，我们对外部信息的收集、加工和传递工作做得不够，甚至没有专门的机构或人员从事这方面的工作。使得一种公开面对社会的机构因为外部信息输入不畅而与社会形成一层隔膜，从而失去了一些解决问题、科学预测、创造机遇的条件。例如西安碑林周围的传统街区，近年来由于部分居民违章建设，对博物馆的环境风貌破坏严重，直接影响其申报世界文化遗产。对此，我们曾竭力制止，多方反映，但难以奏效。最近，获悉西安市政府曾于 2000 年 6 月下发了《关于西安碑林博物馆周围传统街区保护意见请示的批复》，市长专门做了指示，要求所在区政府和街道认真落实。获悉这个信息后，当我们再发现又有一家居民违章建设时，及时向街道办事处提出制止请求，几小时就解决了问题。如果我们早一些获得这一信息，就可能制止更多的违章建设。此例反映出信息获得和使用的缺陷。几年前，中央宣传部决定将一批博物馆、纪念馆作为全国爱国主义教育基地。按照碑林深厚的民族文化内涵及其广泛的社会影响理应入选，但公布的结果却没有碑林。后经了解，原来是承办者以为碑林博物馆和陕西历史博物馆为同一机构。此例存在着信息接收和输出两方面的缺陷。假设我们早点获取有关信息，只需稍作说明，就不会有此失误。类似这样的例子还有很多，譬如在需要某项对博物馆工作有利的政策时，往往因为只有印象却一时找不到准确的信息源而坐失良机。又如为丰富观赏内容而举办临时展览时，往往因信息量不大或不准而与最佳选择失之交臂。以上事例反映出博物馆管理信息的不足和加强信息工作的必要性。

改善博物馆的信息工作，要抓住信息的收集、加工以及传递、存贮和输出几个环节，它们是管理信息系统的主要工作内容。

（一）信息的收集

博物馆的信息收集有几个基本的要求：（1）全面性。首先要对各种信息载体进行大面积扫描，以防重要信息的遗漏。各类全局性和行业性的文件、与文博工作相关的出版物和影音资料、计算机网络等都是重要的信息源。这些信息的收集，可分别由管理文件的办公室、管理图书的资料室和接触网络的计算机房（中心）承担。其次，要重视对现场信息和动态信息的收集，如观众调查、旅行社客源调查和博物馆观众流量调查等。（2）真实性。要保证信息来源的真实可靠。文博工作及相关的学术、业务动态，最好从各级文物行政管理部门的文件或《文物》、《考古》、《中国博物馆》、《中国文物报》等权威报刊中采集。对于其他来源的信息，要注意鉴别。（3）系统性和连续性。收集工作不能中断，涉及某个议题、研究或工作项目的信息要反映其在一定时期内发展变化的趋势。（4）含量大、价值高。尽可能寻找信息量大、价值高的信息源。例如在专业研究信息方面，注意各类专业报刊的索引、有关学术问题的综述是较好的方法。

（二）信息的加工

信息加工包括以下基本内容：（1）分类。就是将杂乱无章的原始信息按问题、时间或管理的需要等分门别类，排列成序。博物馆的管理信息系统，可分收藏、开放、科研、人、财、物几个大类。（2）计算。对观众、票务等数据信息要按照科学的统计方法加工计算，一定要反映管理需要的新数据，如年、季、月的观众数量同比、客源的变化等。（3）比较研究。对有关数据进行比较，分析变化趋势及特征，再通过深入研究，得出新的概念、结论等知识形态的信息，进而形成管理意识。（4）判断和编写。判断是去粗取精、去伪存真的过程。在确定信息的准确性和可信度后，要将加工过的信息编写成系统的信息资料，以便进一步贮存和使用。

（三）信息的传递、存贮和输出

经过加工处理的信息，要通过特定的传递通道送达接收者加以运用，如观众流量、票房收入信息要传递给公关、财务部门和有关领导者，专业研究信息要传递给有关业务部门和科研人员。此后，有的信息还需存贮，供日后管理和决策之用。稍具规模的博物馆都应建立信息存贮、检索系统。信息输出的目的是为了应用，其形式可以是各种技术文件、报告、资料、统计表等。现在大部分博物馆都建有网页或网站，这是一条快捷、便利的输出方式。有条件的博物馆可以设立局域网络系统。

现代科学技术为信息管理工作提供了许多便利条件，也对博物馆信息工作者提出了更高的要求：既要懂管理，懂文博专业，还要懂计算机和现代化通信技术。只有这样，才能在信息系统的每一个工作环节编制程序、操作设备，形成有效的人机系统，对信息进行收集、加工、存贮和输出。而我国大部分博物馆缺乏这类人才，这就要求我们尽快地选择、培养，以适应信息工作的需求。

（原载《碑林集刊》第七辑，陕西人民美术出版社，2001 年）

市场经济体制下博物馆管理的几个问题

中国博物馆产生于 20 世纪初，兴盛于新中国。目前我国各类博物馆的总数已达两千余座（已接近世界博物馆总量的百分之十）。这些博物馆，绝大部分产生、存续于计划经济时代，在管理体制、运作方式、观念形态等方面都带着深深的时代印记。

社会主义市场经济理论的诞生和体制的确立，是一场深刻的革命。其影响所至，既涉及社会的经济基础和上层建筑，又涉及人们的思想观念和行为方式。作为依存于社会，为公众服务的机构，博物馆必然要接受这场社会经济体制改革的深刻影响并从中经历洗礼。

作为社会文化教育机构，博物馆与企业不同。它以收藏、保护、展示和传播人类的文化遗产为己任，而不以营利为目的。国际博协的《章程》规定："博物馆是一个不追求营利，为社会和社会发展服务的公开的永久性机构。"但这并不意味着博物馆可以超然于市场经济之外。相反，在全新的经济体制下，博物馆只有适应市场经济的要求，遵循市场经济的规律，才能求得自身的存续和发展，更好地履行自己的职责。显然，继续依靠传统体制下的观念和模式管理博物馆，只能陷于违背市场经济的规律，处处被动的局面。因此，研究市场体制下的博物馆管理，便显得十分重要。本文从博物馆与市场经济的联系、市场经济体制下的博物馆宏观管理、市场经济体制下的博物馆微观管理三个方面，谈一些粗浅的意见。

一 博物馆与市场经济的关系

任何一种依存于社会、为公众服务的组织机构，无论它以政府部门还是企事业单位的形式存在，都不可能脱离所处社会经济体制的制约和影响。具体到博物馆，它与市场经济的关系，主要体现在以下几个方面：

1. 博物馆是市场经济条件下市场主体体系的组成部分

从理论上讲，市场经济最重要的主体是企业。同时，实行市场经济，必须有包括事业单位、社会团体、公民和国家机关等在内的活跃的市场主体体系作为依托。以事业单位形式存在的博物馆亦应在该体系之内。从实践中看，博物馆一方面直接投资和生产（如兴建馆舍、制作陈列展览），为社会提供产品和有偿服务；另一方面进行购买和消费，它的活动离不开市场。

2. 博物馆不可避免地要进入统一、开放的市场体系

实行市场经济，必须具有统一开放的市场体系。要使各种生产要素都能自由流动，并通过价格杠杆和竞争机制，优化资源配置。博物馆也不可能独立于这种体系之外。近些年，将观众视为博物馆的"消费者"而博物馆应该提供"消费资料"的观点，越来越普遍地得到国际博物馆界的认可。那么，如何利用自身的文物资源和人才资源，举办公众喜闻乐见的陈列展览、创建令人赏心悦目的参观环境、建立功能齐全的服务设施，使消费者愿意将有限的休闲时间和费用投向博物馆，从而在统一开放的市场体系的竞争中（包括同行业之间的竞争，因为人们总是在众多的博物馆中按自己的价值取向进行选择）立于不败之地，是每一个博物馆必须认真对待的问题。

3. 对博物馆事业需要进行间接调控

与自由市场经济不同，现代市场经济必须具有以间接手段为主的宏观调控体系。博物馆是保存和利用有限的国有资源，以国家投资为主的文化教育机构。为了有效配置资源，使有限的资金发挥最佳效用，

必须将博物馆事业纳入国家宏观调控体系，以保证现有博物馆的正常运转和发展，同时有计划地建设一些效益好、作用大的新博物馆。

4. 博物馆事业需要纳入完善的市场经济法律体系

从一定意义上说，市场经济就是法制经济，法律制度与市场经济密不可分，是市场经济发展的必然要求。存在于市场经济体制下的博物馆事业，一方面需要不断适应市场经济的法律规范，维护统一的秩序，促进事业的发展，一方面要建立和完善与市场经济法律体系相一致的行业法规，并采取有效的措施保证其实施。当前，需要加快《中华人民共和国博物馆法》或者《中华人民共和国博物馆管理条例》的制定，以保证我国博物馆事业在市场经济条件下健康发展。

5. 博物馆的文化经济价值需要开发

包含博物馆部分工作内容在内的文化产业，当前被国际经济学界公认为"朝阳产业"，具有广阔的发展前景，在西方发达国家，文化产业正在成为经济增长的发动机、国民经济的重要支柱产业。在我国，虽然文化产业近几年来取得了可喜的成就，但就总体而言，却仍然处于初级阶段，其发展程度不仅远远低于发达国家和许多发展中国家的水平，也落后于国内其他行业的发展水平。其理论研究、法规建设和实际运作都比较薄弱，迫切需要向发达国家学习和借鉴经验。

此外，我国所实行的是社会主义市场经济，包含着社会主义的个性特点。如以公有制为主体的所有制结构，以按劳分配为主体的分配制度等。如何体现国有博物馆的主导地位，同时合理发展其他所有制形式的博物馆，如何在博物馆的分配中体现以按劳分配为主体，按其他生产要素分配为补充，兼顾效率与公平的原则，都是需要认真研究和解决的问题。

二　市场经济体制下的博物馆宏观管理

1. 博物馆宏观管理改革取得的成绩和存在的问题

博物馆的宏观管理，是指对全国或一个省（市、自治区）博物馆事业的管理。其主体是国家和各省、市、自治区的文化行政主管部门（本文所指均为以收藏、研究和展示人类文化遗存的社会历史类博物馆，其他如自然博物馆等不在此列）和其他相关政府部门。

在计划经济体制下，由于社会经济体系与政治行政体系是融合在一体的，遵循相同的运行规则，而社会文化体系又依附于政治行政体系。因而，从理论上讲，计划经济体制作为社会组织形式，有可能囊括整个社会的全部活动。其结果是社会经济运行机制的僵化，资源配置的无效率，经济发展的经常性失衡以至最终停滞。在这种体制下，政府对博物馆的管理也是直接、具体和僵化的，几乎涉及人、财、物、事的各个方面。从人员的调配、使用，经费的拨付支出，藏品的征集管理，到陈列展示的内容和形式，事无巨细，都存在着上级规定、指令、干预和限制的影响。这种管理方式，既没有顾及博物馆工作的自身和行业特点，又没有给博物馆留出自我运作的活动空间。其结果自然是使各博物馆成为依赖于由国家大包大揽的事业单位体制，在一种僵化的机制中勉强运转，有的甚至难以为继，名存实亡。

随着社会主义市场经济体制的逐步确立，我国各级博物馆行政管理部门也在不断探索和加强与之相适应的博物馆宏观管理，取得了令人瞩目的成绩。这些成绩体现为：（1）进一步发展和完善了具有中国特色的博物馆体系。新建了一批现代化博物馆；扩建、改造了一批博物馆；加快了专题博物馆和民族地区博物馆的增长速度。全国博物馆的种类和区域布局更趋合理。（2）博物馆基础业务工作得以加强，如博物馆藏品的清库登记、建档工作和馆藏一级文物鉴定确认工作得以推进。（3）博物馆的社会教育功能得以更充分发挥，随着"爱国主义教育基地"和"陈列展览精品工程"等活动，扩大了博物馆的社会影响和教育面。"九五"期间全国文物系统博物馆每年推出陈列展览近7000个，接待海内外观众1.2亿人次。

同时，我国博物馆事业还面临着一些问题和矛盾，博物馆的宏观管理还有很多不尽如人意的地方。这主要表现在：（1）博物馆数量不足、种类不全，陈列展览陈旧单调，服务功能不健全，难以满足人民群众日益增长的精神文化需求；（2）博物馆在计划经济体制下形成的生存、发展模式难以适应社会主义市场经济的客观规律和要求；（3）博物馆整体的发展受到经费短缺的制约；（4）博物馆管理手段落后，限制了博物馆事业的发展，同时，难以适应市场经济体制下激烈的竞争；（5）与经济领域和其他行业相比，博物馆管理体制和运行机制，经费的筹措和使用，用工制度和分配制度，专业队伍建设和高新技术应用等方面的改革步伐相对滞后；（6）博物馆事业缺乏行业有效的法律体系的保障和约束。

以上状况的存在，说明我国的博物馆宏观管理，还没有完全摆脱旧体制的束缚。博物馆事业属于社会文化体系，它不可能超脱于政治行政体系及与之相融合的社会经济体制而独立存在。因此，顺应市场经济的规律，发挥市场机制的作用，积极探索和采用符合市场经济要求的行业宏观管理理论及方法，便成为中国博物馆事业发展和强盛的必由之路。

市场经济体制下，政府的经济职能是为市场经济运行提供必要的制度保障、外部环境及基础条件，通过各种政策工具调整、改变或维持一定的市场经济运行环境，实现对经济运行的调控。

如何在对博物馆的宏观管理中体现上述职能，是一个需要深入研究、认真探讨和反复实践的问题。

2. 构建博物馆在市场经济条件下运行的制度规范和基本条件

在市场经济条件下，政府的一项重要职能就是"合理组织非市场经济领域活动，提供公共产品"，所谓的公共产品，具有两大特征：（1）提供"正外部效应"；（2）原则上能使社会成员享受到这种正外部效应。博物馆作为收藏、保护历史文化遗产，并通过展示为公众提供精神享受和文化教育的场所，属于典型的"公共产品"。正因为这样，世界上所有发达国家才不惜巨资，大量收购文物，兴建馆舍，形成庞大的著名博物馆群体。我国政府在经济尚不发达的情况下，投入巨额资金，在各地（包括边远省区）兴建了大量的博物馆，其中不乏可以和发达国家媲美的现代化博物馆。可是，我国约两千座博物馆，除小部分博物馆得益于独有的资源优势、显赫的名声或良好的管理运作机制而有较好的经济效益外，绝大部分经济效益较差，依靠国家财政拨付的少量经费苦度时日，有的甚至到了无法正常举办展览、对观众开放的地步，更谈不上作为公共产品的正外部效应（我们习惯称为社会效应）。可以说，博物馆经济在总体上是短缺经济。

解决这个问题，一方面要加大政府对博物馆事业的投入，为其创造良好的运行条件，使其很好发挥"终生学校"、"第二课堂"的作用，为精神文明建设和提高全民素质发挥更好的作用；另一方面，要改变计划经济体制下办馆主体和经费来源单一化的旧模式，积极探索与市场经济体制相适应的社会化发展格局，实现办馆模式由政府单一主体向政府主导、社会参与型的转变。中国已经存在的行业博物馆、集体博物馆和私人兴办的博物馆，在这方面已进行了十分有益的探索。

此外，要引导博物馆积极克服过去那种等、靠、要的陈旧模式，促进自身的发展功能，实现发展模式由封闭型向开放型转变。在国际博物馆界，人们已逐渐接受了这样的观念：博物馆的"非营利性"不等于"不能营利"，即应当是"不以营利为目的"，从而为博物馆因事业发展需要而兼顾经济效益，找到了理论根据。

在某种意义上，市场经济就是法制经济。因此，建立和健全博物馆在市场经济条件下运行的制度规范，是博物馆宏观管理的重要内容，这方面，我们的欠缺是比较明显的。至今为止，我们还没有一项鼓励社会资金投资创建博物馆或为博物馆捐赠和资助的有效政策（比如减免税，这在国外已很通行）；在建立博物馆登记制度、审批办法、规范博物馆行为方面，缺乏必要的规定和制度。以致一些根本不具备博物馆职能的机构也堂而皇之地称为博物馆。还有的博物馆迫于生计，竟出租场地进行纯商业活动；在边远地区，博物馆的数量很少，质量不高，应制定相应的倾斜和扶持政策。

建立、维护、适时调整和变革保障市场秩序的制度规范是市场经济发展的内在要求，也是政府最重要的经济职能。要在市场经济条件下发展博物馆事业，亟待建立以下制度规范和保障措施。

（1）在继续发挥政府主导作用，加快国有博物馆发展的同时，制定和实施更加完善的文化经济政策，吸收社会力量建设丰富多彩的博物馆体系，逐步提高博物馆事业的社会化水平。

（2）制定对全国或区域博物馆的级别评估和分类指导办法，着力扶持标志国家形象的重点博物馆和有特色的专题博物馆。

（3）制定和颁布《博物馆法》或《博物馆管理条例》，建立博物馆登记制度，严格新建博物馆的标准和审批办法，规范博物馆的行为，提高博物馆的法制化管理水平。

（4）按照加快中西部发展步伐的战略部署，出台加大对中西部地区博物馆建设扶持力度的政策，在专项补助经费上给予更多的倾斜和照顾，鼓励东西部博物馆的合作与交流。

（5）积极探索和推行符合市场经济体制要求和博物馆工作自身规律的改革措施，积极稳妥地实行博物馆的体制改革。

3. 调节博物馆事业发展中的利益关系

市场经济条件下政府的基本经济职能之一，就是调节经济运行中的利益关系。在市场经济条件下运行的博物馆事业，也存在着一些需要调节的利益关系。

一是博物馆之间经济效益的较大差距所导致的利益不平衡。我国的博物馆，在财政体制上分为全额拨款、差额拨款和自收自支三种类型。鉴于财政还不能保证博物馆正常运转的开支，同时作为一种管理手段和措施，几乎所有的博物馆都销售门票和纪念品。对于全额拨款的博物馆，这些收入是运转和发展的有效补充；对于差额拨款和自收自支的博物馆，这些收入便成为运转和发展经费的大部分或全部来源。对任何一座博物馆而言，这些收入特别是门票收入的多少，都对其生存现状和发展前景起着重要的、甚至是决定性的作用。国家物价部门核定门票价格，依据博物馆的规模、投入、文物价值、运转成本以及观众的价值取向等综合因素，其差距可达几倍，甚至几十倍。加之有的博物馆内容独特，声誉甚佳，观众趋之若鹜；有的馆缺乏特点，影响不大，光临者寥寥无几。这样，不同的博物馆之间，便出现了巨大的效益差。问题在于，这种差别主要是因为所拥有资源的先天差异造成的（这里不排除有经营、管理的因素，但其作用不是决定性的）。因此，它就不仅是一种效益差距，而是一种利益失衡了。以往，有些地方的行政主管部门采用收缴高效益馆的部分收入补助低效益馆的办法，起了一定作用，但毕竟是杯水车薪，仍然未能消除其巨大的差异。这种情况导致了两种结果：一方面效益差的单位在运转上仍然存在问题，更谈不上发展，拖了博物馆事业的后腿；另一方面，效益好的单位在运转甚至发展之后仍有剩余资金，导致了习惯于使用计划经济手段的某些政府部门挪作他用，甚至其他行业也设法从中摄取。最近，有专家提出一种设想：将效益好的博物馆与效益差、经费困难的博物馆组成联合体，兼并重组，实行资源共享，从整体上增强博物馆事业的活力。在国家尚无充足的财力保证所有的博物馆正常运转和发展的情况下，这倒不失为一种解决问题的办法，也是一种调节利益关系的手段。

二是调节博物馆与相关部门的利益关系。文物或标本藏品，是博物馆各项业务活动的物质基础，是博物馆赖以存在的基本资源。一个博物馆要有自身的实力并取得发展，除收藏、保护好已有藏品外，还要根据自身的性质、特点和需要不断补充藏品。博物馆藏品的来源主要有以下渠道：考古发掘或基建过程中的出土物；海关、公安收缴的走私文物或非法所得文物；征集流散于民间的文物。其中存在着大量需要调整的利益关系。按照国家文物行政管理部门的有关规定，博物馆是法定的文物收藏单位，但绝大部分博物馆却没有考古发掘权和随基建工程的文物清理权；具有考古发掘和随工清理权的考古研究所（队），应在整理资料和研究、出版之后将文物及时向博物馆无偿移交。但是，这些规定如同虚设，目前很少有考古机构按规定向博物馆无偿移交文物。他们或者自己收藏，通过展览和转让资料，获得一些利益；或者提出令博物馆无力支付或难以承受的条件。博物馆接收海关、公安的罚没文物，按规定也应是无偿的，但在实际操作时，也要付出相当的代价。可从民间征集的文物，本来就微乎其微，更经不住多家缺乏藏品来源的博物馆对有价值文物的收购竞争，远不能满足博物馆补充藏品的需求。

对宏观管理部门而言，上述状况既涉及加强管理、执行规定的问题，又涉及合理配置特殊资源的问题，但最根本的还是调节利益关系的问题。有关部门应该使用调控手段，解决上述问题。

方法之一，可以考虑在博物馆设立考古部门，有限制地从事部分与自身性质、特点相关的考古发掘和研究任务，为其提供直接将地下文物资源转换为藏品的条件。在有些考古工作量不大的地方，还可以将博物馆和考古机构合为一体，形成集文物资源的发掘、研究、收藏、展示为一体的良性机制。

方法之二，采用经济手段，调整相关部门的利益关系。可在原规定的无偿移交的基础上做一些补充规定，由接收文物的博物馆向移交文物的考古机构提供部分从事研究工作和出版研究成果的经费。也可制定对海关、公安等部门向博物馆移交文物的奖励办法，由接收机构支付给移交机构一定数额的奖励。无论是哪种情况，所提供的数额都应该是规定性的和有限的，因为它毕竟不是一种市场交易中的买卖关系。

此外，对博物馆的藏品征集范围也应有所规定，如若不顾自身的特点，大量征集收藏与本馆业务性质不符的文物却将其闲置起来，势必影响真正需要这些文物的博物馆的征集和利用，造成资源的无效化。在有若干个博物馆的地方，文物行政管理部门可明确规定各馆征集收藏的范围和类别，如同工商行政管理部门规定经营范围一般。这样，各馆都可集中有限的经费征集自己用得上的文物，又不至于造成在征集活动中的无序竞争，同时还保障了所有流散文物都能被征集到最能发挥作用的地方。

三是调节在分配方面的利益关系。在长期的计划经济体制下，按照传统事业单位的管理模式，政府对博物馆大包大揽。即按照博物馆的编制下达工资总额，再拨付一定的事业费维持运转。而在博物馆内部，一直实行平均主义和大锅饭的分配方式，在国家规定的工资级别和等量的资金、福利标准上维护着表面的平衡。这种分配制度缺乏最起码的公平原则和激励机制，博物馆及其工作人员的绩效差异在分配上得不到合理体现，极大地影响了人们在工作岗位上的奋发和奉献。有关部门应从宏观管理的角度，尽快出台调整现有分配制度的措施。这种调整可以从以下几点入手：

（1）提倡各博物馆充分利用市场经济的机遇，在保证社会效益的前提下，创造条件，逐渐由国有全额拨款向差额拨款和自收自支过渡。对已实现了这种过渡的单位，可区分不同情况给予一定的分配自由权，使其逐渐创造"奖勤罚懒"、"奖优罚劣"的机制，体现生产要素在分配中的作用。

（2）加强计划和目标管理。这里需要说明的是，社会主义市场经济是对计划经济体制的否定，但不是对计划管理的否定。相反，计划管理是市场经济体制下宏观管理的重要职能。对博物馆的计划管理，应包括社会效益和经济效益两个方面的指标。完成好的给予奖励，未完成的给予惩罚。这种奖励和惩罚亦可通过调整分配政策来体现。

（3）鼓励各博物馆建立奖励和津贴制度。这是在分配制度还不能一步到位地体现绩效优先的公平原则时，在分配上的一种有效补充形式。有关管理部门应制定政策，提倡各博物馆结合自己的实际，建立切实可行和可操作性强的考核制度，在评审和考核之后，对科研成果突出、管理绩效显著、工作成绩优秀者实行奖励。平时，也可在人人有份的分配份额之外，对担负重要的科研、管理和重点工作任务的人员分层次实行定额津贴。对一些靠"人头费"维护运转的博物馆，甚至可以增加一些拨款，作为改革的成本。

4. 加强宏观管理，促进博物馆的供求平衡

社会供求平衡是市场经济健康运行的基础。运用各种宏观手段

纠正总供求失衡，是市场经济体制下政府宏观管理的一项重要职能。具体到对博物馆的管理，就是要对博物馆的供求平衡状况进行深入的调查研究，把握社会需要什么类型、什么规模、什么形式的博物馆，进而实施有效的战略管理和切实可行的发展规划。目前和今后几年内，应重点做好以下几个方面的调控。

（1）把握社会需求，建立公众喜闻乐见的中国博物馆体系。从不同类型博物馆的观众量看，观众参观博物馆的心理趋向偏好于那些独一无二或有自身特点的遗址类、专题类博物馆，如北京的故宫、陕西秦俑等。而那些历史类、综合类的博物馆，除少数馆如上海博物馆、陕西历史博物馆外，效益均不是很好。这种趋向将会是长期的、普遍的。把握住这种趋向，迎合观众的偏好，才是博物馆事业的生命力之所在。

（2）轻规模、重效益，促进博物馆事业的良性发展。20世纪90年代以来，各省、市、自治区建新馆成风。所建的博物馆不乏规模和效益俱佳者。但也有些地方，脱离自身文物标志资源、经济文化条件的限制，盲目追求现代化和大规模，结果陷入难以维持和发展的困境。还有的地方，在同一城市建立内容重复或相近的省、市两级博物馆，其结果可想而知。这种状况值得引起有关部门的重视，并采取有效措施促使建馆模式由规模型向效益型，由形式化向适用化转变。

（3）注重品牌效应，加大有影响的老博物馆建设力度。我国有一批在新中国成立前或20世纪五六十年代建立的老博物馆，有的甚至是中国博物馆事业的开山之馆，很有自身特色且有很高的知名度。如陕西的碑林、半坡博物馆，江苏的南通博物苑等，由于建馆时间较长，馆舍和设备比较陈旧或范围太小，需要改造或扩建。这些馆只需少量投资，其作用就可能远远超过花巨资盲目兴建的新博物馆。

5. 注意正确协调博物馆与相关行业的关系

在市场经济条件下，政府宏观管理系统内部关系是否协调，直接影响宏观管理效率。由于这种协调实质上是权力和利益的协调，有时显得十分艰难。目前比较突出的是文物博物馆事业与旅游业的关系。改革开放以来，随着国外游客来华观光热的兴起，以及国民物质生活水平的提高和精神文化需求的增长，有一些文物古迹和知名度较高、内容丰富的博物馆成为旅游观光的热点，也有了可观的经济收入。于是，有的地方以市场经济条件下需要"资产重组"、"所有权与经营权分开"等理由，或将文物保护管理机构（博物馆即属于这种机构）置于企业领导之下，或把门票"经营权"划归企业经营，或把文物保护管理机构变为企业。这些做法引起强烈的社会反响和争论。其实，只要将文物及文物管理机构的性质搞清楚，再结合有关法律规定，这类问题就不难搞清楚。

由博物馆和其他文物机构管理的历史文物，是国家特殊的、不可再生的文化遗产，是不可转让的特殊资源。按照《文物保护法》实施细则的规定，"各级文物行政管理部门管理本行政区域内的工作"。而对于重点文物保护单位，《文物保护法》则要求"区别情况分别置专门机构或者专人负责管理"。博物馆和其他文物管理机构，即属于这种依法设置的专门机构，属于公益性的事业单位。它们并不具备对国有文物的"所有权"，也不存在什么"经营权"，而只有保护管理与合理利用的职能。这些机构出售门票，是一种经济管理手段和保护管理措施，不是"经营权"。按照《文物保护法》实施细则，"各级文物行政管理部门所属文物事业、企业单位的收入，应当全部用于文物事业，作为文物保护管理经费的补充，不得挪作他用"。既然文物不是可以买卖的商品或可以转移的资本，而文博单位的门票又不能"挪作他用"，就不存在"资产重组"；既然所有权是国家的，又不存在所谓的"经营权"，也就不存在"所有权和经营权分开"。更何况以社会效益和公益事业为宗旨的事业单位和以营利为目的的旅游企业的行业属性、基本理念和管理模式有根本区别。所以各种合并、划转、重组机构的做法是不妥的。再说，在大量的文物保护管理机构中，能取得较好经济效益的微乎其微，绝大部分机构只能依靠国家的有限经费维持运转。这样的机构应该没有谁愿意与之合并或重组。

那么，文物博物馆事业和旅游业有无可通过政府的宏观管理协调而相得益彰的利益关系呢？应该是有的。作为文物行政管理部门，应尽力搞好现有博物馆和文物景点的管理和建设，并适时开发能吸引游客的新项目，吸引更多的游客，促进旅游产业的发展。也可以通过宣传有影响的博物馆和文物景点而体现所在地丰富的旅游资源，或在对外文物展览中开展旅游宣传和促销活动。还可以和旅游企业建立一种互惠互利的合作关系，获取"双赢"效应，共同服务于社会主义精神文明和物质文明建设。

三 市场经济体制下的博物馆微观管理

1. 博物馆微观管理转轨转型的特征

博物馆的微观管理，是指一个博物馆按照自身的性质、任务、现状和发展规划，在国家对博物馆事业的宏观调控指导下，适应社会主义市场经济的要求，以提高博物馆的两个效益为目的，发挥自身职能，运用一定手段，对本馆各项工作施加影响和进行控制的过程。

随着市场经济体制的确立，各行业的管理方式都面临着转轨转型的任务，博物馆管理也不例外。博物馆管理转轨转型的主要特征应该是：（1）由以完成任务为中心的管理，转变为以自身工作决策为中心，以提高两个效益为目的的管理；（2）由集中组织本馆内部工作的封闭式管理，转变为面向社会和公众，适应外部环境变化的开放式管理；（3）由执行性管理，转变为决策性管理。这些特征应该体现在博物馆管理的整个过程和全部内容中，就我国博物馆微观管理的实际而言，当前应重点做好以下工作。

2. 实施战略管理，确定发展目标

近30年来，中国博物馆事业迅猛发展，博物馆的数量和质量均有突飞猛进的增长和提高。这种变化势必带来日益激烈的行业竞争，不管这种竞争是显性的还是隐性的，是人们已经意识到的还是尚未意识到的，因为这些博物馆并存于同一个社会空间，面对同一个观众群体，人们在安排有限的求知、休闲、娱乐时空的时候，只能在众多的博物馆之中做出十分有限的选择。每一个博物馆都应从战略的高度正视这种已经到来或即将到来的竞争，在准确评价外部机遇和威胁以及内部优势和劣势的基础上，精心规划，确立发展战略，并扎扎实实地付诸实施，只有这样，才能在生存与发展的竞争中立于不败之地。制定博物馆的发展战略，应包括制定任务陈述、外部环境分析、内部环境分析、建立长期目标、评价和选择战略五项内容。

（1）制定任务陈述。博物馆不论大小，首先明确它的事业宗旨或使命是至关重要的。按照现代管理学观点，宗旨是使一个组织（机构）区别于其他同类组织的有关组织目的的陈述。博物馆的宗旨陈述应包括：观众；展陈服务；设施（技术）；生存、增长和效益；对公共事业的关注和对职工利益的考虑等内容。每个博物馆，都应结合自身的性质、任务和本馆实际，明确宗旨，确定目标。历史馆要注重体系的完整性，综合馆要考虑涵盖的全面性，专题馆要体现自身的特殊性。

（2）外部环境分析。外部环境分析中最重要的是社会宏观环境的分析。任何一个博物馆都不是孤立存在的，必然受到社会、政治、经济、文化各方面因素的影响和制约。现时对博物馆影响最大的外部因素，就是社会主义市场经济体制的建立以及由此引起的社会法律制度、客观经济环境、人的思想观念的变化。客观分析与自身发展相关的外部环境，利用有利的因素，规避不利的影响，是博物馆战略管理的重要内容。

（3）内部环境分析。内部环境分析是对一个博物馆自身优势与缺陷的分析。与外部环境不同的是，博物馆有能力控制自己的内部环境（包括管理、开放、服务、藏品、陈列、财务、会计、研究和业务开发等）。在长期计划经济条件下，博物馆管理体制和运行机制方面积弊较多，需认真对待。

（4）建立长期目标。博物馆是永久性机构，博物馆的发展具有永久性。因此，制定长期的战略管理目标十分重要。好的战略目标通常有四个特征：有时间限制的、确定的、综合的和现实的。每个博物馆都需将发展的综合目标分解归类，并按其难易程度和实施的现实性确定实现时间，分别列入近期、中期和长期计划之中，以便分段实施。

（5）评价和选择战略。在实施对博物馆的战略目标的评价时，要注意以下标准：①内部的统一性，即各部分相互衔接和配套，形成统一的整体；②与环境的适应性，应随环境的变化适时做出调整；③执行中的风险，在同等效益期待的条件下，应选择风险小的方案；④实现的时间性，即正确衡量在不同实施阶段实现战略任务的可能性；⑤与资源的配套性，包括人力资源、财务资源、文物藏品资源等；⑥应变性，对局部的关键性的问题做适当调整。

战略方案的选择是一个复杂而严肃的过程。因为资源的有限性，只能在可选择的战略方案中，采取定性分析与定量分析相结合、长远利益与当前利益相结合的原则，反复比较论证，从中选择最适合自己博物馆发展的战略。

3. 转变管理观念，实现社会化目标

市场经济是社会化大生产的产物，不断地创造条件，实现自身的社会化目标，是市场经济条件下各个行业发展的必由之路。

在长期的计划经济体制下，我国的博物馆作为事业单位，依靠财政拨款，依赖上级管理，缺乏独立性和开放性，生存在一种与社会严重脱节的封闭型状态下。这与博物馆的"公开性"原则格格不入。如何适应社会主义市场经济的要求，转变博物馆的管理观念和方式，实现社会化目标，是博物馆必须解决的当务之急。

（1）进行广泛的社会合作，增强自身活力。首先，博物馆要克服计划经济体制下办馆主体和经费来源单一化的模式，积极探索与社会主义市场经济体制相适应的社会化发展格局。实现办馆模式由政府单一主体向政府指导、社会参与型的转变。当前我国大部分博物馆都存在着发展资金不足的问题，单靠政府很难在短时期内解决所有的问题。每个博物馆都应从自身的需要出发，寻求广泛的社会合作，通过捐赠、合作、贷款等各种渠道，解决发展中遇到的问题。其次，要解决过去脱离社会，板起面孔等客上门的封闭型思维模式。采取各种手段加强和社会的联系，充分发挥博物馆的社会功能。如创建教育基地，广结博物馆之友，举办流动展览，结交共建单位等。第三，要树立服务于社会的意识，不能自视为"精神殿堂"而高高在上。博物馆除固定的陈列展览外，还可以举办介绍地方资源和发展规划、宣传地方建设成就、促进地方经济发展的展览。博物馆还可以成为社区的中心，成为扩大社区影响的金字招牌。

（2）实现由封闭型向开放型管理的转变。传统体制下博物馆的封闭性主要体现在管理观念和管理模式上。长期以来，政府对博物馆的管理包办过多，所有的博物馆都背靠财政的大树，搞平均主义，吃大锅饭。由于博物馆依赖于稀有的文物资源，行业规模很小，缺乏竞争，便导致了在管理观念上因循守旧、不思进取的倾向。与别的行业相比，博物馆在管理体制和运行机制、经费的来源和使用、用工制度和分配制度、专业对口队伍建设和高新技术的应用等方面的改革步伐上相对落后。观念的相对滞后和改革力度的相对欠缺，导致了管理模式的落后陈旧。其中最典型的是"博物馆办社会"。我国的博物馆，不论规模大小，几乎都囊括了所有在运转中可能涉及的机构和人员，背负着沉重的人员负担。有的机构和人员长期闲置，有时则根本无法胜任职责内的工作。

市场经济的重要特征之一就是它的开放性。博物馆管理要适应市场经济的要求，需要从根本上改变现有的封闭型观念和模式。解放思想，打破国家、地区和行业的界限，学习各种先进的管理方法，积极参与社会保障和服务体系，把一些应该由社会操办的事情交给社会，变博物馆办社会为社会办博物馆。在这方面，我国一些博物馆已取得了有益的经验。

（3）强化公众意识，更好地为社会服务。作为公众服务的机构，博物馆应以最大限度地满足观众的需求为目的。这里也存在着转变观念的问题。计划经济体制下，过分强调博物馆的教育功能，而对其服务功能重视不够，因而形成的思维定式是"我需要怎么做，"而不是"观众需要我怎么做"。许多博物馆脱离观众闭门造车，拼凑了一些教科书式的陈列展览，令观众感到索然无味。从市场经济的角度理解，观众是消费者，博物馆是精神文化产品的生产者和销售者。这里面也存在着"产销对路"的问题。即你所提供的产品和服务必须是观众所喜闻乐见的。就一般的心理趋向而言，观众要求博物馆具有独特性、变化性、参与性、周到性。即具有体现自身特点，不同于别的博物馆的内容；要不断地提供新展览，创造新环境，采用新手法，不能永远以一成不变的老面孔出现在观众面前；尽可能创造观众参与和体验的条件，如古代工艺品的模拟制作等；博物馆还要按照观众的不同要求，建立周到、全面的服务系统，为观众服务。只有视观众为上帝，从观众的需求出发，博物馆才能具有吸引力，更多地占有公众的休闲时空。

4. 树立市场意识，提高两个效益

对于博物馆，我们以往一直在强调它的"不追求营利，为社会和社会发展服务"，以及"把社会效益作为最高标准"。于是，形成了博物馆与市场和经济效益无关的基本概念。其实，这是一种认识上的偏差。

按照经济学的观点，市场是指"商品交换的场所"或"整个商品交换关系的总和"。对于一个具体的市场主体而言，所谓市场"就是在一定的时间、地方和条件下，具有一定购买力水平的消费者群体"。博物馆与社会最直接的关系就是举办陈列展览供人们参观，观众购买门票后参观博物馆，实际上已经存在着一种交换关系。博物馆的陈列展览是一种特殊的商品，观众是博物馆的消费者群体。这与我们通常理解的商品交换的区别仅在于精神和物质之别。可见，博物馆没有理由把自己排除在市场之外，而是要充分利用自己所拥有的资本（藏品、专家、场地等），生产适合消费者需求和能够引发消费动机的产品（陈列展览），不断扩大自身影响力（品牌效应），积极参与竞争，吸引更多的消费者（观众），力争占有更大的市场份额。

有了上述分析，已不难理解"两个效益"的关系了。实际上，社会效益和经济效益在这里是统一的。博物馆吸引了更多的观众，扩大了受教育面，也就自然扩大了经济效益。需要把握的是：1. 在两者发生矛盾时，要坚定不移地将社会效益摆在首位，始终以促进精神文明建设和进行优良传统、爱国主义教育为己任；2. 不以营利为目的。在举办一些有现实教育意义的展览或者学校配合教学组织学生参观时，可以减票甚至免票。平时，也可以制定一些对学生、军人、老干部、残疾人的减免票办法。

总之，无论从适应市场经济机制，促进博物馆事业发展的角度，还是从提高博物馆管理水平和两个效益的角度，都需要树立博物馆的市场意识，积极探索市场经济条件下的博物馆管理新方法和新理念，以实现由粗放型管理到集约型管理的转变。除了按照国家关于事业单位体制改革的思路，积极稳妥地进行博物馆领导体制、运行机制和财务、后勤、用人、分配制度的改革外，还要注重文化遗存和精神产品的市场开拓与效益回报。以往，我们在这方面存在着两方面的弊端：一是不注意藏品资源的充分利用；二是缺乏"效应最大化"的意识。大多数博物馆在从大量藏品中选择一小部分文物用于本馆的基本陈列展览之后，便将其他文物深藏在库房中，除学术研究外，不再发挥任何作用。加之对市场了解得不充分，已采用的文物所举办的陈列展览未必受到观众欢迎，没有很好地发挥作用。博物馆的出版物也存在类似情况，往往将重点放在大部头的丛书、套书和学术著作上，而忽视了观众喜闻乐见的科普书籍的市场潜力。此外，我们在博物馆的运作中，不考虑精神产品的市场效应和成本核算。或者失去了闲置资本（如库藏文物）获得效益的机会，或者没有将有限的资金投入在能获取最大回报的陈列展览或出版物中。解决上述问题，需要树立市场观念、经营观念和加强对市场的调查和了解。

第一，树立博物馆的经营观念。长期以来，"经营"被视为企业的专利。直到现在，博物馆界还很少使用"经营"意识指导自己的工作。借用现代企业管理理论，经营是通过计划、组织、协调、控制等职能手段，合理利用人力、物力、财务及市场条件，最大限度地满足社会需要，争取最好的经济效益。如前所述，我们除了需要将"争取最好的经济效益"改变为"争取最好的社会效益和经济效益外"，完全可以用经营的理念指导博物馆的工作，树立博物馆的经营观念。

（1）市场和用户观念。与任何产品形式相同，精神产品同样离不开市场和用户。博物馆的用户是观众，观众是鉴别和评价博物馆的权威。随着精神文化产品的日益丰富和人们欣赏水平的提高，观众对博物馆的陈列展览及其服务的要求越来越高，他们会拒绝消费参观自己不满意的博物馆。这就要求博物馆树立强烈的市场意识和"观众第一"的思想。按照市场的导向和观众的需求举办陈列展览，为观众提供完善的服务。

（2）竞争观念。竞争是市场经济的必然产物，随着我国博物馆数量的增加和可能占据公众休闲空间的相关行业的发展，每一个博物馆都必然面临激烈的市场竞争。这种竞争是博物馆之间以及博物馆下相关行业之间的实力较量，是价值、人才、技术、产品、质量的竞争，是经营管理水平和对外适应能力的比较。博物馆要在市场经济中生存和发展，就要有强烈的竞争观念，认清自己面临的竞争形势，研究和制定正确的竞争战略和策略，体现自身的特色和优势，以便在竞争中立于不败之地。

（3）开发观念。开发观念是指开拓创新和以变应变的经营观念。博物馆所需要的开发观念，包括人力资源开发、技术资源开发、管理资源开发、市场开发等。

（4）人才观念。市场经济体制的竞争，实质上是人才的竞争。由于博物馆具有很强的专业性，加之历史形成的人员结构缺陷，人才的竞争将更为激烈。博物馆的管理者一定要具有研究人才成长、发现、选拔、合理使用和有效培养人才的观念，即智力投资和智力开发的观念。

（5）效益观念。除了本文已反复强调的社会效益外，博物馆也要有适当的经济效益观念。博物馆的经济效益体现在两个方面：一是加强管理，精打细算，以尽可能少的投入产出尽可能多的精神产品；二是满足社会需要的程度和博物馆的收入水平，这两者是成正比的。当然，由于各博物馆先天条件不同，很难做简单的比较，但单个博物馆在各个阶段的同比关系，则能反映出经营管理的水平。博物馆不仅要重视工作效率，还要重视最终效益。

第二，盘活资源，开发博物馆经济。博物馆资金短缺是一个世界性的问题。为解决这个问题，各国博物馆做了许多尝试。不少西方国家的博物馆在政府的管理水平上已成为"博物馆实业"，市场研究者也有了"博物馆商务"的提法，在我国，由于经济尚不发达，政府对博物馆的投入还十分有限，资金短缺的问题更为突出，直接制约着博物馆事业的发展，有的甚至面临生存的问题。针对这种状况，各地博物馆做了各种尝试，如开设商店、广告公司、装潢公司、旅行社、酒店或出租场地、合资办实体等。有的产生了一些效益，有的勉强维持，有的则出现亏损。总体状况不容乐观，并没有从根本上解决"经济短缺"的问题。不同行业的经济活动都有很强的规律性，所谓"隔行如隔山"。博物馆的员工介入其他领域经营，很难稳操胜券。我们应该扬长避短，盘活自身资源，努力开发博物馆经济。博物馆可利用的资源大致有三类：

（1）文物资源。每个博物馆都有自己的收藏，由于各馆的性质、任务不同，收藏各有特点。如前所述，大部分博物馆除了自己的陈列展览所用外，闲置着大量的文物。合理地开发和利用这些资源，不仅能充分发挥其社会效益，也可产生很可观的经济效益。方法之一，是举办外向型展览。可以利用闲置的文物，举办综合式专题文物展，到国外或外省（市）的博物馆展出，按文物的不同等级收取一定的展费。还可以将重复的文物长时间租借给国内其他缺少该类文物的博物馆，每年收取租金。方法之二，是进行文物的综合开发利用，如影视拍摄、图书出版、复仿制品制作等。

（2）人才资源。博物馆聚集着各方面的人才，由于运作机制和工作重点的变化，有的专业人才并没有很好地发挥作用。可以将这些人才组织起来，从事面向社会的有偿服务。如文物鉴定、收藏讲座，装潢设计，艺术品制作，美术、书法教学等。

（3）市场资源。博物馆是公众活动的场所，规模大且有吸引力的博物馆每年观众量达几十万乃至几百万。一个拥有众多参观者的博物馆，实际上就是一个消费者云集的大市场，有很大的发掘潜力。博物馆可以开设快餐馆、咖啡厅（茶室）、纪念品商店等。需要指出的是，我们的博物馆商店太缺乏自身特点。走遍全国的博物馆，除个别馆有自己的特点外，陈设的商品大同小异，甚至千篇一律，很难刺激观众的购买欲望。而在国外，一个有特色的博物馆纪念品商店，每年的销售额可达数千万美金。要利用好博物馆观众这个潜在的市场，关键在于努力开发唯我独有、体现本馆特色、令人爱不释手的纪念品。

5. 加大改革力度，提高管理水平

市场经济体制将我们带入一个新旧交替的时代，改革是这个时代的主题。对博物馆来说，改革的突破口应是以组织结构和人事制度改革为核心，深化管理体制和运行机制的改革，以此推动用人机制和分配制度向适应市场经济体制的方向靠拢。关于这个方面的问题，我已在《博物馆管理四题》（见《碑林集刊》第七辑）一文中有所涉及，恕不赘述。

关于博物馆管理，一直是博物馆学界热情关注和认真探讨的热门话题。特别是近几年来，许多专家学者立足于理论的探索和实践的总结，提出了许多有价值的体会和观点，对博物馆管理的实践有重要的指导意义。可是，在改革开放不断深入，社会主义市场经济不断成熟的形势下，我们却没有及时、认真地就如何加强博物馆的管理，促进博物馆的改革，探索和寻找一条适应社会主义市场经济要求和博物馆事业全面持续发展的路子等问题，开展比较系统和深入的研究。以致我国大部分博物馆至今还在计划经济体制下的传统管理模式中徘徊。如何构建适应社会主义市场经济体制要求、有利于博物馆事业全面持续发展的博物馆管理体制和运行机制，既是博物馆改革和发展的最关键内容，又是博物馆理论研究不可回避的重大课题。

（原载《碑林集刊》第八辑，陕西人民美术出版社，2002 年）

［1］［美］ *Managing Innovation and Change.*

［2］［美］ *Human Resource Management.*

［3］［美］ *Operations management.*

［4］［美］ *Information Systems for managers.*

［5］［美］ *Strategic Management.*

［6］李兴山：《现代管理学（观念 过程 方法)》，现代出版社 1998 年。

［7］刘海藩、刘潮：《现代企业管理》，现代出版社，1999 年。

［8］李兴山、刘潮：《西方管理理论的产生与发展》，现代出版社，1999 年。

［9］罗季荣、李文溥： 《社会主义市场经济宏观调控理论》，中国计划出版社，1995 年。

［10］文化部文物事业管理局：《中国博物馆学基础》，上海古籍出版社，1990 年。

［11］［英］肯尼斯·赫德森：《八十年代的博物馆——世界趋势纵览》，紫禁城出版社，1986 年。

［12］廉钢生、里白主编：《跨世纪的"隆中对"》，山西经济出版社，1998 年。

［13］陈淮：《中国九大热点》，中国发展出版社，2000 年。

碑林的定位与发展

在西安碑林（文中简称碑林，注明者除外）工作的时间，前后两段累计已超过十三年。系于职责，免不了经常想一些与碑林相关的事情，也有过一些有用的想法，并尽量付诸实施。而经常萦怀、挥之不去的，则是碑林的定位和发展问题。

何谓定位？即碑林的物质和精神内涵是什么？如何认识其价值和地位？如何勾勒其未来的走向？而所谓发展，则是在准确定位的基础上，确定其科学的发展目标并有序地实现这个目标，在昨日的历史和今日的现状上续写明日的篇章，实现憧憬中的辉煌。

碑林的基本特质，在于它作为一个客观实体的多重性。它是一处经历了近千年风雨，倾注了无数仁人志士心血，荟集了数千方名碑显刻，享有全国第一批重点文物保护单位殊荣，被列入世界文化遗产预备清单的文化遗存。它又是一座有六十年历史，四易其名，以孔庙为馆址，因收藏了所有碑林藏石和大量古代石雕艺术品及其他种类文物而享誉海内外，每年吸引数十万观众的博物馆。为便于说清楚两个既相互关联又彼此独立的概念，本文分"作为文化遗存的碑林"和"作为博物馆的碑林"两部分叙述。

一 作为文化遗存的碑林

碑林的形成是一种十分特殊的历史文化现象。唐末的战乱以及对唐长安城的缩建，使诸多珍贵碑刻流离失所，委弃于郊野，令人扼腕。同时，也创造了一个契机。这就是在自唐末五代以来历朝历代有名有姓或无名无姓的有识之士的努力下，一批原本并无缘聚首的由汉至民国的珍贵碑刻被集中在一起，形成一处藏石总量三千五百余方，种类齐全、沿袭有序、规模宏大、精品荟萃的碑刻圣地，成为"子子孙孙永葆用"的国之宝藏。

特别说明一点，刻碑记事，在世界上许多国家的历史中都存在过。其最早出现并不在中国。可是，将成百数千方碑石汇集在一起，形成如"林"之势，并形象地称作"碑林"的文化现象却是中国独有的。碑林在中国，也不仅西安一处，通常有"四大碑林"之说，藏石均在千件以上。至于散布在全国各地，收藏古代碑刻在数百件者，全国还有几处。而上述碑林中，极少有如西安碑林这样囊括了从汉到清末民初各朝碑刻，包含真、草、隶、篆、行各种书体，兼容碑、志、画像石、经幢、经版等各种石刻类别的收藏系统，勾勒出中国碑刻和书法艺术史中任何一个值得书写的篇章，展现了中国古代碑刻艺术最高成就的收藏地。

正因为如此，1961 年，碑林被确定为第一批全国重点文物保护单位，在石刻类编号中，赫然列为第 001 号。

如何评价碑林的历史文化价值呢？我曾在为一本关于碑林的书写的小序中发过这样的感慨："石头把人和猿区别开来，人类又从未间断地在石头上创造着隽永而深厚的文化，续写着体现凝重和冀望永恒的历史。徜徉于碑林，时时为人在石头上精美绝伦的艺术创造所感染，所激动。……用工整楷书书就，镌刻在百余块巨石之上，集上古思想文化之大成的'开成石经'，以其数量、体量、重量、文化含量和历史容量，震慑了多少读得懂它和读不懂它的人……在遍布碑林的历史名碑中，你几乎可以找到任何一位在中国书法史上享有盛誉，令古今数不清的书法爱好者仰慕终生的大师们的名字；那些展藏于碑林，并不十分起眼的墓志里，又有多少或辉煌壮烈，或悲怆凄凉的人生故事……"[1]在与一

---

〔1〕 张云主编：《西安碑林观览》，陕西人民美术出版社，1998 年。

位台湾学者交谈时，他语出惊人："完全可以建立'碑林学'，它与敦煌遥相呼应，异彩纷呈，其碑刻大都出于名家手迹，内容涉及儒、释、道名家经典、名篇和诸多显赫一时的人物，远非敦煌卷子可比。"在一次关于博物馆工作的座谈会上，一位国家部委的文化官员说，由他陪同到过西安的几批客人反映，最值得一看的是碑林。"碑林用自身的厚重、沧桑和深奥，凝固了两千年的碑刻史和一千年的收藏史。直观地体现了中国古代文化的博大精深。""客人从中找到了穿越时空，与诸多古人对话的感觉。"这位官员补充道："以我的体会，在碑林能得到别处没有的感受，它的潜力很值得发掘。"

上述体会和评价，从不同的角度和视野，诠释了碑林作为历史遗存的价值。作为一处珍贵的历史遗存，它发展的空间和潜力很大，譬如加强碑林保护，不断扩大收藏，开展深入研究，筹划碑林发展等。而当务之急，是积极申报世界文化遗产，使碑林的历史文化价值得到更权威、更广泛、更高层次的认可。

1987 年以后，随着长城、故宫、周口店、秦始皇陵和莫高窟成为我国第一批世界文化遗产，碑林便被国家有关部门列入我国申报世界遗产的预备清单。可是，时至今日，碑林仍在预备项目的台阶上徘徊，申报之旅举步维艰，似乎距世界遗产宝座还很遥远。可是，当我们客观地用世界遗产的标准衡量碑林时，却觉得它与世界遗产的标准竟十分近似。三年前，我曾在一篇文章[2]中将碑林的文化内涵特征与世界文化遗产的基本标准做过比照（进行这种比照时，我尽量抛开了因身处碑林而可能具有的感情因素）。在总计六条标准中，碑林起码符合三条。先看第一条标准："代表一种独特的成就，一种创造性天才的杰作。"而碑林确实代表了一种"独特的成就"。世界上有许多国家保存着不同时期的碑刻。可是，像碑林这样用一千年时间，收藏了镌刻于两千年间各朝各代最有代表性的碑刻三千

---

〔2〕 成建正：《西安碑林与世界文化遗产》，《碑林集刊》第六辑，陕西人民美术出版社，2000 年。

五百余石，集碑石收藏的系统性、碑刻艺术的代表性、文化遗存的独一性、文化载体的双重性于一身的碑刻收藏地，却是绝无仅有的。它所昭示的，不仅仅是碑刻本身的艺术形式和历史价值，更是一种集镌刻、蒐集、集中收藏、系统展示及千年存续的典范和成就，而且这种成就是独特的，体现了天才的创造性。文化遗产标准的第三条是："能为一种现有的或为一种已经消失的文明或文化传统提供一种独特的至少是特殊的见证。"古代中国向以注重思想理念，重视文化传播著称于世。碑刻既有能长久保存文字的载体作用，又具有可以传拓的石质版本作用，所以一经出现，便被发挥得淋漓尽致。可是，随着新的载录文字和传播文化的方式如印刷术的出现，碑刻的部分作用便随之消失，势必由兴盛走向衰落。今天，碑刻的作用可能仅限于纪念和仿古之需。当我们在碑林看到用二百二十八面石版，六十五万字刻成的《开成石经》时，除了被它的体量、数量和容量震撼外，还会有很多联想。在古代中国，这些内容被历朝历代钦定为神圣不可侵犯的至尊之学。清代以前，有六个朝代刊刻过石经，而保存至今的仅此一部。谁能说它不是一种已经消失的文明载体和文化传统的见证？更何况碑林的很多碑刻，可能就是某一历史事件、文化现象或人生故事的唯一记录。西教东传的历史过程，引起东西方学者的广泛关注，而《大秦景教流行中国碑》则是最珍贵的实物资料，起码在大秦寺发掘以前是如此。再看第六条文化遗产标准："与现行传统思想、信仰或文学艺术作品有直接或实质的联系。"碑刻既是古代中国保存和传播文化的重要手段，其中内容也一定是最值得保存、传播并为后世所继承的。碑林藏石的内容十分广泛，涉及政治经济、文化艺术、思想理念、宗教信仰、世风民俗等诸多方面。对于一个世界上绝无仅有地将自己的历史不间断地延续下来的民族来说，这些内容无疑在当今的社会直接或曲折地表现出来，进而形成一种割舍不开的关联。探讨了以上三条标准之后，偶读路远先生的赠书《碑林史话》，又得到新的启示。碑林始建于北宋，此后很久，文献所见均以"唐石经"称之；女真人初占关中的金正隆年间，又称之为"碑院"；明万历年间，还有"碑洞"之称；明代后期，始有"碑林"的名称；清乾嘉之后，金石之学盛极一时，西安碑林名闻天下，以至于其他收藏碑石之处纷纷仿效，称之为"碑林"，如曲阜孔庙碑林、镇江焦山碑林等[3]。文化遗产的第四条标准表述为："可作为一种类型建筑群或景观的杰作范例，展示出人类历史上一个（或几个）重要阶段的作品。"而碑林称谓的发展线索则说明：宋、金之间，碑林作为历代碑刻收藏地（既是建筑又是景观），已引起广泛关注，见诸文献时，以其最著名的藏品"唐石经"称之；金正隆时的"碑院"之称和明万历时的"碑洞"之称，则反映了其知名度的拓展；最晚到明代后期，便有了"碑林"的称谓；乾嘉之后，因金石研究无不涉及碑林，加之有宋以来的历史积淀，碑林作为展示"历史上几个重要阶段"碑刻作品之收藏地的"杰出范例"，已名极一时，以至于纷纷仿效其名。

世界文化遗产的标准共有六条，按遗产委员会的规定，符合其中一条，即有望进入遗产名录。而碑林与之相符（或相关）之处有四，这在已进入或准备进入遗产名录的项目中是十分罕见的。去年夏天，三位联合国教科文组织遗产委员会的官员在考察丝绸之路时途经西安，我有幸陪同他们参观了碑林，并介绍了碑林的基本内涵和申遗的条件。三位客人对所见所闻表示了由衷的赞叹，高度评价了碑林所具备的申遗潜能。告别时，其中一位资深人士还委婉地表达了他对碑林的认同："当碑林接受世界遗产证书时，我还会再来。"

无论从碑林所代表的文化成就，从它所见证的古代文明形态或文化传统，还是从其碑刻内容对现行思想观念的影响力，或者从它作为中国独有的"碑林"现象之杰出范例的角度讲，碑林都没有理由被长期拒于世界遗产的圣殿之外。

据采访今年苏州第 28 届世界遗产大会的陕西媒体记者报道，国家有关部门官员在大会期间谈到过对陕西申遗工作的看法。大致有

---

〔3〕 路远：《碑林史话》，西安出版社，2000 年。

以下观点：（1）陕西在申遗方面不积极，迄今一直没有实质性的举动；（2）没有按申遗的严格程序操作，至今没有递交过申报文本；（3）国际咨询组织至今未对陕西的申遗项目进行评估；（4）已进入预备清单的西安城墙和汉长安城有可能分别纳入"明清古城墙"和"丝绸之路"两个项目中捆绑申报；（5）西安碑林可能会从中国世界遗产预备清单中取掉，因为它是博物馆〔4〕。

应该说，该官员的前四条意见是客观和准确的，对陕西正在进行的"申遗"工作有重要的指导作用。1987年以后，我国先后有二十余处预备项目申报成功，无一不是在地方政府的直接领导和大力支持下实现的。其中既有省、市领导的参与，又有大量的资金支持和有效的行政手段。而陕西至今还没有形成这样的局面。最近获悉，省政府领导已关注此事并做了指示，已见良好的端倪。碑林应抓住这个契机，积极争取政府和各级领导的支持，推进"申遗"工作。按照"申遗"的程序，当地政府或文物部门要向国家相关部门上报详细的申报文本，以正规的方式表达地方的"申遗"愿望和具体项目。文本要在详尽、科学研究的基础上，准确、全面地体现申报项目的独特价值以及保护和管理的水平。这是每一个申遗机构都面临的基础工作和重大课题。碑林近年做了一些相关的工作，在为重新评审预备清单准备文件时，已积累了一些资料，碑林保护规划也已经国家文物局批准实施。现在需尽快组织课题组，编制规范的申报文本。这件事应视为碑林当前重要的工作项目和科研课题。还应该请一些专家到碑林考察、座谈，就申遗问题提出明确的意见和建议。

至于因为碑林是博物馆而不能申遗之说，我怀疑是口误或者笔误。首先，"博物馆"不能成为申报的障碍，已赫然列于世界遗产清单中的北京故宫、秦俑、沈阳故宫，均由被称做"博物馆"的机构实施管理。如果其他国家申报某个博物馆而未获批准，那一定是因

---

〔4〕《华商报》2004年7月3日、7月5日。

为遗存本身的原因而并非因为由称为博物馆的机构管理的原因。其次，碑林早在 1961 年便被确定为第一批全国重点文物保护单位，这意味着它作为完整、独立、不可分割和不可移动的文化遗产属性已得到国家的最高认可。第三，"西安碑林"和"西安碑林博物馆"是两个概念。1944 年，当设在碑林的第一个博物馆——陕西省历史博物馆成立之时，碑林已存续了八百五十七年，时由民国政府设立的西安碑林管理委员会管理。此后，设立在碑林的博物馆几易其名，碑林都作为其主要组成部分相对独立地存在着。就如同紫禁城之于故宫博物院，兵马俑坑之于秦俑博物馆一样。博物馆建立之前，就有碑林存在，民国时曾设过西安碑林管理委员会。后其职能由博物馆取代。不能因为这处文化遗存位于博物馆之内或由博物馆管理，就否定它本来的属性。

碑林申遗还会遇到一个难题，即环境问题。碑林周边，原有的历史文化风貌荡然无存，违规自建的各色简易楼房对碑林形成包围之势，产生了强烈的视觉污染。目前西安市政府已开始改造碑林东侧的柏树林街和碑林南侧的顺城巷。完工后，将以仿古建筑为主，构建与碑林风格一致的历史文化街区，与碑林形成感观上的一致与协调。但紧邻碑林几条小街的违章建筑将继续存在，环境问题仍无法彻底解决。我们能够做的，是提请政府尽快转发经国家文物局批准的《西安碑林保护规划》，采取有效手段制止新建违章建筑。同时，力争使碑林申遗进入政府的议事日程，由官方组建权威机构协调各方面的利益，彻底解决周边环境问题。内部环境，经过几年的改造，已基本消除了一度存在的水泥地、红砖墙等与碑林古建风格不协调的现象，还要下决心拆除或改建一些不协调的建筑。总之，要有效地保持或恢复碑林应有的传统风格，任何细微之处都不可含糊。

申报世界文化遗产并在未来成功列入世界文化遗产名录，是碑林存续近千年来最辉煌的事情，是值得我们为之不懈努力的长期目标。我坚信碑林将取得成功，无论要经历多少困难，多长时间。

二 作为博物馆的碑林

碑林与博物馆的缘分，始于 1944 年。从那时起，碑林有幸成为四个不同名称博物馆的所在地：1944 年，陕西省历史博物馆；1950年，西北历史文物陈列馆；1955 年，陕西省博物馆；1992 年，西安碑林博物馆。

其实，说碑林与博物馆结缘于 1944 年，仅仅是就将一个叫做博物馆的机构设立于碑林而言的。而从博物馆基本性质（收藏、传播、研究）的角度审视，碑林早已具备了博物馆的功能。始建碑林的目的，是为了将散布各处的历代名碑集中存放，妥善保存。此时的碑林，已具备了收藏的功能。而碑林建立之后，历朝历代，均不乏文人雅士的光顾。他们或临碑拓帖，或品读碑文，或解金石研究之困惑，或发怀旧思古之幽情，在意识或未意识间扮演了观众的角色，并演绎出了碑林的文化传播功能。至于研究功能，可以说从碑林建立之日起，就从未间断过。翻翻 11 世纪以后的金石学著录，无一不包含碑林丰富而不可或缺的内容。

上面这些话，是想说明，如果我们不是仅从名称上而是从实际功能上界定一个博物馆，则碑林作为一个博物馆存在的时间要比现在已被认定的长得多。

曾被冠以各种博物馆名称的碑林，在 20 世纪 90 年代初，随着陕西历史博物馆的建立，完成了它作为综合性历史博物馆的使命，成为一座以收藏、展示和研究历代碑志、石雕和文字书法类文物为主的专题性艺术博物馆。

碑林藏品总数约一万两千件。其突出特点是体量大、等级高。重达 10 吨的唐献陵石犀，刻在二百二十八面巨石上的《开成石经》，高达 2 米多，成组排列的石雕佛像，以其巨大的体量给人以视觉冲击和心灵震撼。碑林高等级文物的比例之大在全国罕见，仅国宝级文物就有十九组一百三十四件，绝大部分影响深远且备受关注。就藏品而言，碑林堪称国内同类博物馆之冠。独特的藏品，构成了碑林极富个性的陈列体系。七个碑林展室、八个碑亭、六个墓志廊、一个石刻艺术室（另一个在建）和三个辅助展厅，十分和谐地融会于古树参天、青石漫地、极富民族特色的孔庙和碑林建筑群中，历史的馈赠和现代人的铺垫浑然一体，今人在闲庭漫步或目不暇接中与博物馆实现着交流和沟通。

作为一座博物馆，碑林几乎占尽了天时、地利与人和。如前所述，碑林的诞生原本就是一个历史的机遇，是文化面临损毁之灾时造就的一个文化圣殿；而后有社会贤达的不断扩藏和修葺，使之不断充实，再有历朝历代官府的关注和扩建，碑林愈显辉煌，并成为一座著名博物馆。可谓天时使然。碑林还培植了一片文化沃土。明代，其所在地成为西安府城的文化、教育中心，形成碑林、孔庙、府县三学县毗邻相拥的格局，文化瑰宝、儒家圣地、国学殿堂三位一体，碑林所在地简直就是一方圣土。此为地利。碑林成为博物馆之前，已是一处名胜。因此，当它开始被称作博物馆时，便有了比其他博物馆更高的知名度。很多年以前，当我还不知博物馆为何等去处时，便知道西安有一座碑林，还随大人去过一两次。以后，有缘到当时位于碑林的陕西省博物馆工作，向人们介绍工作地点时，总要强调"碑林"二字，因为很多人不知省博在何处，却对碑林的方位了如指掌，碑林在西安，已成为印刻在人们心中抹不去的徽记，这便是人和。

碑林是一座主题十分鲜明的专题博物馆。如问及去碑林看什么，人们的第一反应一定是"看石头"。对于看惯了课堂式博物馆和教科书式陈列的中国观众来说，单纯到满目石头的博物馆，不啻是一种使人容易且乐意接受的观赏对象。你可以匆匆而过，只感受碑刻如林的气势，书体隽秀的美感、石雕体量的恢弘，石佛法相的尊严；也可以凝神观赏，用心解读碑刻中凝重的历史，深邃的思想、苍劲的书体和隽永的故事。对于来自异地他乡而对中国文化知之甚少的外国游客而言，古代石雕会使他们兴致盎然，碑刻也是东方游客关注的对象。一般认为西方游客对汉字碑刻不感兴趣，实际上常见到黄发碧眼的人在碑林看得津津有味。也许审美也具有求异性，往往是差异越大，越看不懂的东西越能引起人的关注。我就曾在卢浮宫花费近二十分钟的时间寻找着看不懂一个字的汉谟拉比法典。由此看来，几乎所有身临其境者都能在碑林觅得自己的兴致所在而不虚此行。正因为如此，碑林的门庭一直没有冷落过。近 20 年来，年参观人数一直保持在 50 万人左右，最高时超过百万。

无论从哪个角度审视，碑林都是一座有着巨大发展潜能的博物馆，已经提出的把碑林建成"国内一流，国际著名"博物馆的目标是准确可行的。但是，要实现这一目标，需要付出长期的努力，做大量艰苦的工作。

1. 照既有规划，科学、有序发展

碑林博物馆设立在碑林、孔庙旧址内，除 1963 年在碑林西侧所建西安石刻艺术室、1973 年和 1985 年分别拆除原孔庙棂星门内两侧长廊所建临展厅，以及 70 年代所建四层文物库（现兼办公楼）外，基本保留了孔庙、碑林的原有格局。这些历尽沧桑、多次修葺的古典建筑，为博物馆增添了一种内容与形式和谐的氛围，却也带来诸如参观路线不顺畅，文物特别是大型石刻无处存放，碑林展室狭小拥挤，展览空间明显不足、功能性设施不健全等问题。1990 年，当碑林完成承载陕西省博物馆的使命，制定碑林博物馆规划时，曾提出在碑林东侧建立与西侧石刻艺术室对称的新石刻馆，将宗教石刻与陵墓石刻分室陈列；适当向北拓展，增建碑林展室，解决碑石过于密集、不便观赏的问题并新增一些馆藏碑刻进入碑林展室；举办碑林辅助性基本陈列，帮助观众理解碑林。此规划后经国家文物局批准。2000 年，制定碑林"十五"规划时，又重提新石刻馆和基本陈列的具体方案和内部环境改造方案。2003 年，在上述两个规划部分内容已完成，部分内容已开始启动时，制定了延伸至"国保"单位保护范围的《西安碑林保护规划》，经国家文物局批准下发。同年，提出将碑林建设成"国内一流，国际著名"博物馆的发展目标〔5〕。接下来要做的是按照上述几个规划的内容，制定缜密、可行、有序的实施方案。

2. 做好博物馆的基础业务工作

目前，最能体现碑林藏品特点的是碑刻和石雕，这是很难被任何一座博物馆取代的优势。今后的文物征集要牢牢盯紧这两类藏品，使其收藏在数量、质量、序列化、系统化上稳居全国第一的位置。要注重拓本收藏，碑林拥有大量的名碑，虽有几种堪称顶级的宋拓本，但为数不多。加强这方面的收藏，重点应放在碑林名碑各个时期拓本的收藏上。这不仅有收藏意义，还将促进名碑研究和文物保护工作，值得花些本钱。当然，碑林的印章、古文具、书画、写经、版本、孔庙祭器等文物也颇有特色，可以适当征集使其更加充实。但作为专题馆，碑林的收藏体系一定要突出自身特点，以碑志、石雕和与文字、书法相关的文物为主，并要以"人无我有，人有我精"取胜。要认真筹建文物保护修复实验室。新石刻馆已为此安排了专用空间，当前要做好人员培训和设备考察工作。作为专题馆的实验室，也应有自己的特点，如石质和纸质文物的保护和修复。在文保方面，要积极开展与国内相关院、所、馆、校的合作和国际合作，要树立信心使其在某些质地文物的科学保护上达到国内一流水平。碑林长期被大型石刻的存放问题所困扰，新石刻馆专门设计了大型石刻库，现在需要认真设计文物的存放和移动方式，按照开放式库房的思路，做到便于保护和移动，又能供专业人员入库观赏、研究。

碑林陈列展览的主题十分明确：突出碑林、陵墓石刻、宗教石刻三大主题，建立注解碑林、贴近观众的辅助陈列体系。新石刻馆建成后，用于陈列宗教石刻，原石刻艺术室陈列陵墓石刻。这两个陈列的共同特点是体量大、等级高、观赏性强。内容要突出文物背景资料、艺术风格、文化蕴涵和文物价值，要将观众最想知道的内

---

〔5〕 见西安碑林博物馆档案。

容用最容易理解的方式表达出来。形式要大气、简洁、高雅、神秘，可以通过招标寻求最佳的设计方案。碑林陈列要基本维持原状。除建立博物馆后曾调整和移动过的展室如有展陈不当之处可以合理移动外，保持历史上碑刻放置原状的展室尽可不动。作为一个整体性的文化遗存，其构成要素的放置状态也是该遗存的要素之一。我不太主张"使碑石疏朗化"的办法。树之为林，因其茂密，碑若疏朗，何以成林。若有扩建碑林的空间和条件，倒可以考虑将几件在文化史或书法史上有重要价值的国宝级碑刻单室陈列，附以相关的介绍、说明，以便更好地观赏和理解，同时体现其非凡的价值。关于辅助性的基本陈列，以前曾有过各种想法，如"中国书法史"等，但搞不好可能成为图解式展览，无吸引力。目前比较一致的意见是举办题为"汉字·书法·碑林"的辅助陈列，通过展示历史上各个时期不同类型的汉字载体，介绍文字的起源、书体的演变以及碑刻产生和发展的历史，落脚在"碑林"这种文化现象的产生和西安碑林的重点内容。这个展览如果搞得好，会成为观众理解碑林的一把钥匙。对于中小学生，则是一个十分直观的文化史课堂。

碑林博物馆的所在地为西安孔庙，明清孔庙的基本建筑格局今日犹在。遗憾的是，1959 年一次天灾，烧毁了孔庙最主要的建筑大成殿，仅留下石阶、柱础和雕栏；70 年代一次人为的失误，又拆除了本可借人凭吊的基址。为使孔庙的主题有所体现，前些年曾尝试着举办过一个孔庙祭器展，因脱离了特定的环境，效果不是很好。最近，准备在原大成殿的遗址上（现为碑林展区前的一片广场）用彩石平面表现大成殿的基址，使观众对孔庙有一个完整的印象，也不失为一种简单可行的办法。在传统文化魅力日益凸显的今天，碑林应不失时机地弘扬优秀传统文化，适当表现孔庙内容，何种方式最佳，要认真研究。

3. 要充分发挥博物馆的传播教育功能

以往讲博物馆的三大功能，其中之一是"宣传教育功能"，总给人一种你上门，我灌输的感觉。我觉得用"传播教育"为好。博物馆的传播，应该是为观众提供尽可能广泛的信息，由观众自由选择；教育应该是多种形式的，陈列中的介绍文字，讲解员的讲解只能是其中一部分，如果观众有亲自参与、体验的机会，印象一定会更深。

近几年，碑林的语言讲解、电子导览系统已经建立（还需完善）。其实，碑林在传播教育方面可做的工作还很多。譬如建立学术报告厅（新石刻馆含有此项目），请碑林或有关方面的专家学者举办定期或不定期的讲座。内容可以很广泛，大到博物馆文化、碑刻学、佛教和造像、碑林史、书法艺术，小至一块著名的碑刻，一组有影响的石雕。这些讲座的听众可以是来馆的观众，也可以是把讲堂搬到博物馆的学生。不安排讲座时，报告厅可以循环播放介绍碑林或相关内容的影像资料。再如，对观众开放本馆的图书馆。有人在参观中遇到问题时，可以通过图书或电脑查询；有人在参观后还有剩余时间，可以到阅览室翻翻书。这既开辟了博物馆传播教育的新渠道，又使其文化殿堂、终生学校的气氛更加浓郁。众所周知，马克思的《资本论》就是在大不列颠博物馆的图书馆写成的。还应该开辟一些观众参与性的项目。到碑林的国内外观众，普遍对碑石拓印很感兴趣。完全可以在参观路线上开辟一块场地，放置一批复制碑石，进行拓印演示，还可以请观众亲自动手，拓印一张拓片，加盖纪念戳后留作纪念。此外，重刻碑石、复制石雕、书法交流演示，都可以成为与观众沟通、交流、互动的项目而给参观者的碑林之行留下更为深刻的印象。

碑林的科研工作范围很广，任何一个专业人员都可以在文史范围内按照自己的兴趣所在选择题目。但作为博物馆，要使自己的科研活动在国内乃至国际上有一定影响，还应按照自身的藏品特点和人才结构，合理选题并制定阶段性和长期的科研规划。当然，还需要有效的科研管理机制和激励机制。可列入规划的内容很多，如碑林藏石的录文、整理、出版，碑林与中国文化的系列研究，碑林藏品的分类研究和单体研究，碑林史和碑林人物研究等。当前，应按照事业单位体制改革的精神，探索新的科研管理机制。如设立专家牵头的课题组，实行科研津贴（绩效工资），对列入规划的重点项目实行出版资助，职称评聘分开等。要积极引进人才并培养内部人才，保证科研人才的合理结构。

博物馆是观众的精神乐园，观众是博物馆的上帝，要建立完整的服务系统，从陈列档次到馆区环境，从咨询服务到休息购物，从纪念品开发到无障碍设施，从工作人员的一个微笑到馈赠的一份简介，凡是观众需要的，博物馆都应该想到做到。一个博物馆存在于社会，必然会得到一个来自观众的公正评价，观众对博物馆的印象可能来自某个方面的某一点印象，这样的印象积累起来，便会有一个总的评价。

"国内一流，国际著名"是博物馆一个目标，或者说是一个概念。看似抽象，实际很具体。有学者把"一流博物馆"应具备的条件归结为："良好的馆舍位置，独特的建筑风格，丰富的陈列内容，完整的陈列体系，新颖的陈列手段，先进的服务设施，舒适的参观环境。"〔6〕实际上，当我们置身于一个博物馆时，无论你是在专心致志地考察，还是漫无目的地浏览，你一定有一些感受：某馆的位置恰当、环境优美、建筑风格独特；某馆的藏品丰富、种类齐全、品质精美且富有个性；某馆的陈列主题鲜明、内容充实、形式新颖，令人耳目一新；某馆的科研成果斐然卓著，令人肃然起敬；某馆的设施配置完备齐全，服务认真周到，员工文明礼貌；某馆的管理科学高效，工作有序、秩序井然……把这些感受整合起来，就是"国内一流"的标准，就是碑林的目标。而当一个博物馆达到了这样的标准，它就具备了迈出国门、走向世界的条件，也一定会成为"国际著名"的博物馆。

（原载《碑林集刊》第十辑，陕西人民美术出版社，2004 年）

---

〔6〕 李俊杰：《博物馆建新馆应注意什么》，《中国文物报》2004 年 12 月 3 日。

"十一五"期间我省博物馆事业面临的几个问题

在即将进入第十一个五年计划之时，国家文物局提出了"十一五"期间我国博物馆事业发展规划的总体思路和重点目标，为今后五年我国博物馆事业健康、有序地发展奠定了基础。其总体思路突出体现了发展、创新和服务的理念，而重点目标则强调了构建协调发展博物馆体系，推进藏品保护管理工作的规范化、制度化和现代化建设，加强展示、宣传和社会服务三方面的工作。

现依据上述总体思路和重点目标，就我省博物馆事业的现状和面临的任务谈一些看法。

一 构建协调发展的博物馆体系

何谓体系？即若干同类或有关联的事物互相联系而构成的总体状态。而一个协调发展的体系中的诸个体之间，则应该具有合理的布局、质量、结构和彼此间的有机关联，以作用于整个体系并保证其有效运作与协调发展。用这样的标准衡量，我省博物馆系统总体状况还不理想，应努力做好以下工作：

1. 调整体系结构

一个合理的博物馆体系结构，应该是金字塔状的。上端为少量高水平的省级博物馆，中端为相对多的较高水平的市级博物馆，下端为大量一般水平、需要上中端带动的博物馆。而我省的实际情况是：在90余个隶属文物系统的博物馆（含纪念馆）中，省级馆8个，市级馆6个，其余均为县级馆，这个数字比明显呈现出市级馆过少的趋向。导致这种趋向的原因是：有的馆隶属关系不清，如汉中博物馆，在汉中地改市后，一直隶属于汉台区。有的本应建馆的市，至今没有建立博物馆，如渭南、榆林。此外，有的已存在的市级馆，也存在着质量不高、影响不大、功能不全、作用不够的状况，如安康、商洛馆。需要强调的是，市级博物馆是博物馆事业发展的一个重要环节，在尚未达到"县县有博物馆"的阶段，它代表着一个省博物馆事业的水平和普及程度；在普及县级博物馆时，它将发挥重要的带动和指导作用。鉴于此，我省应在"十一五"期间把市级博物馆的建设作为重点，通过新建市级馆，下放省级馆，将有条件的区、县博物馆提升为市馆规格等办法保证每个市有1~2座功能健全、水平较高的市级博物馆。同时，要严格实行新建博物馆的论证、审批制度，不能仅凭一个考古发现或某地的一时热情，甚至是某地的政绩工程之需，便不顾自身文物资源状况和经济文化条件的限制，盲目地兴建大规模、现代化的博物馆。

2. 规范行业管理

"十五"期间，我国博物馆事业获得长足发展，数量稳步增长（文物系统博物馆由2000年的1397个增长为2004年的1552个，全国各级各类、各种所有制博物馆已达2300多个）。但由于行业法规体系相对滞后，执法手段不力，也暴露出一些问题。如没有明确的准入、审批标准和程序，出现一些不具备基本条件和功能的挂牌博物馆；在博物馆命名上，也出现了攀比、附会的浮夸风，一批"博物院"已经出现或准备问世；博物馆基本管理制度不够完善和具体，在机构设置、管理体制、规章制度、技术规范等方面存在不规则、不统一，甚至混乱的局面；博物馆质量评估和监督体系、分级达标管理制度有待建立。上述问题，在我省也有不同程度的表现。我们应正视这些行业管理中存在的问题，结合贯彻落实即将颁布的《博物馆管理办法》，制定出切实可行的实施办法，提高我省的博物馆行业管理水平。

3. 发挥博物馆协会作用

博物馆协会是一种联络行业内机构，在政府相关政策、法令指导下进行自律管理，推进相关学科和工作门类的研究与发展，促进行业内的交往与合作的非官方机构。在国际上，通过协会管理和协调博物馆事务的做法已十分普遍。近年来，中国博物馆学会在博物馆学术研究、工作评价、专题活动组织等方面也发挥着日渐显著的作用。

我省博物馆协会自成立以来也做了不少工作。特别是宣教委员会，在讲解员评比交流以及全国性的讲解员培训方面所做的工作有目共睹。可是，作为一个全方位的行业组织，理应有更为广阔的工作领域。应尽快做好以下工作：

（1）建全博物馆协会组织，广泛吸收不同类别、不同所有制的博物馆入会，以便做好行业领域内的联络、组织、协调工作；

（2）继续发挥宣教委员会的作用，加强陈列、藏品委员会的工作，整合各馆相关领域的人才资源，建立资料共享的馆藏文物数据库，形成整体优势，充分发挥作用，促进各方面的工作；

（3）协助政府部门做好陈列设计、制作、博物馆导览、文物复仿制等相关产业的人员培训和资质认定工作；

（4）选择博物馆事业发展中的热点问题，如藏品征集管理和保护、陈列展览水平和办展方式、服务设施和文化产业、博物馆管理体制改革等，进行广泛调研和深入研究，为政府决策提供依据。

二 努力做好博物馆的藏品征集管理工作

博物馆藏品是事业发展的物质基础，关乎博物馆的生存与发展大计。在这方面，我们面临着艰巨的任务。

首先是藏品来源问题。博物馆的藏品来源大致有以下几个渠道：征集流散文物，购买市场文物，接收社会捐赠文物和考古机构移交的出土文物。就我省实际而言，从国内或国际文物市场用天价购买文物可能性不大（个别价值极高，能得到国家资金支持者除外）；接受社会捐赠的机遇亦越来越少；这样，从海关、公安方面接收收缴文物和从私人手中征集个别流散文物便成为博物馆藏品征集的主要渠道。要保持这个渠道的畅通无阻，还需保证信息畅通和资金充分两个条件，这对大多数博物馆来说也并非易事。而《文物法》及其实施细则明确规定藏品来源主渠道——接收考古机构移交的出土文物，至今仍不畅通。致使许多有很高价值的出土文物长期不能进入博物馆的收藏和展陈环节，影响其历史价值和现实价值的体现。这需要主管部门依据国家文物局关于"各级文物行政部门要采取有效的措施，引导和促进出土文物向博物馆的移交"的原则。尽快拿出合法、合理、合情的解决办法，并力争早日实施。在这方面，江苏、新疆、湖北、成都、河北、山西等地已有不尽相同但均行之有效的办法和经验，可供借鉴。

其次是藏品管理问题。这里涉及三个问题：

1. 加快进行文物分级、建档和数据库建设工作

自文物定级工作下放至省以后，我省尚未进行系统的定级工作，致使"文物大省"的等级文物数低于一些文物资源并不丰富的省份。从现在起，要抓紧实施这项工作。在研定标准规范的基础上，由各馆提出各等级文物清单，再组织各类专家评估、审定，在尽可能短的时间内，为我省的等级文物确定明确的级别。此外，我省一些博物馆的藏品建档工作严重滞后，要在"十一五"期间完成将一级文物和二、三级文物的纸质档案分别上报国家文物局和省文物局备案的任务，工作量还很大。应要求各馆对现有等级文物的建档工作拿出切实可行的方案和计划，保证按时完成。在此基础上，把握国家"文物调查及数据管理系统建设"的良机，力争该项目在我省尽早立项，提高馆藏文物保护管理和文物资源共享共用水平。

2. 改善馆藏文物保存环境

近年来，我省在文物库房建设方面做了不少工作，博物馆文物存放环境大为改观。一些库房条件较差的县级馆，也采用"委托代管"方式将重要文物存放于省、市级大馆，解决了暂时的困难。以

我省的财力状况，要在短期内为所有的县级馆建立新库不太现实，可考虑将已实施的委托代管方式作为一种机制，确定省、市级的"中心库"，按文物等级分类存放，确保文物安全。此外，要重视现有安全技术防范系统的更新和改选，国家文物局已针对陕历博的安防设备陈旧、落后的状况予以通报，应引起足够重视。

3. 提高文物科技保护水平

近年来，我省的文物保护工作日益受到各方面重视，除秦俑博物馆、文保中心、考古研究所等单位兼具人才和设备优势走在前列外，大部分省、市博物馆都配备了文保专业人员和不同水准的保护实验室。但相对于繁重的文物保护任务而言，多数博物馆的文保力量和设施是杯水车薪，难以应对保护文物的重任。而许多文物又面临着刻不容缓的保护需求。为此，应该尽快拿出在现有条件下合理使用文保资源、保护好馆藏文物的具体办法。这里有几点建议：

（1）抓紧技术培训，让所有文物管理人员懂得文物保护的基础知识，起码能及时发现所管理文物基本状态的改变。同时，各馆应建立珍贵文物保存情况的定期检查、评估机制，以便及时采取措施。

（2）各馆应根据馆藏特点，有选择地配备针对不同质地和种类文物的文保人员和设备。

（3）各馆之间建立文保领域的日常合作关系，互相协作、互通有无，共同做好文保工作。

（4）利用国家和省专业文保机构的设备和技术，解决难度较大的文保问题。

（5）选择重点文保课题，争取国家项目以及技术、资金方面的支持。有的项目可考虑国际合作。

三　充分发挥博物馆的社会功能

博物馆是相对于社会而存在的，它收藏、研究社会历史文化遗存，又通过陈列展示以及由之派生的其他方式（如宣教讲解、纪念品制作和销售等）为社会服务。博物馆的"三贴近"原则强调的正是由这些方式所构成的社会功能。而这种社会功能的体现，应从以下几个方面入手。

1. 举办主题鲜明、特点突出的陈列展览

一个好的博物馆，必须具有鲜明的主题和突出的个性特点。只有这样，观众才能产生观赏的愿望，并留下深刻的印象或记忆，进而予以认知和评价。因此，我们应按照"以人为本"的原则，在陈列的主题选择、内容构成、形式特征等方面处处考虑观众的需求，真正做到"三贴近"。

陕西的几个专题馆，如秦俑、碑林、半坡、乾陵、法门寺等，均有浓厚的个性色彩和鲜明的主题，基本展示内容即俑坑、碑林、遗址、陵墓。需要思考的是如何采用符合自身特点的方式，创造环境和临场气氛，举办紧扣主题的辅助陈列，用通俗易懂、观众喜闻乐见的方式感染观众，并使其得到理解、启迪和感悟。对于综合馆（如陕历博）来说，则要认真考虑如何用不同时代、不同类别的诸多藏品构成有鲜明主题和地方特点的陈列体系。既要有清晰、完整的历史线索，反映陕西绵延不断的历史文化脉络，又要结合陕西在不同历史时期的地位和作用及出土文物的特点，有所侧重地表现陕西历史中最辉煌的内容。历史博物馆新陈列方案正在制定和讨论之中，应广泛听取各方面意见，甚至可以通过媒体，将不同的意见公之于众，由读者投票选择，最终产生公众认可的方案。

2. 采用观众喜闻乐见的形式和高科技手段

长期以来，我国的陈列展览停留在"我展你看"的模式中，观众只能被动地接受。今后应在增加陈列展览的趣味性、互动性、观赏性上下工夫，并通过声光电技术、多媒体等现代科学技术手段，使观众轻松、快乐地感知历史、了解文物、认识博物馆。

3. 通过临展保持常新的吸引力

经常举办高水平的临时展览，是保持一个博物馆长久生命力、吸引观众、提高知名度的重要手段。近年来，秦俑馆举办的"玛雅文化展",陕历博举办的"古罗马文物展",均引起较大的社会反响。不断地引进展览,特别是引进文化差异较大的异域展览,不仅有益于文化交流,拓展观众的眼界,也有益于通过比较更深刻地认识本民族文化的特点和价值,增加自身魅力,也是一个博物馆及所在地影响力和文化品位的体现。

4. 提供有特色的博物馆服务

博物馆为观众提供的服务大致有讲解、电子导览、图书销售、旅游纪念品销售等。在我省,前几项服务大都紧扣主题,围绕博物馆的陈列展示进行。而纪念品销售一块,除各馆的图书、画册和一些文物复仿制品外,充满了千篇一律、毫无特点的字画、首饰、文房用品、传统工艺品等。这些物品只能通过导游的作用,销售给旅游团队,而零散观众几乎无人问津。而从国内外著名博物馆纪念品经销状况的统计资料看,凡观众喜闻乐见、购买踊跃的,几乎全是与博物馆主题与陈列展示相关,包含博物馆文化信息符号的商品。这些纪念品不仅美观、高雅、实用,还传播了博物馆文化,具有潜移默化的宣传引导作用,构成了博物馆展示、销售和宣传的良性循环。

当前,发展文化产业的呼声很高,什么是博物馆的文化产业?定义很简单,即紧扣博物馆的文化主题,为博物馆受众服务,对博物馆事业有所促进并能产生经济效益的投资、经营和产出。

四 以改革创新精神推动各项工作

长期以来,博物馆工作的发展相对滞后于其他行业的发展。究其原因,很大程度上在于缺乏理论创新和改革实践。当前,应从人事制度、分配制度和管理机制入手,进行博物馆改革的尝试。

长期以来,博物馆录用工作人员没有统一的标准、严格的渠道与合理的结构,任何人一旦进入博物馆,便拥有了终身岗位。这导致两个结果:一是有许多不符合博物馆岗位标准的人,二是博物馆的许多专业岗位缺乏合格的人才。此外,我省博物馆一直实行平均主义和"大锅饭"的分配方式，在国家规定的工资级别和等量的资金、福利标准上维护着表面的平衡。这种分配制度缺乏最起码的公平原则和激励机制，博物馆及其工作人员的绩效差异在分配上得不到合理体现，极大地影响了人们在工作岗位上的奋发和奉献。有关部门应从宏观管理的角度，尽快出台调整现有人事制度和分配制度的措施。这种调整可从两方面入手。

（1）确定机构，定岗定员。制定科学合理的机构设置方案，规定具体、明确的岗位职数、标准、责任和任务，并进行公开的竞争和聘用。对于专业性较强而本馆无称职者的岗位，可面向社会公开招聘。对于无合适去向的落聘人员，可在进行一些技能培训后，从事开发生产和开放服务工作。

（2）绩效优先，按劳分配。在这方面，中央和省有关部门已出台的事业单位分配制度有明确规定，应尽快试点、推行。但必须在定岗定员、公正考核和公开聘用的前提下进行，否则可能有违初衷。此外，要坚持"存量不变，增量拉开"的原则，否则难以推进。在分配制度改革之前，应鼓励各博物馆建立奖励和津贴制度。各馆应结合自己的实际，建立切实可行和便于操作的考核制度，在评审和考核之后，对科研成果突出、管理绩效显著、工作成绩优秀者实行奖励。同时，也可在人人有份的分配份额之外，对担负重要的科研、管理和工作任务的人员分层次实行定额津贴。对一些靠"人头费"维持运转的博物馆，甚至可以增加一些拨款，作为改革的成本。

未来的五年，我国的博物馆事业和我省的经济文化建设都将进入快速发展时期，这将是我省博物馆事业长足发展的重要机遇期。前景美好，道路艰辛。因深感作为博物馆工作者的责任之重，便思考了一些相关的问题并记录下来，就教于有同思同感者。

（原载成建正主编：《博物馆学研究论文集》，陕西人民出版社，2006 年）

陕历博的历史、现状和前景

——写在新馆落成十五周年之际

十五年前的 6 月 20 日，陕西历史博物馆（文中简称陕历博）作为我国第一座现代化的博物馆建成开放。对于中国博物馆事业来说，这是一件具有重要意义的事情。此后，按照现代博物馆理念设计，造型新颖、功能齐全、规模宏大的博物馆出现在全国许多城市。在短短十余年时间里，中国大大缩短了与发达国家在博物馆建筑与设施方面的距离，走在了世界博物馆事业发展的前列。

于是，有了一种说法：陕历博是中国博物馆事业发展的一座里程碑。其寓意是陕历博的落成开创了中国现代化博物馆建设之先河。

一　历史回顾

准确地说，里程碑也好，开先河也好，均是指占地约 7 万平方米，建筑面积近 6 万平方米，展览面积 1 万多平方米，拥有三十七万多件藏品，盛唐建筑风格浓郁，现代化设施齐全的博物馆新馆址。而就一座博物馆而言，陕历博的历史则长得多。

陕西建立博物馆的历史是从 20 世纪 40 年代开始的。20 世纪 30 年代，曾有过成立博物馆之议，但未能实现。1944 年 4 月，当时的民国陕西省政府委员会第十次会议，根据省教育厅的提案做出建立博物馆的决定。6 月 3 日，省政府在给西安碑林管理委员会的训令中，称此案"业经提至本府委员会第十次会议决议'通过'，记录在卷，并委托康耀辰为历史博物馆馆长，负责筹备，由本年6月份起正式办公……"6月18日，教育厅"奉省令颁发该馆钤记"。[1]如此看来，陕西历史上第一个博物馆启用公章，正式存在的日子应该是1944年的6月20日。该馆馆址设在建于宋元祐二年（1087年）的西安碑林。

1949年7月，西安解放不久，西安市军事管制委员会接收了陕历博。1950年5月，该馆更名为西北历史文物陈列馆，隶属西北军政委员会文化部。1952年11月，改馆名为西北历史博物馆。1955年西北解放区撤销，6月改名为陕西省博物馆。这几个名称的博物馆总共在西安碑林的旧址上存续了四十余年。1991年陕历博新馆落成，陕西省博物馆的藏品除碑刻、石雕、书法作品，部分印章和版本外，全部移交陕历博，碑林旧址则成为西安碑林博物馆所在地。在陕西文博界，习惯上将这次变化称为"分馆"，而将分馆后的陕历博称为"新馆"，将碑林博物馆称为"老馆"。

这里有几条线索十分清晰：（1）1944年成立的陕历博是一座历史类综合博物馆，后虽几改其名，但其性质未变。1991年分馆时，这一性质传承于陕历博，而碑林则成为石刻艺术类专题馆。（2）之所以建新馆，是因为原省博馆址与一座大型历史类综合馆应有的条件不符。周恩来总理曾提出老省博"空间太暗，光线不好"，指示"应在适当的时候，建一个新博物馆"[2]。（3）原省博的文物，除将与石刻艺术类博物馆相关的文物留在碑林馆以外，绝大部分移交陕历博，部分人员也在"分馆"时划转到陕历博。

如此看来，陕历博实际上是原陕西省博物馆的延续，它与现西安碑林博物馆共同拥有从陕西省历史博物馆（1944年）经西北历史文物陈列馆（1950年）、西北历史博物馆（1952年）到陕西省博物馆（1955年）的历史。准确地说，我们现在所说的十五周年，是按新馆落成开放和"陕西历史博物馆"名称正式启用的时间计算的，而不是指它作为一个博物馆的全部历史。

之所以追溯和澄清陕历博的历史，一是为了不遗忘任何一个为陕历博的今天作出奉献和铺垫的人们（如康耀辰、曹仲谦、武伯纶、王仁波[3]以及与他们同时或在他们之后的无数我们记得名字或不记得名字的人），二是为了使一座著名博物馆六十多年的历史以及在这段历史中的经历和变迁成为陕历博现在和未来的基石，使其积淀的风格和影响成为陕历博发展的动力。

二 现状分析

陕历博新馆建成之时，我国博物馆事业尚处于较低的发展水平。当时的大部分馆舍，或是对旧建筑的直接利用和简单改造后的再利用，或是新建造型无特点、设施落后的展览馆式建筑。各馆陈列以手段单一、形式呆板的地方史或文物陈列为主，缺乏个性色彩、特殊手段和吸引力。在这样的情况下，陕历博的仿唐宫殿式建筑、现代化的内部设施、在当时还算先进的基本陈列和几个曾受到普遍好评的专题展览，引起行业内和社会各界的普遍关注，亦使陕历博跻身于国内一流博物馆的行列，在国际上也有一定的影响力。十多年来，在国内诸多同类博物馆都因观众量不足而一筹莫展的情况下，陕历博的观众量始终保持在每年六十万人次左右，在全国历史综合类博物馆中名列前茅。这种认知度的产生，一方面得益于特有的藏品体系及其反映的重要历史过程，同时也与其在刚落成时的巨大影响力有关。陕历博落成后，许多省（市）在筹建新的博物馆时，都曾到此学习和调研，使其一度成为当代博物馆的蓝本和楷模。

---

〔3〕 曾先后任陕西省历史博物馆、西北历史文物陈列馆、西北历史博物馆、陕西省博物馆馆长，均已故去。

十多年过去了，我国博物馆已由 20 世纪 80 年代末的八百余座增加至目前的两千三百余座〔4〕。上海、河南、江苏、北京、湖南、湖北、天津、辽宁、青海、西藏、新疆、山西等省（市、自治区）的新馆均已建成开放。在众多的新建大规模、现代化博物馆群体中，陕历博的水准和地位如何？

2005 年 11 月，在长沙召开的全国博物馆工作座谈会上，国家文物局领导讲话时提到："上海博物馆、南京博物院、河南博物院、湖南省博物馆、中国科技馆、北京天文馆等一批现代化博物馆在基础设施、管理运行与社会服务等方面，已经赶上或接近国际先进水平。"〔5〕陕历博不在其列。

曾开我国现代化博物馆之先河的陕历博现状如何？它与上述"赶上或接近国际先进水平"的博物馆差距在哪里？

一个博物馆的基本功能，集中体现在收藏、科研、开放（含展示、教育、服务等）三个方面。坦率地说，陕历博在这三个方面都存在着不同程度的差距。

收藏方面，陕历博无论从收藏的数量、档次或藏品的特色而言，都堪称一流。但依然存在着以下几方面问题。一是清库、定级和建档建卡等基础工作任务繁重。陕历博的收藏，来源大致有以下几个方面：接收原省博物馆（含 480 库）藏品，开馆前从省直博物馆、各地市文管部门或博物馆征调的文物，十五年来征集的文物。目前库存数量基本清楚。一、二级文物的建档建卡工作接近完成。但还存在着原省博物馆移交的部分文物账物不符，部分文物尚未定级或以前的定级有待审定，有的珍贵文物经外展借用后未能按时归还等问题。二是文物入藏渠道不畅，征集经费不足。作为历史类综合馆，藏品体系应具种类多、数类大，不断有新品入藏等特点。而自陕历博成立后，几乎没有一件考古发掘品入藏。由于没有固定的征集经

---

〔4〕 曹兵武：《记忆现场与文化殿堂》，学苑出版社，2005 年。

〔5〕 《文物工作》2005 年第 11 期。

费，在社会零散文物征集和从有关部门接收文物（现在这种接收已很难做到"无偿"）也困难重重。三是文物保护工作有待加强。由于设备、资金、人才等问题的制约，现在的文物保护（含修复）工作往往十分被动，只能顾及已出现问题的文物，而很少对藏品进行经常性的监测和定期的保护处理。

科研方面，近些年出了不少论著、文集和图录，每年一册馆刊也收录了不少有水平的文章。但也反映出一些不足：一是对藏品系统、深入的研究不够，对其蕴涵的历史文化价值发掘不深，很多项目停留在汇编图集或一般性的介绍上；二是在文物保护科学及相关技术领域，存在人才过少、投入不足、设施落后等问题。对本行业已较成熟技术的引进、推广亦不够积极；三是博物馆学理论研究不够深入或针对性不强。全面的博物馆学研究应涵盖基础理论研究和应用技术与理论研究，其中应用研究涉及博物馆各项基本业务活动与各个工作部门，直接关系到一个博物馆的管理水平和工作效果。而在这些方面，我们的差距是比较明显的。

开放系统，应含陈列、宣教和与观众活动相关的整个服务系统。一般情况下，这个系统对博物馆的外部形象和影响力起着关键的作用。

陕历博的陈列，有基本陈列和专题陈列两类。基本陈列为"陕西古代史"，由史前到清，展示了古代史的全过程。专题陈列由馆藏文物或外邀临展组成，不定期地更换。基本陈列所选文物两千余件均属馆藏精品。除周秦汉唐比重较大、宋元明清部分稍简外，其余各时期的比重基本相当。应该说这种设计思路基本符合陕历博的特性与馆藏特点。开放之初，曾得到了各方面的好评。可是，十五年后的今天再来评价这个陈列，就显现出诸多不足：使用了十五年的展柜、台座、灯光、背衬均显陈旧、落后；通柜式文物陈列方式，难以区分一般和重点，淹没了很多值得仔细观赏和品味的珍贵文物；缺乏辅助手段，整个陈列没有可借以参与体验或动手操作的场景、模型，没有多媒体展示。在内容安排上虽有详略之分，突出了建都陕西的主要朝代，但各个时代基本按经济、文化、社会生活等几个方面平铺直叙，未能彰显出不同时代最突出的个性色彩，留给观众的印象不深。我曾经询问过一些观众的反映，绝大部分的回答是"文物很好"。这种回答实际上暗示了对陈列的不满意。

宣教工作在陕历博开放系统的作用很突出，但手段单一，主要靠讲解员讲解。观众多时每日讲解量可达两百多批。至今尚未采用录音导览系统。

服务系统含票务、保洁、纪念品销售。均有待总结、借鉴、提高。值得重视的是纪念品销售一块，需要改变目前商品无本馆特色，摊点过多的问题。

除上述在博物馆三项基本功能方面存在的问题外，陕历博还存在着建筑、设备老化，需要维护、更新等问题。同时又因经费不足而备受困扰。

总体上看，陕历博是一个大馆、名馆。作为馆长，从日常与国内、国外博物馆界及学术界的各种交往，以及各种请求提供资料、表示合作意向的信函中，我深感陕历博广泛的影响力和它在行业内的卓著位置。可是，分析它的现状，又感到它的差距是切实存在和值得高度重视的。

三　前景构想

陕历博新馆落成十五周年之际，适逢"十五"计划的开局之年，国家文物局和省文物局对文物博物馆事业发展有许多宏伟的构想。陕历博面临着重要的中兴机遇。我们应该抓住机遇，扎实工作，打好基础，努力开创陕历博的美好前景。

1. 努力做好文物管理基础工作

继续做好清库、建账、定级、建档、备案等文物管理基础工作。尽快核对清楚原省博移交文物的账物关系，完成等级文物的建档工作，按国家文物局规定的权限，请相应的鉴定机构对馆藏未定级文物定级，配合省文物局按时完成全省文物管理数据库的建设，完善和改良文物库房基础设施，改善文物保存条件。

建立文物预防性保护理念，有计划地进行馆藏文物的保护、修复工作，在对现有藏品的保存状况系统摸底分析的基础上，提出修复和保护方案，制订实施计划，整合现有技术力量，积极开展国内外合作。在做好馆藏文物修复保护的基础上，积极申请课题，争取立项，有所创新，产生成果。

要不断拓展藏品征集渠道，确保馆藏文物的数量和质量水平。一是保证现有征集渠道的畅通，做好社会零散文物的征集和公安、海关移交文物的接收。二是要努力争取考古发掘品向博物馆的移交。通过合法、有效的机制，使考古发掘品尽快进入国家法定的收藏渠道并及时地向社会展示。三是积极建立国有文物收藏机构之间的交流平台，借鉴市场运作机制，通过调拨、交换、借用等方式，调剂余缺，有效整合，建立完整、合理的藏品体系。四是要拓宽藏品收藏范围，探索博物馆在无形遗产保护中的作用，加强博物馆遗产的收集、整理和研究。

2. 加强科研和人才培养工作

针对科研工作缺乏系统规划和深入研究的现状。当前应做好以下工作：

制定陕历博科研规划和管理办法。"规划"要提出阶段性的科研目标，制订藏品研究、文物保护研究、博物馆学研究、历史考古研究及相关学科研究的计划；"办法"要对课题的认定、支持、评审、奖励办法及相关程序做出规定。

在鼓励全馆业务人员选题研究的同时，采用"研究员负责制"的课题管理办法，规定每个研究员须在某个时间段内选择一定数量的课题，与不同层次的专业人员组成课题组开展研究工作。同时，要鼓励专业人员积极申报国家文物局和相关部门、机构的课题。

加强人员培训工作，以参加各种培训班和传、帮、带的方式培养馆内文物鉴定、保护、修复、装裱等方面的专业技术人员；通过与国内外文物保护研究机构的广泛交流与合作，不断提高文保人员的专业技能与学术水平。

建立本馆科研成果评审制度，凡正式发表或出版的专业论著和文物保护成果、陈列设计（内容与形式）方案等均可申报。

积极开展学术讲座、科研成果汇报等多种形式的学术活动，形成浓郁的学术氛围，提高业务人员的专业水平，促进本馆的业务工作。

3. 全面提升开放系统的档次和功能

开放系统功能的提升，涉及三个方面：陈列展示、宣传教育和面向观众的服务工作。

陈列展示方面，涉及以下几件事情：建设唐墓壁画馆，改造基本陈列，确定专题陈列方案，做好临时展览。

唐墓壁画馆自 1998 年确定使用意大利政府贷款和部分赠款及陕西省政府的配套资金建设以来，已做了大量工作。目前已完成陈列大纲和设计方案的制定、设备安装的前期准备、技术文件和招标文件的制定等基础工作，只待中意双方有关方面就两个文件达成共识并通过各自的批准程序后正式招标。由于涉及两个国家多个机构，该项目在完成时间上具有不确定性。但我们可以积极开展以下工作：一是积极联络各方督促项目的进展；二是进一步完善陈列和设计方案，尽量避免因某些不周到之处而在实施过程中拖延时间；三是对拟展陈壁画进行科学的状态评估，进行必要的加固、修复，保证设备到位后及时上展；四是做好该馆开展的准备工作，如多媒体演示的设计、制作，导览词的编写、翻译、录制，相关纪念品的设计、制作等。

基本陈列改造项目已酝酿多年，今年重新提出后得到上级领导的支持。目前，陈列大纲已编写两稿，有待进一步论证，形式设计将在邀请设计的基础上论证、招标；该陈列资金正在筹措之中。这次陈列改造，应该把握下列原则：

（1）以陕历博的性质和藏品特点构建基本陈列体系。按照"历史博物馆"的定性，基本陈列应该体现陕西古代史的基本过程；从陕西在中国古代史不同阶段的地位、影响、作用和本馆的藏品特点出发，这个过程的不同阶段不应该是平分秋色、完全均衡的；从博物馆陈列的基本特性出发，即便是历史陈列，亦应以文物为基础，避免牵强地表现文物资料难以表现或说明不了的问题。基于以上考虑，基本陈列应该从"线、点、面"几个要素出发，既完整表现陕西古代史的基本线索，又应以在陕西建都、文物遗存丰实的朝代为重点，还应适当回避馆藏文物无法表现的某些方面的内容。基于以上考虑，现有的陈列大纲还需要做进一步的论证、修改。

（2）改造基本陈列时，要给专题陈列留有余地。譬如青铜器、金银器、陶俑、壁画几类藏品的采用上，应该考虑与计划举办的专题展览的合理分配。

（3）在展示艺术和表现手法上，要有所探索和突破，合理运用新技术和新材料，实现思想性、艺术性、科学性、观赏性、教育性、参与性诸多因素的综合体现。特别是在全国各大博物馆的陈列展示水平普遍提高的情况下，一定要突出自身特点，体现出鲜明的个性。

宣教方面，要逐渐改变目前单一的讲解员讲解状况，逐步采用录音导览、专题讲座、多媒体观赏和面对观众的座谈答疑，在浓厚的博物馆教育氛围中使观众获得实在的收获。

观众服务系统，要从观众进入博物馆后的每一个活动环节和由此产生的每一项需求出发，形成一个完整的服务链条。相关部门要就观众走什么样的路线、参观中可能遇到什么问题、在哪里需要休息、希望购买什么样的纪念品等问题进行深入细致的调研，在此基础上不断调整和改进我们的服务系统，使各项服务更加契合观众的期待与需求，使陕历博不仅是具有吸引力的文化殿堂，也是充满人文关怀的温馨家园。

为了纪念和庆祝陕历博新馆落成十五周年，馆刊编辑部特意将本期馆刊提前出版，约我写点东西，于是有了上面的文字。我觉得对于一个希望有所作为，并跻身于国内国际名馆的博物馆来说，不能永远停留在对未来的憧憬的希冀之中，重要的是如何把握自身职能，做好当前的工作。

本文在简略回顾陕历博的历史后，仅就与博物馆三大职能相关的工作说了些个人的看法和想法，未涉及其他方面的工作。匆忙之间难免疏漏和谬误，恳望指正。

（原载《陕西历史博物馆》馆刊第13辑，三秦出版社，2006年）

西部博物馆事业的发展之路

西部博物馆论坛的召开，十分及时和必要。说它及时，是因为西部博物馆事业正处于蓬勃发展的关键时刻，需要明确方向、理清思路、统一认识、少走弯路，共同朝着健康、有序的方向发展。说它必要，是因为西部博物馆在发展中存在着许多问题和困难，需要通过讨论和探索，寻求解决问题与克服困难的办法，总体提高西部博物馆的效率和水平。借此良机，发表一些不太成熟的想法和意见。

一 构建合理的博物馆体系

体系是指若干同类或有关联的事业互相联系而构成的总体状态。而一个协调发展的体系中的诸个体之间，则应该具有合理的布局、质量、结构和彼此间的有机关联，以作用于整个体系并保证其有效运作与协调发展。用这样的标准衡量，西部博物馆系统还有待做好以下工作。

1. 构建合理体系

一个合理的博物馆体系结构，应该是金字塔状的。上端为少量高水平的省级博物馆，中端为相对多的较高水平的市级博物馆，下端为大量一般水平、需要上中端带动的博物馆。而西部的这种合理框架尚未构成。以陕西省为例，在 104 个隶属文物系统的博物馆（含纪念馆）中，省级馆 8 个，市级馆 6 个，其余均为县级馆，这个数字比明显呈现出市级馆过少的趋向。西部其他省（市、区）的状况虽不尽相同，也普遍存在着市级馆建设滞后的状况。需要强调的是，市级博物馆是博物馆事业发展的一个重要环节，在尚未达到"县县有博物馆"的阶段，它代表着一个省（市、区）博物馆事业的水平和普及程度；在普及县级博物馆时，它将发挥重要的带动和指导作用。鉴于此，西部各省（市、区）应在今后一段时间将市级博物馆的建设作为重点，保证每个市有一两座功能健全、水平较高的市级博物馆。同时，要严格实行新建博物馆的论证、审批制度，不能仅凭一个考古发现或某地的一时热情，甚至是某地的政绩工程之需，便不顾自身文物资源状况和经济文化条件的限制，盲目地兴建大规模、现代化的博物馆。

2. 规范行业管理

"十一五"期间我国博物馆事业获得长足发展，博物馆数量稳步增长（文物系统博物馆由 2000 年的 1397 个增长为 2004 年的 1552 个，全国各级各类、各种所有制博物馆已达 2300 多个）。但由于行业法规体系建设相对滞后，执法手段不力，也暴露出一些问题。如没有明确的准入、审批标准和程序，出现了一些不具备基本条件和功能的挂牌博物馆；博物馆的基本管理制度不够完善和具体，在机构设置、管理体制、规章制度、技术规范等方面存在不规则、不统一甚至混乱的局面；博物馆质量评估和监督体系、分级达标管理制度有待建立。上述问题，在西部各省（市、区）也有不同程度的表现。我们应正视这些行业管理中存在的问题，结合贯彻落实《博物馆管理办法》，制定出切实可行的实施办法，提高西部博物馆的行业管理水平。

3. 力禁浮夸之风

近年来，一批新建和改建的现代化博物馆已经建成或正在建设，较早建成的几个现代化博物馆也开始提升改造，有的博物馆硬件设施和展陈水平已经接近或达到了国际先进水平。但是，在新馆建设中也出现了一些误区：有的不顾自身藏品状况，一味追求庞大的馆舍面积，造成很大浪费；有的一味追求华美、奇异的建筑外观，建成的博物馆极不实用；有的放弃了原来十分便捷且积淀了一定文化内涵和影响力的地段，把博物馆迁到人迹罕至的郊外。还有一些馆在陈列制作中极尽奢侈，动辄就是每平方米上万元的造价。在博物馆命名上，也出现了攀比、附会的浮夸风，一批"博物院"已经出现或准备问世。

相比之下，甘肃省博、湖南省博的原址扩建和云南省博对旧馆址的改造更新更值得提倡，特别是在经济尚不发达的西部地区。

4. 发挥博物馆学（协）会作用

博物馆学会是一种联络行业内机构，在政府相关政策、法令指导下进行自律管理，推进相关学科和工作门类的研究与发展，促进行业内的交往与合作的非官方机构。在国际上，通过学会管理和协调博物馆事务的做法已十分普遍。近些年来，中国博物馆学会在博物馆学术研究、工作评价、专题活动组织等方面也发挥着日渐显著的作用。西部各省（市、区）的博物馆学会，应努力做好以下工作：

（1）建全博物馆学会组织，广泛吸收不同类别、不同所有制的博物馆入会，以便做好行业领域内的联络、组织、协调工作。

（2）充分发挥各专业委员会的作用，推进博物馆的管理、收藏、陈列、教育水平，整合各馆相关领域的人才资源，建立资料共享的馆藏文物数据库，形成整体优势，促进各方面的工作。

（3）协助政府部门做好陈列设计、制作、博物馆导览、文物复仿制等相关产业的人员培训和资质认定工作。

（4）选择博物馆事业发展中的热点问题，如藏品征集管理和保护、陈列展览水平和办展方式、服务设施和文化产业、博物馆管理体制改革等，进行广泛调研和深入研究，为政府决策提供依据。

二 创造博物馆事业发展的物质基础

博物馆藏品是事业发展的物质基础，关乎博物馆的生存与发展大计。西部博物馆绝大部分是新中国成立后建立的，缺少历史积累，更是面临着艰巨的任务。

首先是藏品来源问题。博物馆的藏品来源大致有以下几个渠道：征集流散文物，购买市场文物，接收社会捐赠文物和考古机构移交的出土文物。就西部大部分省（市、区）实际而言，从国内或国际文物市场用天价购买文物可能性不大（个别价值极高，能得到国家资金支持者除外）；接受社会捐赠的机遇亦越来越少。这样，从海关、公安方面接收收缴文物和从私人手中征集个别流散文物便成为博物馆藏品征集的主要渠道。要保持这个渠道的畅通无阻，还需保证信息畅通和资金充分两个条件，这对大多数博物馆来说也并非易事。而《文物法》及其实施细则明确规定的藏品来源主渠道——接收考古机构移交的出土文物，至今仍不畅通。致使许多有很高价值的出土文物长期不能进入博物馆的收藏和展陈环节，影响其历史价值和现实价值的体现。这需要主管部门依据国家文物局关于"各级文物行政部门要采取有效的措施，引导和促进出土文物向博物馆的移交"的原则，尽快拿出合法、合理、合情的解决办法，并力争早日实施。在这方面，新疆、内蒙古、湖北、成都、河北、山西等地已有不尽相同但均行之有效的办法和经验，可供借鉴。

其次是藏品管理问题。这里涉及三个问题：

1. 提高藏品管理水平

藏品管理水平是博物馆整体水平的重要体现。相对于东部发达地区，西部博物馆的藏品管理水平相对落后。很多博物馆还存在着文物底数不清、定级工作滞后、档案资料不全等问题。要在"十一五"期间完成将一级文物和二、三级文物的纸质档案上报国家文物局的任务，工作量还很大。需尽快对现有等级文物的建档工作拿出切实可行的方案和计划，以保按时完成。在此基础上，应把握国家"文物调查及数据管理系统建设"的良机，力争该项目在西部各省（市、区）尽早立项，提高馆藏文物保护管理和文物资源共享共用水平。

2. 改善馆藏文物保存环境

近年来，西部各省（市、区）级馆在文物库房建设方面做了不少工作，博物馆的文物存放环境大为改观。但要在短期内为所有的市、县级馆建立新库不太现实，可考虑建立委托代管的机制，在条件较好的省（市、区）、市博物馆确定省、市级的"中心库"，按文物等级分类存放，确保文物安全。

3. 提高文物科技保护水平

近年来，西部的文物保护工作日益受到各方面重视，除敦煌研究院、秦俑博物馆等单位兼具人才和设备优势，走在前面外，大部分省（市、区）、市博物馆都配备了文保专业人员和不同水准的保护实验室。但相对于繁重的文物保护任务而言，多数博物馆的文保力量和设施是杯水车薪，难以应对保护文物的重任。而许多文物又面临着刻不容缓的保护需求。为此，应该尽快拿出在现有条件下合理使用文保资源、保护好馆藏文物的具体办法。这里有几点建议：

（1）抓紧技术培训，让所有文物管理人员懂得一些文物保护的基础知识，起码能及时发现所管理文物基本状态的改变。同时，各馆应建立珍贵文物保存情况的定期检查、评估机制，以便及时采取措施。

（2）各馆应根据馆藏特点，有选择地配备针对不同质地和种类文物的文保人员和设备。

（3）各馆之间建立文保领域的日常合作关系，互相协作、互通有无，共同做好文保工作。

（4）利用国家和各省（市、区）专业文保机构的设备和技术，集中解决难度较大的文保问题。

（5）选择重点文保课题，争取国家项目以及技术、资金方面的支持。有的项目可考虑国际合作。

三　充分发挥博物馆的社会作用

博物馆是相对于社会而存在的，它收藏、研究社会历史文化遗存，又通过陈列展示以及由之派生的其他方式为社会服务。博物馆的"三贴近"原则强调的正是由这些方式所构成的社会功能。而这种社会功能的体现，应从以下几个方面入手。

1. 举办主题鲜明、特点突出的陈列展览

一个好的博物馆，必须具有鲜明的主题和突出的个性特点。只有这样，观众才能产生观赏的愿望，并留下深刻的印象或记忆，进而予以认知和评价。因此，应从自身的特点和观众的需求出发，选择主题、构建内容、确定形式。

西部博物馆拥有丰厚的自然和历史文化资源，包括珍贵的古动物和古人类化石、独特的史前文化遗存、丰富的丝绸之路珍迹和异彩纷呈的少数民族文物。这些得天独厚的资源，造就了西部许多有特色的历史类专题（遗址）博物馆和综合博物馆。对于专题（遗址）类博物馆如秦俑博物馆、汉阳陵博物馆、三星堆博物馆、金沙博物馆、柳湾博物馆和西部诸多遗址、墓葬类博物馆来说，由于其特有的原真性、独一性与不可替代性，不存在突出个性、避免雷同的问题。需要思考的是如何使用符合自身特点的方式，创造文化环境和临场气氛，举办紧扣主题的辅助陈列，用通俗易懂、观众喜闻乐见的方式吸引和感染观众并使其得到启迪和感悟。而对于各省（市、区）馆来说，由于其地志类或历史综合类的性质所致，则要认真考虑如何用不同时代、不同类别的诸多藏品构成有鲜明主题和地方特点的陈列体系。在这方面，新疆馆的"民俗"、"古尸"、"历史文物"，云南馆的"南诏与大理"、"青铜器"、"馆藏精品"，西藏馆的藏族"文化艺术"、"民俗文化"，还有这次论坛的东道主甘肃馆的"彩陶"、"丝绸之路"、"古生物"等展览做出了很好的表率。他们的陈列体系均产生于认真研究自己的藏品特点和观众的参观偏好的基础之上，既避免了雷同，又具有吸引力。

2. 采用观众喜闻乐见的形式和高科技手段

长期以来，我国的陈列展览停留在"我展你看"的模式中，观众只能被动地接受。今后应在增加陈列展览的趣味性、互动性、观赏性上下工夫，并通过声光电技术、多媒体手段等现代科学技术手段，使观众轻松、快乐地感知历史、了解文物、认可博物馆。

3. 通过临展保持常新的吸引力

经常举办高水平的临时展览，是保持一个博物馆长久生命力、吸引观众、提高知名度的重要手段。近年来，上海、湖南等博物馆在这方面做了许多尝试，均引起较大的社会反响。不断地引进展览，特别是引进文化差异较大的异域展览，不仅有益于文化交流，拓展观众的眼界，也有益于通过比较更深刻地认识本民族文化的特点和价值，增加自身魅力。这是一个博物馆及所在地影响力和文化品位的体现。当然，这种引进应建立在对当地文化背景、经济实力和观众偏好充分分析和把握的基础之上，不可简单地攀比、照搬。

4. 提供有特色的博物馆服务

博物馆为观众提供的服务大致有讲解、电子导览、图书销售、旅游纪念品销售等。在西部博物馆，前几项服务大都紧扣主题，围绕博物馆的陈列展示进行。而纪念品销售一块，除各馆的图书、画册和一些文物复仿制品外，充满了千篇一律、毫无特点的字画、首饰、文房用品、传统或民族工艺品等。这些物品只能通过导游的作用，销售给旅游团队，而零散观众几乎无人问津。而从国内外著名博物馆纪念品经销状况的统计资料看，凡观众喜闻乐见、购买踊跃的，几乎全是与博物馆主题与陈列展示相关，包含博物馆文化信息符号的商品。这些纪念品不仅美观、高雅、实用，还传播了博物馆文化，具有潜移默化的宣传引导作用，构成了博物馆展示、销售和宣传的良性循环。

当前，发展文化产业的呼声很高，什么是博物馆的文化产业？定义很简单，即紧扣博物馆的文化主题，为博物馆受众服务，对博物馆事业有所促进并能产生经济效益的投资、产出和经营。西部博物馆理应在这方面做出自己的探索和成就。

中国西部是一片神奇而壮美的土地。这里是人类最早生存和繁衍的地区之一，是中国最早走向世界和世界最早了解中国的地方，也是诸多少数民族创造了自己独特的文化并融会于中华文化巨流的地方。依存于这片文化沃土之上的西部博物馆，经过我们这一代博物馆人的努力，一定会用重笔浓墨书入中国乃至世界博物馆的史册。

（原载《中国西部博物馆论坛文集》，三秦出版社，2007 年）

写在"陕西古代文明"正式开展之际

十七年前，陕西历史博物馆（文中简称陕历博）作为我国第一座现代化的博物馆建成开放。对于中国博物馆事业来说，这是一件具有重要意义的事情。此后，按照现代博物馆理念设计，造型新颖、功能齐全、规模宏大的博物馆出现在全国许多城市。在短短十余年时间里，中国大大缩短了与发达国家在博物馆建筑与设施方面的距离，走在了世界博物馆事业发展的前列。

于是，有了一种说法：陕历博是中国博物馆事业发展的一座里程碑。

陕历博建成后，以其宏伟的仿唐建筑、现代化的内部设施、三十七万余件颇有特色的藏品以及在当时还算精良的基本陈列和几个曾受到普遍好评的专题展览，引起行业内和社会各界的普遍关注，亦使陕历博跻身于国内一流博物馆的行列，并产生了较大的国际影响。十多年来，陕历博的观众量始终保持在每年六十万人次以上，在全国历史综合类博物馆中名列前茅。这种认知度的产生，得益于现代化大馆的影响力，更在于其展品和陈列内容的吸引力。

陕西历史博物馆的陈列分基本陈列和专题陈列、临展等几类。常设展有基本陈列和专题陈列。基本陈列为"陕西古代史"，从史前到清代，展示了陕西古代史的全过程。专题陈列由馆藏文物或引进文物组成。临展不定期地举办文物展、书画展或科技、社会教育类的展览。基本陈列所选文物两千余件均属馆藏精品，史前和周秦汉唐比重较大，宋元明清部分稍简，其余各时期的比重基本相当，基本符合陕历博的特性与馆藏特点。开放之初，曾得到了各方面的好评。

十多年过去了，用现在的眼光审视这个陈列，就显现出诸多不足：使用了十五年的展柜、台座、灯光、背衬均显陈旧、落后；通柜式文物陈列方式，难以区分一般和重点，淹没了很多值得仔细观赏和品味的珍贵文物；缺乏辅助手段，整个陈列没有可借以参与体验或动手操作的场景、模型，没有多媒体展示。在内容安排上虽有详略之分，突出了建都陕西的主要朝代，但各个时代基本按经济、文化、社会生活等几个方面平铺直叙，未能彰显出不同时代最突出的个性色彩，留给观众的印象不深。我曾经询问过一些观众的反映，绝大部分的回答是"文物很好"。却没有听到赞扬陈列形式的话。

从1998年起，陕历博便开始酝酿基本陈列改造事宜，因种种原因未能实施。2006年重新提出后得到国家文物局、陕西省委省政府和陕西省文物局的大力支持。2007年4月动工改造，当年12月完成。在改造期间，连夜将展品由中央基本陈列展厅挪至两翼专题展厅和临时展厅，没有闭一天馆。此次改陈，内容和形式均有很大改动。

在内容设计上，体现了陕历博的性质和藏品特点。按照"历史博物馆"的定性，重点反映了古代陕西的概况，体现出陕西在中国古代不同历史时期的地位、影响和作用。同时，又兼顾了博物馆陈列应发挥本馆的藏品之长，以文物为基础的基本特性。之所以将其定名为"陕西古代文明"，就是希望在历史的大框架下，通过文物表现所要彰显的历史内涵、文化成就、时代特征和文明成果。具体手法是从"线、点、面"几个要素出发，既完整表现陕西古代史的基本线索，又以在陕西建都、文物遗存丰富的朝代为重点，通过三千余件（组）珍贵、精美的实物，展示陕西古代文明的丰硕成就及其对中华文明的贡献。为此，在省文物局和各地市文物管理机构的大力支持下，从兄弟馆、所（院）借调了二百余件（组）最具代表性和最新出土的珍贵文物上展。

在形式设计和制作上，有所探索和突破。序厅汹涌澎湃的黄河壶口瀑布，象征着陕西历史文化的厚重、精深、源远流长和生生不息；反映西周礼乐文化的大型浮雕，既显示出等级制度的森严，又注解了各种礼器的用途；秦代军阵和由无数秦俑头像组成的背景墙，将秦俑之美和秦俑之威表现得淋漓尽致；唐代展厅的壁画悬板，营造了浓郁的大唐文化氛围……此次改陈，还合理运用了新技术和新材料，配备了档次较高的展柜、灯具，同时辅以雕塑、模型、多媒体等艺术、科技手段。在史前聚落生活、西周礼乐祭祀、秦人征战统一、西汉凿空西域、大唐长安盛况等展示区和观众比较关注而又不易理解的重点文物（如耀州窑倒注壶）旁，循环播出制作精良的高清晰影片；在西周青铜器展区放置了可以触摸的复制铜鼎；制作了与展览内容相关的十部动漫片，使少年儿童观众参观时通过生动的故事理解厚重的历史。展览实现了思想性、艺术性、科学性、观赏性、教育性、参与性诸多要素的综合体现。试开放以来，各方面反应良好。

在确定"陕西古代文明"展的大纲之前，应陈列部之邀，我为展览撰写了下面的前言：

> 陕西是中国大地原点所在地。黄河九十九道弯，最大的一个弯如同伸开的双臂，将陕西揽入怀中。
>
> 陕西是一支歌。她将黄土高原的豪迈、关中平川的坦荡和秦巴山区的婉约融会在自己悠扬而久远的旋律之中。
>
> 陕西是一首诗。她用独特的语言和优美的韵律，描述了远古的艰辛劳作、西周的森严仪礼、秦代的赫赫军威和西汉的漫漫丝路，还有魏晋的兼并融合与隋唐的强盛辉煌。
>
> 陕西是一座宝藏。她珍藏了远古先民弥足珍贵的馈赠和十四个古代王朝兴衰存亡的历史，拥揽着各类绚丽多彩的文化遗存和无数精美绝伦的文物珍品。
>
> 陕西有一座历史博物馆。这里汇集了从馆藏数十万件文物

中遴选的三千件精品，展示了陕西古代文明孕育、产生、发展、鼎盛的历程及其对中华文明的贡献。

诚愿每一位观者在领略歌的旋律、品味诗的蕴涵、探索宝藏的奥秘之时，在这座博物馆获得愉悦、启迪、感悟和升华。

这几段话，大致代表了我对这个展览立意的理解和效果的希冀。

"陕西古代文明"正式开展在即，陕历博也将随之向公众免费开放。眼下，唐墓壁画馆在建，专题展即将恢复，多功能影院正在筹划，为观众提供博物馆全面服务的西区综合楼也在构想之中。陕历博将无愧于历史的馈赠、社会的关注和观众的期盼，为弘扬中华优秀文化、建设中华民族精神家园而不懈努力。

最后，想真诚地说几句感谢的话：感谢各级领导、各位专家在陈列酝酿、讨论、制作过程中给予的关心、支持与帮助；感谢陕西各级文博单位慷慨解囊，出借他们精心呵护、爱若亲子的珍贵文物；也感谢我的同事们勤奋的工作和夜以继日的辛劳。

（原载《中国文物报》2008 年 3 月 1 日）

拥珍品而现精妙

——陕西历史博物馆展陈构想

将何家村窖藏出土文物做一个专题，集中展示，是酝酿很久的事了。今年，陕西历史博物馆（以下简称陕历博）开始实施西展厅改造计划，又适逢新中国成立六十周年，便做成了这个展览，定名为"大唐遗宝——何家村窖藏出土文物展"。

作为备受社会和业界关注和支持的博物馆，能够再一次用精心打造的陈列回报社会、观众和业界同仁，我们甚感欣慰。为介绍这个展览，负责宣传的部门在《中国文物报》申请到两个版面，并要我写篇稿子谈谈对陕历博陈列展览体系的总体构想。

对于一个博物馆来说，基本功能应该体现在收藏、展示、研究几个方面。而对于走进博物馆的大多数观众来说，参观陈列展览是主要的甚至是唯一的目的。吸引人们走进博物馆的是陈列展览，观众对于博物馆的印象和评价，也基于观看陈列展览时留下的印象和感受。

因此，如何在详尽研究本馆藏品的基础上，构建体系完整、吸引力强、有自身特点的陈列展览体系，便成为一个博物馆需要首先考虑和长远规划的问题。

陕历博拥有各类藏品三十七万件。所属时代涵盖中国古代史的全过程，种类囊括人类生活的各个方面。文物种类齐全、质地多样，高等级文物数量大。其中青铜器、金银器、陶俑和唐墓壁画四类文物更是兼具数量大、品质精、孤品多、观赏性强等诸多特点。

如何以如此优越的藏品体系为依托，构建陕历博科学、合理的陈列体系，成为近些年我们的业务工作重点。

总体说来，规划中的陈列展览有基本陈列、专题陈列、临时展览三类。

先说基本陈列，按照"历史博物馆"的定性，基本陈列应该与陕西古代史的基本过程相关；从陕西在中国古代史不同阶段的地位、影响、作用和本馆的藏品特点出发，这个过程的不同阶段不应该是平分秋色、完全均衡的；从博物馆陈列的基本特性出发，即便是历史类陈列，亦应以文物为基础，避免牵强地表现文物资料难以表现或说明不了的问题。基于以上考虑，在改造基本陈列时，将名称由原来的"陕西古代史陈列"更改为"陕西古代文明"。更名的寓意有二：一是不拘泥于传统历史陈列政治、经济、文化的面面俱到的体例，而是按照时代顺序，从大历史的角度，通过实实在在的文物和适当的辅助手段体现各个时代的文明成果；二是合理安排"线、点、面"几个要素，既涵盖古代史的整个过程，又重点突出在陕西建都、文物遗存丰富，且代表中国古代文明发展水平的史前、西周、秦、西汉、隋、唐等历史时期，而将未在陕西建都、馆藏相关文物较少且不具代表性的宋、元、明、清等朝代用"唐以后的陕西"一个单元集中表现。这样，宋以前的部分精彩纷呈，即便是唐以后的部分，由于是集中展示，诸多亮点相对集中，也很有看头，避免了虎头蛇尾之感。

基本陈列还采用了电脑查询、影像播放、语音导览、动漫故事、电子图版、沙盘模型等技术手段，受到观众普遍欢迎。前不久，我陪客人参观时，看到数十位观众席地而坐，静静地观看介绍唐都长安的影片。这个场面很令人感动。以前，我多次在发达国家的博物馆看到过这种情景，曾希冀我们的博物馆也能提供这样的观赏条件，曾幻想我们的观众也能在博物馆如此投入。如今，这样的景象终于出现了。

"陕西古代文明"于 2007 年 12 月预展，2008 年 3 月正式开放，在为了保证参观秩序控制总人数的情况下，至今已接待中外观众逾二百万人次。等待领票参观的长队每日可见，请讲解员、租导览机也出现了排队等候的现象。我曾经翻阅过几次观众留言簿，看到很多赞赏之词。譬如"已来过几次，每次都有新收获，还要再来"，"参观后，感到了作为中国人的骄傲"等。一位来自欧洲的观众写到："我曾参观过很多国家的博物馆，这里是最好的。"不久前，经过初评，"陕西古代文明"进入了第八届（2007～2008 年度）全国博物馆十大陈列展览精品评选终评候选项目名单。

再说说专题陈列。我馆计划长期固定展出的专题陈列有"唐墓壁画展"与"何家村遗宝展"。

唐墓壁画是陕历博极富特点的收藏，所藏壁画有 1000 多平方米，五百四十余幅。这些壁画分别揭取自二十余座唐代贵族墓葬，墓主包括唐高宗与武则天之子章怀太子，以及懿德太子和永泰公主。仅凭这些墓主的身份，便可想象墓中壁画的精美程度及其所代表的绘画水准。这些壁画生动逼真地描述了墓主人的生活片段和当时的宫廷生活场景。欣赏这些珍贵的画面，观者好像面对着用生动线条和缤纷色彩构成的百科全书，几乎可以破解所有关于唐代宫廷生活的难题。由于壁画保护对展厅的光线、温湿度、空气质量和柜内微环境都有极其严格的要求，所以长时期以来，只能深藏在库中。新馆建成后，曾在普通的展厅和展柜中展出过一段时间，因保护条件有限，很快又归入库中。以至于很多重要来宾和专家学者都将进壁画库参观视为在陕历博的一种特别的礼遇。

将馆藏壁画中的精品做成展览公开展出，是陕历博几代人多年的愿望。但由于壁画陈列耗资巨大，一直未能实施。1998 年，凭借意大利政府设立文化遗产基金的机会，双方达成了低息贷款（后改为无息）建设陕历博唐代壁画馆的协议。但好事多磨，项目直到 2006 年才正式启动。由于大部分设备要在意大利采购、制作，十分费时，预计要待 2010 年底落成开放。

壁画馆设在陈列楼东侧地下展厅。参观者沿阶而下时，恰似由地面步入神秘的墓室。而展厅内的装饰和设备，又使人充分感受到现代化的氛围：洁净和恒温、恒湿环境自动控制系统，具有独立恒湿、净化、密闭系统的展柜和国际最先进的高强度、高透光率、高清晰、低折射率的安全玻璃以及三维虚拟场景人机互动的多媒体技术。壁画馆的设备，已达到世界一流博物馆的水平。

"大唐遗宝——何家村窖藏出土文物展"如开头时所述，已经落成。在笔者为该展览撰写的前言中对其有简要的介绍：

> 唐朝（618～907年）是一个创造并留传奇迹的时代。
>
> 1970年10月5日，在西安城南何家村，唐长安城兴化坊所在地，施工者发现了埋在地下的两个陶瓮。当闻讯赶来的考古学家小心翼翼地打开陶瓮时，诞生了一个惊世发现：一千余件深埋地下上千年，工艺精湛，器型独特，大气典雅，富丽堂皇的金、银、玉、水晶、玛瑙、琉璃器皿呈现眼前。这些器皿，既显大唐风范，又具外域风格。令人目不暇接、惊叹无限。
>
> 随后，有考古学家称之为"何家村遗宝"，与西方著名的考古发现"阿姆河遗宝"相对应。中国权威考古机构将其列为20世纪中国重大考古发现。
>
> 唐人留下了美妙与震撼，也留下了谜团与悬念：这批宝物何时、何人所埋？因何而埋？至今众说纷纭、莫衷一是。
>
> 何家村遗宝发现以来，仅有小部分或陈列于本馆展厅，或应邀至海外巡展。绝大部分深藏库中。此次集中陈列，与观者共享唐人的丰厚馈赠。
>
> 愿观者赏其美、品其韵、思其华、解其谜，并从中感悟和领略大唐文化与中华文明的博大精深。

诚如前言所述，此展因集中展现精美文物、观赏性强且悬念重重而有极强的吸引力。将三百余件（套）高等级的金、银、玉器集中展示，其中的镶金兽首玛瑙杯、鎏金舞马衔杯纹银壶一直被视为国宝珍品，其观赏性和吸引力可想而知。

第三类是临时性的文物展。临展分为两类：输出和引进。以往，我馆文物出展以外展为主，每年都有几批文物赴国外展出，也曾独立举办过出国展。接展以国内为主，如内蒙古、云南、广西等地的文物都曾在我馆展出。也展出过外国文物，如"长安与罗马"，就有半数文物来自意大利。近两年，国内博物馆之间展览交流比较频繁，多有兄弟馆与我馆商谈借展事宜。我们已拟定了几个专题，有"永远的长安——周、秦、汉、唐文物展"、"岁月存照——陕西历代陶俑展"、"胡人、胡马与胡风"等。在制作"何家村遗宝展"的同时，我们将西侧展区与何家村展相邻的展厅改造为多功能的临展厅，准备随时接展兄弟博物馆的展览。

联合办展也在展览计划之中。近期，我馆将与甘肃、宁夏、青海、新疆等省（区）的兄弟馆协商，共同筹办"中国境内的丝绸之路"联展。

陕历博是一个有较大规模和影响力的博物馆。这得益于历史的馈赠、社会各方面的支持和一代代陕历博人的辛勤努力。所以，当我们成为这份事业的传承者时，便义不容辞地担上了一份责任：做好这座博物馆的所有事情，不辜负历史、社会与先行者的重托，使这座博物馆真正成为社会文化殿堂和百姓精神家园。我们将无怨无悔地担起这份责任。

（原载《中国文物报》2008 年 3 月 21 日）

当代博物馆的文化传播与社会服务

——从陕西历史博物馆谈起

自 2008 年 3 月 27 日我馆对社会免费开放后，观众的数量、结构、需求以及经费条件等和以前相比，都有了较大变化。这诸多变化既给我们带来了发展的新机遇，也带来了巨大的挑战，要求我们在博物馆建设和发展，尤其是在文化传播与提供社会服务方面转变观念，创新理念，有效提升博物馆的社会影响力。

一 构建合理的展陈体系，体现本馆的文化特点

根据我馆的定位、藏品特点，结合免费开放后的新形势、新要求，经科学调研、论证和分析，我们确定了"以基本陈列为主，东有唐墓壁画馆，西有何家村金银器展"的新的基本展陈体系。辅助以举办常换常新、特点鲜明的临时展览，包括引进国内外有影响的和满足观众更高需求的专题陈列和临时展览，目前我馆已形成了崭新的展陈格局与面貌。

1. 提升基本陈列

于 1991 年开放的原基本陈列"陕西古代史陈列"至 2006 年已存续十五年之久。其内容与形式均不适应现在观众的参观需求，亟待更新改造。经筹备，基本陈列"陕西古代文明"于 2008 年正式对外展出。该陈列规模宏大，气势磅礴。展出面积 5051.64 平方米，展线长达 1247 米。分三个展厅，以"人猿揖别"、"凤鸣岐山"、

"东方帝国"、"大汉雄风"、"冲突融合"、"盛唐气象"、"告别帝都"等七个单元，集中展示了陕西古代文明孕育、产生、发展和鼎盛的过程及其对中华文明的贡献。展览萃聚 3002 件特色精品文物，其中等级文物 2998 件，图片 214 幅，场景、浮雕、模型等艺术品 18 个，高清影视短片 7 部，动漫 10 部，复制品 3 件。

2. 建设唐墓壁画馆

我馆共收藏唐墓壁画 540 多幅，面积 1000 多平方米，其中乾陵三大陪葬墓章怀太子、懿德太子、永泰公主墓所出壁画可谓件件精品。这一优势在国内各馆中绝无仅有。精心设计的唐墓壁画馆 2011 年建成开放，展出面积 2500 平方米，采用全进口展柜和照明等设施，突出了壁画保护的特殊要求。

3. 开放何家村金银器展

何家村窖藏是 20 世纪重大考古发现之一，出土的一千余件珍宝均收藏于我馆，是我馆极富特色的优势藏品。2010 年 4 月 6 日，全面展示精美绝伦、令人叹为观止的何家村出土金银器的常设专题展"大唐遗宝——何家村窖藏出土文物展"对外开放。

三大常设展开放后，深受社会公众的喜爱，参观者络绎不绝。三者相辅相成，交相辉映，构成一个全新、完整的陈列体系，体现出陕历博自身和有别于其他博物馆的鲜明特色与文化特点。

4. 举办常换常新的临时展览

为配合常设展览，我们确立了多办高水平、观众喜爱、符合社会发展主旋律展览的方针，坚持以自办原创性展览为主，同时积极开展馆际展览交流，积极探索馆际合作办展的新模式。截至目前，我们共举办各种临时展览 30 多个。这其中，原创性展览如"中原文明、华夏之光——中华文明探源成果展"；结合课题研究，策划并跨省区合作举办的特大型展览"丝绸之路——大西北遗珍"，首次引进的"日本考古展——奈良出土文物精品展"，以本馆特色藏品组织的巡回展"陕西出土历代铜镜精品展"，以及引进的"殷墟出土文物展"、"青海黄南唐卡展"、"韩国庆州文物展"等，均产生了很大的社会影响。

二　采取多种形式的传播手段

1. 宣传推广

主要包括博物馆整体或专题宣传、陈列展览宣传。

围绕展览主题，制订开展前、开幕式、开展后三个阶段的系统宣传计划。制作多种宣传材料，组织撰写各种稿件，出版专刊、书籍、图录，制作宣传片、专题片和访谈节目，利用主流报刊、电视、电台、海报、网络媒体和新闻发布会，展开广泛的、立体式的、持续性的宣传推广活动，开幕式还可采取网络现场直播形式。让社会公众更多地了解展览的筹备、开幕和开放情况，以及展览的内容、精品文物、展览特色等，以达到宣传、引导、教育的目的。如"大唐遗宝——何家村窖藏出土文物展"报道展览的各种媒体多达 143 家。

2. 多媒体

充分利用多媒体手段，进行推广宣传。如"陕西古代文明"配合七个单元内容拍摄了七部高清短片，使观众在获得美妙视觉感受的同时，也获得丰富的历史背景知识；制作了十部动漫，让少年儿童通过生动的故事、活泼的形式理解厚重的历史。短片与动漫同时制作成光盘发行，深受欢迎。同时，在展区设置多媒体查询系统阅览室，输入大量背景资料，供观众浏览。

"大唐遗宝——何家村窖藏出土文物展"在展厅中部专设影视观赏区，播放《何家村遗宝之谜》等背景资料片。目前正在制作专门反映何家村遗宝发现与研究的专题片。同时在展厅专设区域设置多媒体查询系统，供观众查询、浏览展品资料和展览资料。

近年举办的临时展览如"黄河文明，华夏之光——中华文明探源成果展"、"日本考古展——古都奈良出土文物精品"、"家族的荣耀——2010 年度全国十大考古新发现陕西获奖项目特展"、"随身携带的庙宇——青海省黄南州热贡艺术特展"、"殷墟宝藏——来自商王都的珍品"等均在展厅配合播放视频资料片、设置多媒体查询系统。

此外,在我馆网站上,专设"网上展览",对所有展览进行展示推广。同时,与国内多个知名网站联合宣传我馆举办的展览。

3. 开发文化产品

设计、开发、制作多种精彩的文化艺术产品,其制作精良、包装设计独特,深受广大文化消费者的喜爱,取得了上佳的社会效益和经济效益。如"大唐遗宝——何家村窖藏出土文物展"开发生产系列文化衍生品共计二十种,两万余件。产品类型有图书、复仿制品、文化创意产品三大类,每大类均有多个系列,并形成高、中、低三个档次。高档产品具有极高的艺术观赏性和收藏价值,已被陕西省政府指定为对外重要接待礼品,曾赠送多个国家元首;中、低档产品物美价廉,方便携带和佩带使用。

4. 开展延伸教育活动

制订计划,开展讲座、拍摄播出专题片、组织学生专场参观、配合展览主题举办"博物馆之夜"等延伸教育活动。如"大唐遗宝——何家村窖藏出土文物展"邀请孙机、齐东方、葛承雍、周伟洲等近三十位著名学者,举办对公众开放的题为"何家村珍宝与唐代文化"学术研讨会和系列讲座,并将讲座视频上传我馆网站;与中央电视台、凤凰卫视合作拍摄专题片播出。又如配合"随身携带的庙宇——青海省黄南州热贡艺术特展",专门组织小学生来馆参加藏传佛教艺术——唐卡教育活动,内容包括近距离观摩唐卡复制品、配合PPT讲解唐卡知识与艺术、观看唐卡制作过程视频短片、讲故事、观看展览、水彩笔临摹唐卡线描图等,其丰富、活泼的形式深受少年儿童的欢迎。

5. 流动博物馆进校园、社区

改变理念,拓展文化传播与服务的渠道,变被动为主动,创建"流动博物馆",组建宣讲团,携带文物复制品、展板和宣传材料,深入各个大、中院校与社区，进行展品与展板展示、专家讲解、视频播放、文艺演出，开展现场问答、问卷调查等互动体验活动。如近期在西安外国语大学、西北大学、延安大学等开展的流动博物馆活动，深受广大学生、公众的喜爱，取得了上佳的效果。

三　提升配套服务，开辟观众服务、体验区域，深化与扩大博物馆的服务功能

1. 观众接待

提升接待服务水平。编制周密的《观众接待计划》，包括专设讲解联络处、咨询台、宣传资料柜架、留言台，讲解服务要求，团体、贵宾接待办法，周日、节假日接待办法等。长期发放观众调查表，及时了解观众反馈信息并做出改进。

设置完善的、国际标准化的标识引导系统。专设休息区、商品区，配备轮椅、婴儿车等。

2. 导引讲解

提升讲解服务质量。讲解队伍分为专家讲解员、在编讲解员、合同制讲解员、大学生讲解员、志愿者讲解员，人数达五百一十人。配备三百台自动语音导览器，内有汉语、英语、日语、法语、韩语五种语言。人工讲解规定每次不少于一个半小时。每天免费发放中、英文参观指南各两千册，中、英文展览宣传单各两千份。

3. 增加服务空间、设施和服务内容

我馆1991年建成时，受当时观念影响，观众服务方面的设计和设施建设较少，而现今形势和观念已发生很大变化。因此，2011年底我们开始在西侧半地下公共空间新建观众服务区，同时在馆区西侧区域新建观众综合服务楼，计划内设与观众消费文化、娱乐文化相结合的多种内容，如舒适的休息设施、馆藏特色纪念品专售区、方便简餐区、文化沙龙等，多方面提供优质的服务，充分满足观众的需求。

四　以人为本，坚持文化传播与服务的
公益性和社会效益的最大化

近年来，在文化传播与服务工作上，我们坚持以人为本，坚持博物馆的公益性和社会效益的最大化，并通过以上的理念创新和探索实践，使我馆的文化传播与服务工作展现新的面貌，逐渐从以前的单一到多元，从被动到主动，从笼统的服务普通观众到细化服务不同的特定观众群，并尝试成为颇具本地文化特点的博物馆生态实验区，立于地域文化的制高点，引领文化时尚。我们认为，这或许是今后博物馆发展的方向。

截至目前，我们的工作取得了一定的成绩，获得了社会公众的广泛认可。2008 年至今，我馆共举办大型展览三十多个，大多数为原创性和免费的展览，均具有鲜明特色；配合展览采用了多种传播手段，大力推行完善的尤其是体验式服务，受到社会公众的喜爱与欢迎，新闻媒体争相报道，业内人士好评如潮。并取得了许多的荣誉和奖项，如基本陈列"陕西古代文明"于 2009 年 10 月荣获"第八届（2007～2008 年度）全国博物馆十大陈列展览精品奖"；专题陈列"大唐遗宝——何家村窖藏出土文物展"于 2011 年 5 月荣获"第九届（2009～2010 年度）全国博物馆十大陈列展览精品奖"；在今年的"5·18 国际博物馆日"，我们还获得了国家文物局颁发的"免费开放后博物馆最佳展示推广奖"。

（原载《中国国家博物馆馆刊》2012 年第 8 期）

面向公众的博物馆（博物馆的展示与服务）

——中国博物馆展望

"中国博物馆展望"是一个很好的论坛题目。在此，要感谢西藏博物馆的同仁，不仅组织了此次论坛，而且提出了一个对中国博物馆事业至关重要的命题。

展望中国博物馆，就是依据博物馆的性质，从社会需求和博物馆事业发展的高度，分析和观察我国博物馆事业的现状，寻找存在的问题和解决的办法，设计和实现未来的愿景。

博物馆是干什么的？国际博物馆协会第十六届全体大会于1989年9月5日在海牙通过的《国际博物馆协会章程》明确规定："博物馆是一个为社会及其发展服务的、非赢利的永久性机构，并向大众开放。它为研究、教育、欣赏之目的征集、保护、研究、传播并展出人类及人类环境的物证。"

从20世纪50年代开始，我国博物馆界把博物馆定性为研究、教育、收藏机构，即所谓的"三性"说。有学者认为此说本无大碍，但"容易引出种种误读：其一，过于强调博物馆的研究功能而忽视展示的功能；其二，过于强调博物馆的收藏功能而同样忽视了展示功能；其三，在强调博物馆宣传教育功能的时候，却又将其最根本的手段——陈列展览，给忽略了"（《中国文物报》2006年3月17日第6版）。我以为，其中的"教育"所指应含陈列展览，展陈是手段，教育是目的。但教育是潜移默化的，不必说出来。所以，"三性"的正确表述和顺序应该是"收藏、研究、展示"。即在收藏的基础上研究，在研究的成果上展示，通过展示体现博物馆的存在并发挥它的作用。这样的理解，应该是与国际博协《章程》的规定相符的。

对于一个博物馆来说，基本功能应该体现在收藏、展示、研究几个方面。而对于走进博物馆的大多数观众来说，参观陈列展览是主要的甚至是唯一的目的。吸引人们走进博物馆的是陈列展览，观众对于博物馆的印象和评价，也基于观看陈列展览时留下的印象和感受。

因此，如何在详尽研究本馆藏品的基础上，构建体系完整、吸引力强、有自身特点的陈列展览体系，便成为一个博物馆需要首先考虑和长远规划的问题。现以陕西历史博物馆（以下简称陕历博）的陈列展览的总体构想为例，谈谈关于展示的一些理念。

陕历博拥有各类藏品三十七万件。所属时代涵盖中国古代史的全过程，种类囊括人类生活的各个方面。文物种类齐全，高等级文物数量大。其中青铜器、金银器、陶俑和唐墓壁画四类文物更是兼具数量大、品质精、孤品多、观赏性强等诸多特点。

如何以如此优越的藏品体系为依托，构建陕历博科学、合理的陈列体系，成为近些年我们的业务工作重点。

总体说来，规划中的陈列展览有基本陈列、专题陈列、临时展览三类。

先说基本陈列，按照"历史博物馆"的定性，基本陈列应该与陕西古代史的基本过程相关。从陕西在中国古代史不同阶段的地位、影响、作用和本馆的藏品特点出发，这个过程的不同阶段又不应该是平分秋色、完全均衡的。从博物馆陈列的基本特性出发，即便是历史类陈列，亦应以文物为基础，避免牵强地表现文物资料难以表现或说明不了的问题。基于以上考虑，在改造基本陈列时，将名称由原来的"陕西古代史陈列"更改为"陕西古代文明"。更名的寓意有二：一是不拘泥于传统历史陈列政治、经济、文化的面面俱到的体例，而是按照时代顺序，从大历史的角度，通过实实在在的文物和适当的辅助手段体现各个时代的文明成果；二是合理安排"线、点、面"几个要素，既涵盖古代史的整个过程，又将重点突出在在陕西建都、文物遗存丰富且代表中国古代文明发展水平的史前、西周、秦、西汉、隋、唐等历史时期，而将未在陕西建都、馆藏相关文物较少且不具代表性的宋、元、明、清等朝代用"唐以后的陕西"一个单元集中表现。这样，宋以前的部分精彩纷呈，即便是唐以后的部分，由于集中展示，诸多亮点相对集中，也很有看头，避免了虎头蛇尾之感。

基本陈列还采用了电脑查询、影像播放、语音导览、动漫故事、电子图版、沙盘模型等技术手段，受到观众普遍欢迎。前不久，我陪客人参观时，看到数十位观众席地而坐，静静地观看介绍唐都长安的影片。这个场面很令人感动。以前，我多次在发达国家的博物馆看到过这种情景，曾希冀我们的博物馆也能提供这样的观赏条件，也曾幻想我们的观众也能在博物馆如此投入。如今，这样的景象终于出现了。

"陕西古代文明" 2007 年 12 月预展、2008 年 3 月正式开放，在保证参观秩序、控制总人数的情况下，至今已接待中外观众逾 200 万人次。等待领票参观的长队每日可见，请讲解员、租导览机也出现了排队等候的现象。我曾经翻阅过几次观众留言簿，看到很多赞赏之词。譬如"已来过几次，每次都有新收获，还要再来"，"参观后，感到了作为中国人的荣耀"等。有一位来自欧洲的观众写到："我曾参观过很多国家的博物馆，这里是最好的。"不久前，经过初评，"陕西古代文明"进入了第八届（2007～2008 年度）全国博物馆十大陈列展览精品评选终评候选项目名单。

再说说专题陈列。我馆计划长期固定展出的专题陈列有"唐墓壁画展"与"何家村遗宝展"。

唐墓壁画是陕历博极富特点的收藏，所藏壁画有 1000 多平方米，540 余幅。这些壁画分别揭取自二十余座唐代贵族墓葬，墓主包括唐高宗与武则天之子章怀太子，以及他们的孙子、孙女懿德太子和永泰公主。仅凭这些墓主的身份，便可想象墓中壁画的精美程度及其所代表的绘画水准。这些壁画生动逼真地描述了墓主人的生活片段和当时的宫廷生活场景。欣赏这些珍贵的画面，观者好像面对着用生动线条和缤纷色彩构成的百科全书，几乎可以破解所有关于唐代宫廷生活的难题。由于壁画保护对展厅的光线、温湿度、空气质量和柜内微环境都有极其严格的要求，所以长时期以来，只能深藏在库中。新馆建成后，曾在普通的展厅和展柜中展出过一段时间，因保护条件有限，很快又归入库中。以至于很多重要来宾和专家学者都将进壁画库参观视为在陕历博的一种特别的礼遇。

将馆藏壁画中的精品做成展览公开展出，是陕历博几代人多年的愿望。但由于壁画陈列耗资巨大，一直未能实施。1998 年，适逢意大利政府设立文化遗产资金，经反复磋商，双方达成了低息贷款（后改为无息）建设陕历博唐代壁画馆的协议。但好事多磨，一直到 2006 年才正式启动。由于大部分设备要在意大利采购、制作，十分费时，预计要到 2010 年底才落成开放。

壁画馆展厅采用了洁净和恒温、恒湿环境自动控制系统。展柜有独立的恒湿、净化、密闭系统和国际最先进的高强度、高透光率、高清晰、低折射率的安全玻璃以及三维虚拟场景人机互动的多媒体技术，达到了世界一流博物馆的展示条件。

"大唐遗宝——何家村窖藏出土文物展"如开头时所述，已经落成。该展览的前言对其有简要的介绍：

> 唐朝（618～907 年）是一个创造并留传奇迹的时代。
>
> 1970 年 10 月 5 日，在西安城南何家村，唐长安城兴化坊所在地，施工者发现了埋在地下的两个陶瓮。当闻讯赶来的考古学家小心翼翼地打开陶瓮时，诞生了一个惊世发现：一千余件深埋地下上千年，工艺精湛，器型独特，大气典雅，富丽堂皇的金、银、玉、水晶、玛瑙、琉璃器皿呈现眼前。这些器皿，既显大唐风范，又具外域风格。令人目不暇接、惊叹无限。

随后，有考古学家称之为"何家村遗宝"，与西方著名的考古发现"阿姆河遗宝"相对应。中国权威考古机构将其列为20世纪中国重大考古发现。

唐人留下了美妙与震撼，也留下了谜团与悬念：这批宝物何时、何人所埋？因何而埋？至今众说纷纭、莫衷一是。

何家村遗宝发现以来，仅有小部分或陈列于本馆展厅，或应邀至海外巡展。绝大部分深藏库中。此次集中陈列，与观者共享唐人的丰厚馈赠。

愿观者赏其美、品其韵、思其华、解其迷，并从中感悟和领略大唐文化与中华文明的博大精深。

诚如前言所表，此展因集中发现、文物精美、观赏性强且悬念重重而有极强的吸引力，将成为陕历博的新亮点。

最后，说说博物馆的服务功能。观众走进博物馆的目的是参观展览。经过多年的讨论，中国博物馆界已在"两务"的基础上，进一步接受、吸纳了国际博协关于博物馆"为社会和社会发展服务"的观念，从而形成一种新的服务意识。新意识基于三种信念：

（1）公众进入博物馆参观学习，分享人类文化与自然遗产的价值，乃是不可剥夺的天赋人权。作为博物馆，就理应从维护公民权的角度做好各项服务工作，满足公众共享遗产的需求。

（2）博物馆应该改变以往在提供宣传、教育、娱乐的时候"被动"的、"单向"的行为方式，而采用更"主动"和"双向"的方式，并且尽可能地体现以"人"为本的价值取向。

（3）博物馆的"服务"不仅针对观众，还针对社会和社会发展。比如，博物馆有助于改善地区的文化形象，提升知名度，促进旅游业发展，甚至如生态博物馆的倡导者所设想的，生态博物馆还是公众参与社区规划和发展的一个工具。

正是顺应了上述变化，2001年版的《中国博物馆学基础》专门辟设《博物馆教育与服务》一章，从服务的角度阐述博物馆教育的新观念和主要任务，并且归纳了社会教育与服务的一些方式方法，如陈列讲解、流动展览、电化教育及如何改善服务设施。最近的《博物馆管理办法》更从行业规范的角度强调："博物馆应当根据办馆宗旨，结合本馆特点开展形式多样、生动活泼的社会教育和服务活动，积极参与社区文化建设。"

围绕新的服务意识，当代博物馆工作方法论正在发生重大变化。博物馆所扮演的角色也更具多样性，它从一个单纯的从事收藏、展示、研究的场所，发展为同时还是一个社区文化中心。此种转变，与当代社会的整体转型，人际关系和人类交往方式的深刻变化密不可分。博物馆工作者应当洞悉现象背后的深层社会原因，从而把服务工作落到实处，做到位，为观众提供更深层次的服务，包括参观后的跟踪调查、答疑。

（"当代博物馆展望"学术研讨会，2009 年）

发展文博事业　建设文化强省

当今世界，经济全球化进程加快，科学技术迅猛发展，文化经济一体化趋势日益显现。文化不仅极大地提高人民群众的思想道德素质和科学文化素质，而且对促进经济增长，增强综合竞争能力具有巨大的推动作用。21 世纪前 20 年是我国经济社会快速发展的战略机遇期，也是文化快速发展的战略机遇期。

党的十六大以来，全国各地特别是沿海发达省份都把加快文化发展作为重要战略举措，列入议事日程，纷纷提出建设文化大省、文化强省，文化已成为区域竞争的重要领域。

一

陕西是文化大省，其文学、艺术、教育、新闻出版、文物考古等方面均有很强的实力。面对机遇和挑战，我省必须抓住机遇，深刻认识文化对经济社会发展的重要意义，充分发挥文化资源在经济发展中的后发优势，变文化资源优势为经济优势、产业优势，壮大我省的文化实力和竞争力。加快文化强省建设，打造文化陕西。

什么是文化强省？文化强省应当具备以下标准：公民素质明显提高；文化事业全面繁荣；文化产业形成规模；文化市场开放有序；文化设施建设成效显著。

要达到以上标准，绝不能停留在提提目标、定定规划、开开会议、喊喊口号上。我们起码要做以下几方面的努力：加强思想道德建设，其重点应放在引导公民树立中国特色社会主义共同理想，树立正确的世界观、人生观、价值观方面；弘扬民族精神和时代精神，即培育和弘扬以爱国主义为核心的民族精神、以改革创新为核心的时代精神；深化公民道德建设，认真贯彻落实《公民道德建设实施纲要》，形成"明礼诚信、团结友善、勤俭自强、敬业奉献"的社会环境；提升城乡文明程度，着力提升城市文化品位，优化发展环境。

对所有省份来说，文化强省的目标都是全方位的，促使其实现的努力也应该是全面、系统的。其中包括重视哲学社会科学建设、繁荣文学艺术事业、加强广播影视新闻出版建设、大力发展群众文化、加强文物保护和开发利用、进一步完善公共文化服务体系等。同时，对每一个具体的省份来说，如同经济资源和经济增长点各有区别一样，其文化资源的拥有情况也有所不同，所以要突出的文化之"强"又应该是具有自身特点的。

那么，陕西的优势体现在哪里？众所周知，陕西是中国古代文明的重要发祥地，是十四个古代王朝建都的地方，也是诸多历史文化名人出生、成长和作出重要贡献的地方。地上地下保存着大量的文化遗存和名胜古迹。据最新统计，全省共有全国重点文物保护单位144处，省级文物保护单位415处，在全国名列前茅。全省拥有各类博物馆153座，其中90%以上为社会历史类博物馆（含纪念馆），隶属于文物系统的计有省直馆8个，市级馆6个，县级馆逾百个。总数超过全国各省平均数的一倍。省直馆的数量，居全国第一。

上述数字说明，陕西的文博事业在全国的地位举足轻重，与其他文化事业相比，具有明显的优势，应该视为陕西成为文化强省的主要优势和突出特点。

二

可是，我们在通过充分发挥文博事业优势，确立文化大省地位方面并没有做足够的努力，以致与极其珍贵的机会失之交臂。20世纪 80 年代，随着中国加入《保护世界文化和自然遗产公约》，秦始皇陵与秦兵马俑坑成为世界文化遗产，成为我国六处第一批世界文化遗产之一。与此同时，西安碑林、西安城墙、汉唐长安城、统万城等代表中国古代文化特点的遗存也被作为中国申报世界文化遗产的预备项目。此后，全国各地凡具有预备项目的省、市均倾其所能，全力申报世界文化遗产，而陕西却一直处于观望状态。有的领导甚至担心遗产申报成功后可能受到一些限制。现在，中国拥有的世界文化遗产已由最初的六处增至二十三处，而陕西仍仅有一处。这个拥有量与陕西文化遗产的实际拥有量及其价值和地位是极不相符的。然而悔之晚矣，就在我们观望之时，世界遗产大会做出规定，一个国家每年只可申报一项遗产。我省的几项遗产也被从预备清单中拿掉。

与申报世界遗产的境遇相比，我省博物馆事业的发展状况要好得多。我省博物馆事业始于 20 世纪 40 年代，兴盛于新中国。目前各类博物馆的总数已达 150 余座。其中 90% 以上为社会历史类博物馆（含纪念馆），隶属于文物系统。计有省直馆 8 个，市级馆 6 个，县级馆逾百个。总数超过全国各省平均数的一倍。省直馆的数量，居全国第一。

但是，我省博物馆事业的发展依然存在着一些不容忽视的问题。主要表现在以下几个方面：

1. 体系结构不合理

一个合理的博物馆体系结构，应该是金字塔状的。上端为少量高水平的省级博物馆，中端为相对多的较高水平的市级博物馆，下端为大量一般水平、需要上中端带动的博物馆。而我省的实际情况是：在一百余个隶属文物系统的博物馆（含纪念馆）中，省级馆 8 个，市级馆 6 个，其余均为县级馆，这个数字比明显呈现出市级馆过少的趋向。有的市至今没有市属博物馆，如汉中、渭南、榆林。有的虽有市级馆，但质量不高，作用不大，如安康、商洛。

2. 发展资金短缺

我省的 150 多座国有博物馆，绝大部分靠财政供养，所得资金仅够保证运转。极小部分有固定门票收入的省级馆，如陕西历史博物馆、秦俑博物馆、碑林博物馆等实行"收支两条线"的财政管理办法。即门票收入的70%加财政补贴。由于各馆的收支差异，可支配经费悬殊，有的馆仍然存在运转困难。像陕历博这样一个在全国有着重要地位和影响的大型博物馆，每年的收入返还和财政拨款相加不足2000万元，而同等规模的首都博物馆、上海博物馆，仅财政拨款一项便分别为7000多万元和8000多万元。资金的不足，极大地影响到博物馆社会文化服务功能。

3. 藏品来源不畅

藏品是博物馆赖以存在和发挥其展示、研究和教育传播功能的基础。其来源大致有：接收考古发掘的出土文物、公安和海关的收缴文物、个人或集体的捐赠文物、购买流散文物。由于各种原因，这些渠道目前都不很畅通。致使许多有很高价值的文物长期不能进入博物馆的收藏和展陈环节，影响其历史价值和文化价值的发扬光大。

4. 功能定位不清

这方面存在几个不同的问题：一是把博物馆、文物景点视为旅游产品，或制造成旅游产品，无节制地开发利用，使博物馆固有的公益属性和教化功能受到极大挑战；二是将"非营利性"理解为不能盈利，拒绝市场观念和文化产业进入博物馆，仅靠政府十分有限的资金苦度时光；三是徒有虚名，没有发挥出博物馆作为文化殿堂和教化场所的作用，成为"挂牌博物馆"。

三

如上所述，文物、博物馆事业既是陕西成为文化强省的主要优势和突出特点，又存在着自身的不足和发展中的问题，就需要在备受关注的情况下发挥优势、解决问题。

1. 积极参与丝绸之路"申遗"

就陕西的历史文化遗存拥有量及其价值而论，陕西应该拥有的世界文化遗产绝不止秦始皇陵和秦兵马俑一处，可我们却失去了诸多机会。经过几年的准备，丝绸之路作为 2010 年世界遗产申报项目，中国和中亚国家应于 2008 年 9 月、10 月间向世界遗产中心提交丝绸之路申报初审文本，2009 年 8 月接受国际专家考察评估。其中包括陕西段的汉长安城、唐大明宫、汉茂陵、唐昭陵、唐乾陵、张骞墓、草堂寺、法门寺、大雁塔、小雁塔、西安化觉巷清真寺等十余处文化遗存。这是陕西面临的又一次机遇和挑战，应该全力以赴，确保成功。

2. 尽力解决博物馆事业面临的问题

（1）构建协调发展的博物馆体系

针对目前我省博物馆体系中省级馆过多、市级馆偏少、体系不尽合理的现状，应控制省级馆数量，提高省级馆质量，将其打造成高档、精致、有吸引力，在国内乃至国际有影响力和竞争力的博物馆。同时，应把市级馆的建设作为重点，通过新建市级馆，下放省级馆，将有条件的区、县博物馆提升为市级馆规格等办法保证每个市有一两座功能健全、水平较高、具有自身特色的市级博物馆。此外，要研究制定相关政策措施，实行政府扶持与社会力量参与相结合的办法，鼓励和扶持区、县、行业和民间团体依法兴办种类不同的博物馆，进一步完善博物馆体系。

（2）加强博物馆的藏品征集和管理工作

除增加专项经费保证征集流散文物外，还要按照《文物法》的要求尽快建立考古机构向博物馆移交文物的具体制度和实施办法。在这方面，新疆、湖北、成都、河北、山西等地已有不尽相同但均行之有效的办法和经验可供借鉴。

（3）加大政府对博物馆事业的投入和扶持力度。博物馆的建设应作为公共文化服务体系和地方发展规划，博物馆经费应确定逐年增长比例，并考虑纳入公共文化服务体系的博物馆免费开放。同时，应尽快研究制定促进博物馆生存和发展的各项文化经济政策。

文物博物馆事业以保护人类物质遗存和构建人类精神文化殿堂

为己任，它唤起人类对往昔的记忆，启迪人类对未来的憧憬，也体现着地方的文化实力和竞争力。充分发挥陕西所拥有的优势，将成为建设文化强省最强有力的保障。

（陕西省政协第十届委员会第一次会议专题讨论会发言稿，2008 年）

荣耀与使命

2008 年的"5·18"国际博物馆日，是一个对中国和陕西的博物馆事业都具有特殊意义的日子。这一天，国家文物局授予全国 79 座博物馆"国家一级博物馆"的称号，而陕西有 6 座博物馆获此殊荣。自此，中国开始了用科学、规范的定级方法体现博物馆综合水平和实力的历史，而陕西则继博物馆总数位居全国首位之后，又成为全国一级博物馆最多的省份。

陕西历史博物馆（以下简称陕历博）作为陕西藏品最多、内涵最广的博物馆和规模最大、最有影响的博物馆之一，此次名列陕西一级博物馆榜首，既体现了它应有的荣耀，也意味着更重、更多的责任与使命。

1991 年 6 月 20 日，陕历博作为我国第一座现代化的博物馆建成开放。对于中国博物馆事业来说，这是一件具有重要意义的事情。此后，按照现代博物馆理念设计，造型新颖、功能齐全、规模宏大的博物馆出现在全国许多城市。在短短十余年时间里，中国大大缩短了与发达国家在博物馆建筑、设施与功能方面的距离，走在了世界博物馆事业发展的前列。

就博物馆收藏、展示、科研、教育、服务等基本概念而言，陕历博具备了一流博物馆的各方面条件。三十七万余件藏品中有两万余件为国家珍贵文物。青铜器、金银器、历代陶俑、唐墓壁画四类文物独领风骚，令世人瞩目；新改造落成的基本陈列"陕西古代文明"通过三千余件（组）珍贵、精美的实物和雕塑、模型、多媒体等艺术、科技手段，展示出陕西古代文明的丰硕成果及其对中华文明的杰出贡献；专题陈列和临时展览内容丰富、时常更新；专业技术人员占全馆人员总数的70%，其中具有高级专业职称者四十余人。学术成果涵盖博物馆业务工作的各个方面。教育和服务方面，形式多样、功能齐全。今年3月，按照国家四部局《关于全国博物馆、纪念馆免费开放的通知》，我馆已率先对观众免费开放，平均每日接待观众五千人。

按照国家有关部门"博物馆评估暂行标准"，博物馆等级划分涉及综合管理与基础设施、藏品管理与科学研究、陈列展览与社会服务三大部分，涵盖诸多具体的内容。这次一级博物馆评比，陕历博得了高分，但没有拿到满分。这说明我们还有差距，需要不断努力。今年，我们将加快"唐墓壁画馆"建设，同时引进高质量、高水平的文物展览，为广大观众奉献更多更好的精神文化产品；要组织博物馆免费开放的课题研究工作，及时总结免费开放中出现的新情况、新问题，不断改进免费开放工作；要进一步加强与学校的联系，认真做好博物馆教育与学校教育的有效衔接工作；将定期举办学术和科普讲座，弘扬优秀的传统文化；我们还将积极规划、设计和建设馆内的电影院、纪念品商店及西区综合楼，不断完善博物馆的服务功能。

作为首批国家一级博物馆，陕历博将无愧于历史的馈赠、社会的关注和观众的期盼，为弘扬中华优秀文化、建设中华民族精神家园而不懈努力。

（"5·18"国际博物馆日讲话稿，2008年）

积极申报世界遗产　尽显著名古都风采

　　西安是自周至唐，十三个古代王朝建都的地方。作为历史文化名城，西安的地上地下拥有众多的文物古迹，闻名海内外，令世人瞩目。可以说，西安在国际、国内的影响力、知名度，以及改革开放以来游人如织、商贾云集的状况，很大程度上得益于西安辉煌的历史和它拥有的历史文化遗产。

　　随着一体化趋势日益加强，在全世界范围内，如何有效地保护那些散布在世界各地、体现了地球和生活于此的人类的历史、构成人类共同的记忆，却面临着工业化和城市化的严重威胁的世界遗产，成为不同国家和地区政府、人民、专业人员和社会各界的共同愿望和行动。1972 年，联合国教科文组织第十七届大会通过了《保护世界文化和自然遗产公约》。三十年来，已有包括中国在内的 175 个国家加入了公约，125 个国家的 730 项遗产被列入世界遗产名录。1987年，中国首批共 5 项遗存入选世界遗产。它们分别是万里长城、北京故宫、敦煌莫高窟、周口店、北京猿人遗址和秦始皇陵及兵马俑。由于秦始皇陵和兵马俑的首批入选，西安作为著名古都，获得了应有的殊荣。这对提高西安的知名度和影响力起了重要的作用，由兵马俑热而引起的西安旅游热也随之升温。

　　按照《世界遗产公约》的规定，世界遗产委员会要求各缔约国提出一个预备名单，推荐本国符合条件的文物古迹和自然景观，以便逐年申报，列入《世界遗产名录》。在申报我国第一批世界遗产名录时，有关部门已拟定了一个预备名单，共计 40 余处，其中西安 4

处，即西安碑林、西安城墙、汉长安城、唐大明宫。就全国范围而言，西安的比例仍然很大，占四分之一。

可是，十六年后，当中国世界遗产总数已达 28 项（其中文化遗产 20 项、自然遗产 3 项、文化和自然双重遗产 5 项），位列世界第三时，西安仍仅拥有秦始皇陵和兵马俑一项。这与西安作为著名古都的地位是极不相称的。

之所以出现这种情况，有以下原因：

1. 对申报世界遗产的意义认识不足。世界遗产的认定代表了世界对某一国家或地区历史文化地位的认可，拥有一处世界遗产的同时也就拥有了一份荣誉、一个品牌和在世界上的影响力以及对公众的吸引力。正因为如此，几乎所有拥有遗产预备项目的地方政府，都在不遗余力地推动申报工作。山西大同申报云冈石窟项目（2001年入选）时，成立了由市委主要领导负责的领导小组；洛阳申报龙门石窟项目（2000 年入选）时，由省、市两级领导挂帅。其他申报成功和正在申报的地方，无一不是政府挂帅，协调各方，确保成功的。之所以如此，一方面是为了扩大地方影响，同时也有实际效益。山西省平遥古城 1997 年入选世界文化遗产，次年游客增加了四倍。四川省的九寨沟、黄龙名胜区、峨眉山—乐山风景区、青城山和都江堰在 1992～2000 年连续入选自然和文化遗产（或双重遗产），使四川对海内外游客的吸引力连年上升。而我们西安对申报世界遗产重要性的认识远远没有跟上。迄今为止，四处预备项目的申报事宜尚未列入议事程序，更谈不上建立机构、制订计划和实施落实了。

2. 预备项目周边环境差，申报条件不足。综合各地申报成功的经验，大多是地方政府投入大量的人力和财力，努力改善预备项目本身质量和环境质量，再邀请国家相关部门或遗产专家前往考察，提出意见，不断整改，直至申报成功。而我们西安几处预备项目，目前根本不具备请专家考察的环境条件。西安碑林周围交通拥堵，乱拆乱建，早已没有往日苍松翠柏环绕，传统民居相拥的古朴、静谧景象；城墙一线，城外部分近年有很大改观，城内部分杂乱现象比比皆是；汉长安城的治理虽有成效，但在城址上建房、修墓地、设工厂的现象仍未彻底根除；唐大明宫几乎被建材市场包围，内部的整修、仿建效果也难以恭维。上述现象如不尽快改善，上述预备项目只能长时间停留在预备上，还有可能被取消。随着申报遗产热在世界范围内兴起，入选条件越来越严格，评定世界遗产的机构和专家对遗产项目环境的要求几乎到了苛刻的程度。

鉴于上述情况，我们应该做好以下工作：

1. 发挥资源优势，坚定申报信念。在经济全球化时代，社区、群体、国家、民族的发展与竞争在很大程度上是文化的竞争。现代的是可以创造的，古代的东西是不可再生的。对于一个城市来说，申报成功一项世界遗产，其影响和意义远远大于建造十座摩天大楼。西安作为历史文化名城、世界著名古都，在文化上，特别是古代文化遗产上占尽天时地利。现有的四个预备项目，都代表古代独特的成就和创造，有着重大的影响力，见证着已经消失的文明和文化传统，通过不懈的努力，一定能摘取世界遗产的桂冠。

2. 完善城市规划，加强环境治理。在城市规划中，要充分考虑给遗产项目周边留有充分的空间，以便营造与之谐调的环境氛围。已申报成功的项目所在地在这方面有很多成功的经验。北京拆除了天坛（1998 年入选）周边数公里的店铺和杂乱建筑，代之以明清风格、与天坛建筑浑然一体的仿古围墙；重庆市拆迁了有碍大足石刻（1999 年入选）保护和景观环境的 18 个单位、121 户民居和经营性建筑，总拆迁面积达 3.4 万平方米，并新征和收回土地 300 多亩；河南洛阳取缔龙门石窟（2000 年入选）附近的商贩 600 余个，拆除各类建筑 7000 多平方米，关闭大小企业 600 余家，绿化 140 多亩。上述改造，都是通过政府行为实现的。

3. 建立专门机构，专事申报工作。由于西安现有的四个预备项目分属省、市两级管理，最好成立由省、市两级政府领导挂帅，省、市文物、园林、规划、城建等部门参加的遗产申报机构，对已列入和将列入世界遗产预备清单项目的申报工作进行统一的计划和协调管理，并尽快进入申报程序。

积极申报世界遗产，有益于提高西安的文化品位和城市形象，有益于让世界认识和了解西安，更有益于发展旅游业和招商引资，是一件利在当今、功及后世的事情。特提以上建议。

（西安市政治协商会议提案，2004 年）

免费开放后博物馆展示推广工作
的理念创新与实践 *

——以陕西历史博物馆为例

2008 年开始实行的博物馆免费开放政策，使我国博物馆行业面临的形势和所处的条件发生了根本性的变化，也使我国博物馆事业的发展面临新的机遇和挑战。如何适应新形势和新要求，科学合理地构建免费开放长效机制，有效健康地促进自身的建设和发展，每个博物馆都需要思考，需要探索。近年来，陕西历史博物馆（以下简称陕历博）在这方面率先起步，通过调查论证，科学分析，积极探索，并向国内外先进同行学习、取经，同时将新理念、新做法付诸实践，逐步摸索出了一条科学健康的发展之路。本文拟将陕历博的主要做法和积累的经验，与业界同行进行交流与探讨。

一 免费开放后陕历博展示推广
工作面临的新形势、新要求

2008 年 3 月陕历博对观众免费开放后，观众数量、观众结构、观众需求、办展条件和以前相比，都发生了巨大变化。

（一）观众数量大为增加

免费前的 2007 年观众数量为 78 万，2008 年 3 月 27 日免费后至

---

* 本文系与董理合著。

年底观众数量 101 万，2009 年观众 113 万，2010 年观众 182 万，2011 年观众人数达到 203 万。

（二）观众结构发生变化

首先，本地观众数量大大增加。

如免费前的 2007 年和免费后的 2009 年，本地游客量分别是 21 万和 50 万；外地游客量分别是 57 万和 63 万。这表明免费开放后本地观众因其方便性，成为这一惠民政策的主要受益者。而本地观众大量、频繁地进入博物馆，势必要求展览常换常新，展览的吸引力更强。而建立免费开放长效机制，也要求我馆提升陈列服务水平，培养增强本地观众对博物馆的兴趣，使他们成为博物馆最稳定的观众群。

其次，学生观众数量大幅增长。

如 2007 年和 2009 年、2011 年相比，分别为 10 万和 29 万、41 万。免费开放后，我馆与很多高校共建教育基地，在各高校举办学术讲座，吸收青年学生成为志愿者和博物馆之友。针对学生参观，我馆特别开设绿色通道，简化预约手续，尤其每年寒暑假和新生入学期间学生观众最多的时候，我馆还举办有特色的临时展览和丰富多彩的联谊活动，增大博物馆对青少年的吸引力。

（三）办展经费大幅增加，办展条件大为改善

免费开放前，我馆的办展经费始终紧张，办展条件不足，无法解决展览数量、质量和经费之间的矛盾。免费后，我馆先后成为国家一级馆、中省共建馆，经费大大增加，年年有保证，为我馆改善陈列体系，建立新的展陈格局，提升展示水平和举办大量常换常新的临时展览，以及加强展览交流与合作，提供了充分保证。

总之，形势的变化，条件的改善，观众群体与观众需求的变化，都要求我馆在博物馆建设和发展尤其是展览与服务方面改变理念，有效提升，提供符合观众需求的陈列和服务。

二 探索展示推广工作的理念创新与实践

（一）科学构建我馆新的展陈体系

1. 从我馆实际出发

（1）本馆定位

陕西是中华文明的重要发祥地之一，是中国古代周、秦、汉、唐等十四个王朝建都之地，唐代更是东方文明的中心，因此，宋以前的古代陕西堪称古代中国的缩影。陕西古遗址遍布，出土文物不可胜计，而代表性的文物一般都收藏于我馆。因此，我馆的定位应是陕西古代文明遗存的集中收藏、保护、研究和展示之地。

（2）藏品特点

在我馆多达三十七万件的文物藏品中，最具代表性的文物是商周青铜器、历代陶俑、唐代金银器和唐墓壁画四大类藏品，而最具观赏价值的是唐墓壁画和唐代金银器，这些构成了我馆藏品的鲜明特色。

2. 打造全新的展陈体系

根据我馆的定位、藏品特点，结合免费开放后的新形势，针对观众新的更高的观展需求，经科学分析、调研和论证，我馆确定了新的"以基本陈列为主，东有唐墓壁画馆，西有何家村金银器展"的基本展陈体系。同时，辅助以常换常新、特点鲜明的临时展览，包括引进国内外有影响的和满足观众更高需求的专题陈列和临时展览，目前已形成崭新的展陈格局和面貌。

（1）提升基本陈列

于 1991 年开放的原基本陈列"陕西古代史陈列"已从多方面不适合观众的参观需求，急需更新改造。经积极筹备，"陕西古代文明"新主题陈列于 2008 年正式对外展出。

（2）建设唐墓壁画馆

我馆共收藏唐墓壁画 540 多幅，面积约 1000 平方米，特别是乾陵三大陪葬墓——章怀太子、懿德太子、永泰公主墓所出壁画更是极致精品，这一藏品优势在国内各馆中非常突出。因此，我馆将唐墓壁画的展出视为基本陈列的有效补充。2011年建成开放的唐墓壁画馆，展出面积2500平方米，通过精心设计，采用全进口展柜和无害照明等设施，突出壁画保护的特殊要求。

（3）开放何家村金银器展

何家村窖藏是中国20世纪一百项重大考古发现之一，出土文物除国家博物馆调走几件外，都收藏于我馆。这是我馆极富特色的藏品优势。因此除唐墓壁画馆之外，我馆又规划推出何家村窖藏文物常设展。2010年在新改造的西展厅，全面展示精美绝伦、令人叹为观止的何家村出土金银器的"大唐遗宝——何家村窖藏出土文物展"专题展对外开放。

三大常设展开放后，深受社会公众的喜爱，参观者络绎不绝，好评如潮。如果说，基本陈列"陕西古代文明"犹如一幅绚丽多彩的展示中国古代文明的长卷，那么唐墓壁画展和何家村窖藏文物展则是这幅长卷中最夺目的画面，三者相辅相成，交相辉映，构成一个完整的陈列体系，体现出陕历博有别于其他博物馆的鲜明特色。

3. 举办常换常新的临时展览

免费开放后，我馆确立了多办展览，办高水平、观众喜爱、符合社会发展主旋律的展览的方针，坚持以自办原创性展览为主，同时积极开展馆际展览交流，积极探索馆际合作办展的新模式，并将此确定为我馆陈列工作发展的重点。截至目前，我馆共举办各种临时展览30多个。其中，原创性展览如"中原文明 华夏之光——中华文明探源成果展"，结合课题研究，策划并采取跨省区合作举办的特大型展览"丝绸之路——大西北遗珍"；首次引进的日本考古展"奈良出土文物精品展"；以本馆特色藏品组织的巡回展"陕西出土历代铜镜精品展"等，均产生了很大的社会影响。

（二）追求新的展陈设计理念和方法实践

1. 策划与内容

在每个展览的策划阶段，坚持"主题独特，题材新颖，内容丰富，有数量足够和历史、科学、艺术价值高的文物展品支撑，有一定的科研成果支持，符合社会发展的主旋律，群众喜闻乐见"的创意原则。

在展品的选择利用和展览内容设计上，充分利用自身藏品和研究成果优势，或以本馆为主，补充省内或同地域相关博物馆藏品及研究成果，或跨地区、跨地域，策动多家文博单位联合，整合文物、科研、人才优势，强强联合、互利共赢办展。形成高起点、大规模、有深度、高水平的主题或专题展览。

2. 设计与制作

在形式设计方面，不懈探索，追求艺术、技术上的理念创新，力求形式新颖，与内容完美结合，合理运用新技术、新材料和声、光、电产品，并按照符合观众观赏习惯、满足观众精神文化需求和为观众喜闻乐见的原则和要求，进行艺术设计创作。

在展览施工制作阶段，本着"始于设计，成于工艺"的原则和追求，狠抓施工质量，在顶、墙、地、柜、灯、声、光、电、艺术品等各个环节，追求细节的完善，精益求精，以高质量的布展水平来实现展览的内容和形式要求。

（三）注重展览的宣传推广与配套服务

1. 宣传推广

每个展览在筹备阶段，我馆陈列部和办公室、宣教部即开始共同策划，并积极与媒体沟通联络，开展在展览开幕前、开幕式、开放中的系列宣传活动。利用报刊、电视台、网络、广告等各种媒体展开立体式宣传，均收到良好效果。有力地配合了展览的宣传推广，使每个展览均在当地或相关地区产生良好反响，为社会公众所熟知，并积极吸引社会公众前来参观，达到了预期的宣传、引导、教育的目的，取得了上佳的社会效益。

2. 配套服务

（1）配合展览，组织发表学术文章，出版印制图录、专著，免费发放宣传资料。同时，设计开发制作多种精彩的文化艺术产品，其制作精良，包装设计独特，深受广大文化消费者的喜爱，取得了上佳的社会效益和经济效益。

（2）增加服务空间、设施和服务内容。

我馆1991年建成时，受当时形势和观念影响，观众服务方面的设计和设施建设较少，而现今形势和观念已发生很大变化。因此，2011年年底我馆启动了在西侧半地下公共空间新建观众服务区，同时在馆区西侧区域启动新建观众综合服务楼，计划内设与观众娱乐文化、消费文化相结合的多种内容。如舒适的休息设施、馆藏特色纪念品专售区、方便简餐区等，以多方面提供优质的服务，充分满足观众的需求。

（3）开创多种形式观众喜闻乐见的活动。

免费开放后，我馆积极开展了观众参与性活动的尝试这方面的探索和尝试。如每逢节假日，我馆经常配合展览主题举行的"博物馆之夜"等活动，深受大众欢迎，受到广泛好评。今后，我馆还会继续尝试开展这方面的活动，期望形成定势，形成气候，并丰富多样化。

（四）坚持展示推广公益性和社会效益的最大化

通过以上的理念创新和探索实践，我馆的展示推广工作不断创新，取得了一定的成绩，也获得了社会和大众的一致认可。自2008年免费开放以来，我馆共举办陈列展览三十多个，其中仅2011年就有十一个。这些展览绝大多数为原创性和免费的展览，具有鲜明的个性特点和可观性，深受公众的喜爱，新闻媒体争相报道，业内人士好评如潮，并取得了许多的荣誉和奖项。其中基本陈列"陕西古代史陈列"于 2009 年 10 月 18 日荣获"第八届（2007～2008 年度）全国博物馆十大陈列展览精品奖"；专题陈列"大唐遗宝——何家村窖藏出土文物展"于 2011 年 5 月 18 日荣获"第九届（2009～2010 年度）全国博物馆十大陈列展览精品奖"等。

总之，从免费开放之初，陕历博就针对免费开放后的新形势、新变化和新要求，在探索建立科学合理的免费开放长效机制，尤其在陈列展示、宣传推广与配套服务等方面，结合实际，改变理念，科学探索，积极实践，做了一些既体现出自身特点，又得到观众普遍认可的事情。我们将不断努力，在传播文化、服务大众方面做更多的探索、实践与创新。

（原载《中国博物馆》2012 年第 4 期）

历史文化丛谈

试析原始宗教的历史地位

马克思主义关于宗教的定义是："一切宗教都不过是支配着人们日常生活的外部力量在人们头脑中幻想的反映。"[1]

不言而喻，这个定义同样适应于我们将要讨论的原始宗教。综观那些被现代科学列入原始宗教范畴的精神信仰和崇拜形式，如大自然崇拜、动植物崇拜、祖先崇拜、图腾崇拜，以及灵物和偶像崇拜等，无一不是原始人简单的思维和低能的理性在大自然强悍的挑战面前软弱无力的表现。就这点而言，原始宗教有着一切宗教所不可避免的危害性。

然而，原始宗教毕竟是原始社会最主要的意识形态之一，它对人类生活的各个方面都不可避免地发生着强有力影响。一个人从出生落地继承自己氏族的图腾，到死后埋葬进入氏族为之安排的"另一世界"，成丁礼上的献身仪式，狩猎出征前的虔诚祈求，谷物丰收后的奉献牺牲，以及喜庆吉日中的祭神祀祖，各种各样的宗教活动几乎伴随着他的一生。正如拉法格所说："原始人是极端的唯心主义者，因为他们把一切都神灵化了。"[2]

面对几乎影响着原始人全部精神生活和物质生活的原始宗教，用现代哲学的基本概念予以简单的肯定或否定都是不公平的。本文的意图，在于探讨原始宗教在"人类童年时代"应有的历史地位。

---

[1] 《马克思恩格斯选集》第8卷，人民出版社，1972年。

[2] 拉法格：《思想起源论》，三联书店，1963年。

至于它作为一种宗教的不可避免的消极作用，不在讨论之列。

一

原始宗教是时代的产儿。极其低下的生产力水平，十分贫乏的物质生活和知识智能，使原始人产生了对自然力量的恐惧、崇拜和信仰，从而奠定了原始宗教存在的基础。同时，人类支配这种自然力量的愿望，以及人类力量的觉醒和精神解放，又以各种形式曲折地表现在原始宗教领域。这就决定了原始宗教在体现人与自然的关系方面具有不同于其他任何宗教形式的特点。

特点之一，是原始人崇拜自然力量的心理和影响这种力量的愿望交织于一体。这一点在古老的图腾观念中表现得十分清楚。在图腾崇拜最为盛行的澳大利亚阿兰达（Aranda）部落，流传着这样的故事：他们半人半兽的图腾祖先曾征服了地上、地下和天空，并创造了水、火以及山岩、树木等。崇拜鹰的云南纳西族传说：古代天旱异常，赤地千里，鹰神从天而降，怒斥主管雨水的"意母古"（龙），罚其为蛇，并迫之给人间带来了雨水。类似的例子还有：北库页岛的尾乌人在破禁食用熊肉时，不是为了果腹而是为了使熊的力量转移到他们身上；非洲粘粘部落（Niam – Niams）的黑人非常珍惜狮牙，这是因为他们羡慕并希望得到雄狮的勇猛；北美西部的红种人非常喜欢用当地最凶恶的灰熊的利爪作装饰品，据说由此将得到灰熊的勇猛和大胆。可见，某种动物之所以能够成为图腾而在原始人心目中产生足以使他们顶礼膜拜的威力，并形成超自然的亲属关系的概念，就在于这些图腾祖先是原始人心目中的英雄，它们能够"征服"人类当时尚无法征服的自然。

特点之二，是原始人往往借助某些与神灵有关的行动来表达自己征服自然的愿望和渴求。在云南佤族"祭木鼓"的宗教仪式上，人们剽牛祭祀，并且念念有词："我们把木鼓拉回来，砍头、剽牛祭你，希望保佑我们庄稼丰收，不受外寨攻击。"此外，景颇族和佤族的"祭谷魂"、"祭水神"，是为了感谢并再次得到地母、水神的恩赐，使五谷丰登、水流不断；独龙族和怒族在出猎前祭祀兽神，是因为在他们看来，如此可将猎人的愿望转达给将被猎获的野兽，而使猎人满载而归。体现在这种宗教意识和祭祀活动中的希冀，显然是为了衣食充足，生活美满。正如普列汉诺夫所说，原始人"在行动之先，存在着与其相适应的希望，用更接近他们思想方式的话来说，这些行动是由这些希望引起的"[3]。

特点之三，是原始宗教往往表达了原始人英雄主义思想的产生和对英雄主义行为的追求。在《礼记·郊特牲》中，记录了一首为祈求农业丰收而祭祀百神的《伊耆氏蜡辞》，其内容如下：

> 土反其宅，水归其壑
> 昆虫毋作，草木归其泽！

举行的是崇拜自然的腊祭，而朗诵着的是向自然发号施令的腊辞。人们征服自然、主宰天庭的豪情壮志，通过原始宗教的形式表现得十分鲜明。

在纳西族的宗教经书《东巴经·创世纪》中，可看到传说中的人类祖先从忍利恩与天神的一段对话。当从忍利恩排除万难，挤回虎奶时，天神目瞪口呆，问他是什么种族。从忍利恩回答："九十九大山、翻过劲更足，我是这个族。九十九大坡，爬过气更雄，我是这个种。……会杀的来杀，总是杀不死，就是我的族。会敲的来敲，总是敲不死，就是我的种。"面对天神，面对自然，人类不是唯唯诺诺，而是不屈不挠。闪耀在这里的，是"用想象和借助想象以征服自然力，支配自然力"[4]的火花。

最后，原始宗教的一个十分鲜明的特点，在于它的功利性。

---

〔3〕 普列汉诺夫：《论俄国的所谓宗教探索》，《普列汉诺夫哲学著作选集》第3
卷，三联书店，1962年。
〔4〕 《马克思恩格斯选集》第2卷，人民出版社，1972年。

带有浓厚原始宗教色彩的"成丁礼"（或称献身仪式）盛行于几乎所有的原始部族。其主要内容具有明显的功利目的。纳西族的少年男子在成丁礼上脚踩粮食、猪膘，手执尖刀，倾听着仪式主持人的颂词："左脚踩着猪膘，右脚踏着粮食，粮食堆成山，猪膘吃不完。刀子是你的伙伴，它能帮助你驱除虎豹，赶走魔鬼，祝你更加勇敢、健康。"澳大利亚土人的成丁礼更为系统。在那里，献身者必须先与男子和老天接近，练习狩猎和掌握运用武器的技能，接着经受各种肉体上的考验，如禁食、拔牙、割皮、熏烟、割包皮等来锻炼和培养刻苦耐劳、不畏艰难的精神。在仪式上，献身者还要接受服从长者，遵守习俗、道德，以及关于部落的信仰和传说与敬神仪式等方面的教育。

剔除掉一些原始人根本无法认识的不人道或不科学的习俗，献身者所接受的教育和考验，无疑使那些将要成为猎手或农人的少年受到生产技能、斗争意志等方面的培养和锻炼。

在记录着原始人崇拜观念的艺术作品如拉塞尔的浮雕、西班牙的洞画、多都尔洞塑像的现场，细心的研究者发现："有些洞画常常把动物和猎器画在一起，或画着受伤流血和中箭的动物，这显然是被用于巫术的绘画；同时，许多画都是新画多次重叠在旧画上，每次都重新涂上颜色，可见这种绘画不是为了审美，而是为了某次的宗教仪式。"[5]我们暂且不论远古画师笔下通过中箭流血、即将毙命的野牛和四面被围、将要跌倒的困兽所表现出的战胜凶顽、征服自然的信念和希冀，仅就其可能暗示的宗教仪式而言，会是什么样的具体表现呢？新中国成立前佤族猎手出猎，要在动物壁画前跳舞并演习包围和进攻；独龙族人则用荞面捏塑或在树干上绘制出各种动物供猎手试箭，并相信中箭的野兽便是将要获得的猎物。由此不难看出那些原始艺术作品的双重作用：它们既是远古先民祈求祷告的祭坛，又是临战的猎手试矛练枪的靶场。

---

〔5〕 朱天顺：《原始宗教》，上海人民出版社，1978 年。

宗教活动，一般会与一些功利需求相结合。或者说，直接服务于某种公益活动。在坐落于山坡小巅、没有河流、井水的佤族村寨，一年一度的大型宗教仪式"做水鬼"，便包括维修引水入寨竹槽的内容。逢此仪式，人们一面祭祀他们信奉的水鬼"阿庸"，祈求保佑风调雨顺、流水畅通，一面由使用水槽的每一家出人出物修理水槽，从事公益劳动。在这里，支配他们行动的意识是对自然力量的崇拜，而行动本身则是人类改造自然的实际努力。

如果说，成丁礼上的仪式是对少年生产技能的训练和勇敢气质的培养，壁画前的仪式是对猎手战斗激情的召唤和实战能力的演习，那么，"做水鬼"仪式中的公益劳动则直接给村寨带来了淙淙清泉。我们能够说这种活动是毫无意义的蠢行吗？显然不能。

二

马克思说过："希腊神话不只是希腊艺术的武库，而且是它的土壤。"[6]同样我们可以说：许多绚丽的原始艺术之花如绘画、舞蹈、音乐、诗歌等，也生长于原始宗教的土壤之中。

彩陶艺术，可谓是原始人精神活动的结晶，它既是人们社会活动的记录，又体现了人们生活中的寄托、希冀和追求。作为氏族共同体文化的表象，很多彩陶图案往往代表着氏族的图腾或其他的崇拜观念。我国新石器时代的彩陶中，有很多以动物形象为题材的绘画。西安半坡的鱼和鹿，临潼姜寨的鱼和蛙，宝鸡北首岭、华县柳子镇和陕县庙底沟的鸟，以及邠县刘林的雕刻猪头纹，乐都马牌子的狗纹等，均以醒目的位置、鲜明的色彩、逼真的形象和生动的态势，表达了绘画者对各类动物热情的礼赞。而西安半坡、临潼姜寨的人面鱼纹和甘肃武山西坪的人首虫身纹，则使人与动物浑然一体，更显得意味深长。联系到历史传说中的蛇身人面、鸟身人面、虎首人身、鸟首人身等远古

---

〔6〕《马克思恩格斯选集》第 2 卷，人民出版社，1972 年。

氏族的图腾、族徽，上述绘画无疑体现了人与某些动物在远古人类心目中的特殊关联，暗示着关于氏族起源的图腾观念。

此外，还发现了植物、太阳、山峰、水波彩绘以及直线几何形、勾叶圆点形、垂幛形、漩涡形等抽象图案。初看上去，有些抽象图案只是些美观的装饰而无具体的含义和内容。但如果将某些动物绘画与之比较，就会发现，它们正是由写实的动物形象逐渐抽象化的。以仰韶文化为例，半坡类型直线几何纹的始祖是写实的鱼纹，庙底沟类型的勾叶弧线、圆点纹的先辈是具体的鸟纹，而马家窑类型的拟日纹、漩涡纹则分别是由鸟纹和蛙纹派生的。在近年陆续出土大量彩陶的史家类型文化中，有些器物如葫芦瓶等通体绘以复杂的几何图案，构图严谨，笔法细腻，而组成这种图案的仍然是鱼纹、鸟纹或它们的变态形式。十分明显，这些似乎是单纯追求形式美的几何纹样，给予原始人的绝不仅仅是均衡对称的形式快感，而包含有复杂的观念和潜在的意识。在某种意义上，图腾形象的简化和抽象化并没有减弱它本身的含义，而是增强了这种含义。因为几何纹样往往比动物形象更集中地布满器身而给人以鲜明、强烈、庄严的印象。值得注意的是，目前所见仰韶文化的典型彩陶，无论构图如何多样，手法怎样不同，其基本母题无外乎鱼、鸟、蛙等几种。把它们看作仰韶文化不同的族群共同体的图腾，不仅与考古学在文化面貌、地理分布等方面提供的事实相吻合，而且可以得到传说材料的旁证。闻一多就曾在《说鱼》中认为鱼在中国语言中具有生殖繁盛的祝福含义。《山海经》载"蛇乃化为鱼"，而女娲、伏羲又是"人首蛇身"。并且，在相当广大的区域内，"其神皆蛇身人面"。可见，中国古代确曾有过一蛇—鱼的崇拜系统。另外，在我国古代的神话传说中，有许多关于鸟和蛙的故事，其中许多可能和图腾崇拜有关。"……这一对彩陶纹饰的母题之所以够延续如此之久，本身就说明它不是偶然的现象，而是与一个民族的信仰和传统观念相联系的。"[7]

---

〔7〕 严文明：《甘肃彩陶的源流》，《文物》1987年第10期。

至此，我们完全有理由认为，新石器时代的彩陶艺术，很大程度上正是人们现实生活中图腾崇拜的宗教感情的艺术再现。即便是一些十分抽象的图案，我们也不必轻易地否定它们可能具有的内在含义。在澳大利亚土著人眼中，很多装饰和图案，甚至几个小圆点，也往往是他们崇拜的对象，并表现着神圣的题材。

除彩陶外，原始人的其他艺术形式，也都与原始宗教有密切的联系。

纹身习俗是流行于很多原始民族中的一种独特的艺术形式，其容量甚至可以描绘一个人的一生。普列汉诺夫在谈到一个老年红种人身上的花纹时，曾引用目击者的话："在他的面部、颈部、肩膀、胳臂和两腿上，以及在他的后背和前胸上，都画满了他曾经参加过的各种场面、活动和战斗。总之，他的一生都刻划在他的身上了。"北美印第安人在自己皮肤上所刻划的各种标记，也成为他们的"纪要和备忘录"[8]。而这种习俗本身，则起源于图腾崇拜观念，并以标明一个人的图腾身份为目的。澳中部阿兰达部落在跳一种"图腾"舞时，便用赫石粉或炭粉绘上象征图腾的图案，以表示对"祖先"的崇拜；巴西巴凯里（Bakairis）部落的印第安人，在他们儿女的身上绘以豹纹，因为他们认为豹子是他们的祖先。

雕刻艺术，早在旧石器时代晚期就已很普遍。澳娥利温林多府洞中的石灰石女神雕像，以凸出的大腹、夸张的乳房及宽大的臀部渲染女性的特征，表现了原始人对生命之源的渴望和人类繁衍的向往。这实际上是母权制时代女神崇拜的产物。法国南部拉塞尔洞发现的女神浮雕，也对女性特征做了夸张的表现，不同的是，这位女神手持牛角、态势端庄，显然是在主持一次祭祀或巫术活动。在这件作品中，对女神的讴歌和对动物的崇拜融为一体，显示出更为隽永的艺术魅力。类似的题材在我国也有发现。青海乐都陶器上的男性浮雕和陕西龙山文化遗存中发现的陶祖，也应是崇拜观念的产物。

---

〔8〕 普列汉诺夫：《论艺术——没有地址的信》，三联书店，1974 年。

不过，随着父权制的确立，对女性特征的自然描绘变作对男性特征和圣物的描绘，母权崇拜和自然崇拜转向父权崇拜和祖先崇拜。

舞蹈，对很多民族而言，"是一种崇拜形式，并且成为一切宗教祭日所举行的仪式的一部分"[9]。在图腾观念的支配下，人们或仿效禽类的飞跃，或模拟野兽的奔跑，从而产生了最早的舞蹈。后来，逐渐注入了抒情的内容，用以表达丰收的庆贺或节日的祝愿。青海大通出土一件彩陶盆，画有十五个跳舞的人，分为三组，每组五人。他们头部垂有饰物或发辫，连臂携手，翩翩起舞，身后的带状饰物随风飘动，生动地展现了人们盛装歌舞的欢乐景象。

在澳洲，人们的舞蹈通常都是集体表演的。由于自然崇拜和图腾崇拜的作用，舞蹈者往往装扮为某种动物的模样，有时便在身后腰带上系一条尾巴。大通彩陶盆上舞人身后的带状饰物，可能也出自同一种意图。在云南，类似的例子也很多，如彝族的"打歌"、白族的"踏歌"、纳西族的"阿里里"等舞蹈中的连臂动作。上述舞蹈，大都用来体现某种宗教情绪。例如白族的"踏歌"，就是一种用于祈祷鬼神的边舞边唱的艺术活动。当地群众深信，"踏歌"以后，鬼神不再降灾，村寨六畜兴旺。此外，美洲印第安人习惯于以围绕图腾柱跳舞的形式表达自己的喜怒哀乐；我国拉祜族则以全体成员围绕寨神"萨帕遮"跳芦笙舞的形式祈祷丰年；云南的许多民族总是带着自己的愿望和希冀去参加盛大的"绕三灵"歌舞集会。

音乐与舞蹈有极为密切的关系。在上述集体舞蹈中，为了步伐一致、互相配合，就以音乐的节奏相伴。新石器时代考古中发现的许多陶埙，在当时是流行的乐器。原始音乐曲词和内容，也是与自然崇拜观念融为一体的。澳大利亚土著人在跳袋鼠舞时，伴唱的曲词就表现着袋鼠跳跃的节拍；他们的歌曲，主要内容也是袋鼠歌、野狗歌、祈雨歌、求食歌等。而佤族的木鼓，本身就既是乐器，又是祭器。

---

[9] 摩尔根：《古代社会》，商务印书馆，1972 年。

原始艺术活动与原始宗教的结合，对现代人来说，似乎不可思议，但对原始人来说却是天经地义的。不可知的洪荒时代，决定了他们神异而缺乏理性的思维特点，从而导致了他们的意识形态具有突出的综合性和互渗观念。他们的一切实践活动都不可避免地同他们所相信的超自然力量结合在一起。他们的艺术创造也必然与宗教活动形成和谐的统一。

三

原始氏族组织的存在，是以血缘关系为纽带的。出于同一祖先的人们按照血缘亲属关系组成基本的生产、生活单位。对于每一血亲集团来说，他们的生活环境、生产范围以及所受自然力量的影响是完全相同的。因此，就广义而言，人们的自然崇拜、图腾崇拜及祖先崇拜对象，不是属于某个个人而是属于整个集团；就狭义而言，它们不是属于一个时代所有的人而是属于个别的血亲集团。原始宗教所具有的广义的普遍性和狭义的特殊性，导致了它对原始社会的社会生活不可忽视的重大影响。当恩格斯根据格罗特的希腊史分析原始氏族的基础时，首先提到："共同的宗教节日和祭司的祀奉一定神的特权。这种神被假想为氏族的祖先，并用独特的别名表明这种地位。"[10]摩尔根也认为："宗教崇拜对于氏族多少是有直接关系的。"[11]

继西安半坡、宝鸡北首岭遗址发掘之后，考古工作者在陕西临潼姜寨遗址一期文化层发现了更为完整的母系氏族部落的村庄布局。村庄包括由上百座房屋组成的五个房屋群，每群由一座大型房子、数座中型房子和数十座小型房子组成。如果将由一座中型房子及若干小房子构成的群体，看作一个家族，而将由一座大型房子和周围

---

〔10〕 《马克思恩格斯选集》第 4 卷，人民出版社，1972 年。

〔11〕 摩尔根：《古代社会》，商务印书馆，1972 年。

的中小型房子组成的群体看作一个氏族，则整个村落应是由五个氏族组成的更高一级的原始组织——胞族或部落。如此庞大的规模和复杂的结构，依靠什么来区分各个氏族并调节氏族与氏族、家族与家族乃至每个氏族及家族内各成员之间的关系？宗教意识在这里同样起着不可忽视的作用。清理姜寨遗址时，在不同的房屋群及所属的墓地中，分别发现的鱼纹、鱼蛙纹、人面鱼纹、五鱼纹等图案，很可能就是各个氏族用以区别于其他氏族的图腾标志，而各种动物的名称，同时也是各个氏族的名称。摩尔根曾列举过易洛魁人六个部落三十八个氏族的资料，这三十八个氏族便全部以动物的名称命名。在被称为图腾崇拜的古典地区的澳大利亚，每个部落都分为若干氏族或所谓图腾集团，每个氏族都用某种动物的名称来称呼。

值得注意的是：仰韶文化的村庄布局，往往呈现出明显的向心性；半坡的小房子散布于四周，围绕着村庄中心的大房子和广场；北首岭的住房，南北相对排列，中间是集体活动的开阔空间，姜寨的五个房屋群，则全部门向中心广场，而每群中的大房子又都位于中心位置，这种大房子和广场之间都位于显赫的位置而成为村庄的"圆心"，与其承担的从事宗教活动的职能不无关系。在北美，被易洛魁人视为活动中心的大房子——长屋，门上都绘制或雕刻有氏族的图腾形象；纳西族的大房子正面，也供有火神和象征祖先灵位的"锅庄"——帕布罗（Pueblo）。印第安人由六百多间房屋组成的"村院"中心，正是用以举行宗教仪典的房舍。在半坡遗址一号大房子的居住面下，曾发现一枚完整的人头骨，说明这类房子应与一定的宗教祭祀活动有关。

对一个氏族来说，图腾标记被视为族徽，宗教场所被视为圣地。对每个氏族成员来说，带有宗教色彩的标记也绝非儿戏。属于不同氏族的独龙族女子，总是以纹身黥面表明其特定的氏族身份；巴西印第安女孩子在身上涂以豹皮的花纹，是为了表示她属于以豹为图腾的氏族。标明图腾以示其身份，不仅便于获得氏族的保护、促进氏族成员间的互相协作，在族外通婚、血亲复仇中也有着特殊意义。

在澳大利亚第利（Dieri）部落，同一图腾的人们统一行动，在一起吃、一起住，即使是来自数百英里外的客人，只要图腾相同，也会得到亲切的招待。陌路相逢，人们的第一问题是："你的图腾是什么?"在阿兰达部落，能否通婚不是简单地根据相对的胞族确定，而是根据确定的图腾集团确定。例如鸸鹋氏族的男子只能娶家鼠氏族的女子，蝉氏族的男子必须娶渡乌氏族的女子……在沃巴卢克部落，当白鹦鹉氏族的人打死了黑蛇氏族的人时，黑蛇氏族的人们同仇敌忾，又打死了那个凶手。由此不难理解，为什么在许多原始民族中，青年一到性成熟之时，便千方百计设法纹身以标明自己的图腾身份，而根本无视于这种习俗所带来的肉体痛苦。

图腾崇拜是氏族制度的副产品，同时它又是氏族制度不可或缺的伴侣，并对氏族制度起着调节、制约和巩固的作用。摩尔根就曾经认为：运用"图腾制度"（Totemic System）这一术语来表示氏族组织或以图腾制度这一术语来代替氏族制度而使用，是完全可以接受的[12]。

议及原始社会井然有序的社会秩序，总会联想到经典作家的一段精彩评述："这种十分单纯质朴的氏族制度是一种多么美妙的制度呵！没有军队、宪兵和警察，没有贵族、国王、总督、地方官和法官，没有监狱，没有诉讼，而一切都是有条有理的。"[13]当然，这种制度的形成，主要由于原始公社的生产关系特点及存在于其中的简单和淳朴，但也不容忽视原始宗教对社会伦理道德的制约作用。

首先，原始宗教往往是原始民族对其社会成员进行有益的传统教育和道德规范教育的手段。人们在向祖先祈祷献祭的过程中，往往驰骋想象，着意渲染祖先的丰功伟绩，把自己在实践中所积累的经验技能附会在祖先身上，创造了记录人类征服自然历程的神话。在南洋群岛，考察者发现，一些部族专门设人在宗教仪式上讲述这

---

〔12〕 摩尔根：《古代社会》，商务印书馆，1972年。

〔13〕 《马克思恩格斯选集》第4卷，人民出版社，1972年。

种神话，以歌颂祖先在改造自然的斗争中英勇善战的经历。在我国景颇族，每个村落神社里都供奉着全体成员需要纪念和学习的英雄人物。我们所知道的成丁仪式，也大都包括向献身者传授本氏族特有的生产技能和习俗、道德、信仰、传说等内容。对生活在狭隘的氏族、部落共同体内的人们来说，这些关于氏族辉煌历史、英雄不朽业绩、社会习俗和信仰等方面的教育，无疑具有特殊的社会效用。

其次，原始人对各种自然现象的迷惑、恐惧以及接踵而来的对超自然力量的顶礼膜拜，使得原始宗教具备了一些惩恶扬善，维持社会道德规范和秩序的职能。

我国瑶族山区盛行的宗教活动之一，是为十四五岁的男子举行一种类似成丁礼的仪式——"度戒"。在引度师"作法"并向接受青年致以祝愿之后，他们各端一碗清水，各执一条火捻，对天发誓道："不杀人放火，不偷盗抢劫，不奸女拐妇，不欺人不作官，一代作官九代中……"誓毕，即投火捻于碗内表示要永遵誓言，否则将得到与火捻同样的命运。经过在仪式上庄严地向天发誓，青年人深刻地接受了为人处世的教育，并直接影响着他一生的言行。在玻利尼西亚的昂汤—贾伐群岛（Ontoog Java），居民们认为犯有以下行为者必定会受到神灵的惩罚而生病或死亡：（1）不履行对家族应尽的义务者；（2）看不起穷困的亲戚，不加以照顾者；（3）对本族内成员有暴者；（4）犯近亲相奸者；（5）破坏禁忌或不履行宗教仪式者。这种靠神灵的力量惩罚犯罪的观念成为被所有居民认可的习惯做法，没有人甘愿冒着受神灵惩罚的危险去违反它。在美洲、非洲、澳洲的一些地方，社会团体也常常以宗教的名义惩处有越轨行为的人。很多维持社会秩序的要求也往往是以神灵的意志宣布的。我国独龙族的"神判"，即是以宗教的形式调解本族成员之间的纠纷、诉讼，惩治犯罪者的一种手段。

原始宗教是原始社会强有力的上层建筑要素，因此它不可避免地要作用于人们的社会生活，就维护社会的道德秩序，统一人们思想行为的客观效果而言，原始宗教绝不失为一条牢固的纽带。

　　总之，我们没有理由以现代唯物主义者无所畏惧的姿态对远古唯心主义者作毫无分析的指责。如同我们不能以电子时代的精确标准去衡量石器时代的简单分工一样，我们也不能以现代哲学的基本准则去要求原始人的精神生活。在某种意义上，现在唯物主义者极力要摧毁的虚渺的神，正是原始唯心主义者倍加珍视的精神的剑。尽管这把剑有它的杂质、锈斑，但仍不失为原始人向山脉、原野、洪水、猛兽，以及整个世界和整个宇宙宣战的有力武器。在这把精神之剑中。凝聚着他们认识世界和改造世界的希冀和要求，融会着他们在物质生活和精神生活中的努力和创造，铸入了他们的时代所具有的井然秩序与和谐旋律，或许正因为如此，恩格斯才说："……原始宗教，在它产生的时候，并没有欺骗的成分。"[14]高尔基也说："在原始人的观念中，神并非一种抽象的概念，一种幻想的存在，而是一种武装着某种劳动工具的完全现实的人物，神是某种手艺的能手，人们的教师和同事。"[15]也或许正因为许许多多类似的现象，列宁才得出"聪明的唯心主义比愚蠢的唯物主义更接近聪明的唯物主义"[16]的结论。

（原载《史前研究》1983 年第 2 期）

---

〔14〕《马克思恩格斯全集》第 19 卷，人民出版社，1963 年。

〔15〕周扬编：《马克思主义与文艺》，中原新华书店，1949 年。

〔16〕《列宁全集》第 38 卷，人民出版社，1956 年。

半坡史前村落复原场地的初步设想

此方案（总纲）根据学术界和规划（设计）者对史前村落遗址及原始人生产、生活习俗的研究成果，并参照国外露天博物馆的实践经验提出。复原场地将以经过科学发掘和系统研究的西安半坡新石器时代遗址为蓝本，结合其他同类遗址的材料，重建史前村落，并辅之以场景布置、人物雕塑、现代人模拟表演等表现手法，再现六千年以前的氏族生活情景。参观、游览者将在这里涉足于远古村落，置身于氏族生活之中。使增长知识、提高修养、陶冶情趣、娱乐休息、访古猎奇等各种各样的旅游动机得到满足。

本方案（总纲）旨在适应旅游事业的发展需要，丰富城乡人民的精神文化生活，吸引外国游客，适当营利。同时，为实验考古学研究和露天博物馆尝试开辟基地。

一　规划（设计）方案

（一）地点选择

复原场地拟设在西安东郊浐河东岸长乐路浐河桥以南约 50 米处。场地西临浐河，东依白鹿原，南面遥望秦岭，环境优美，景色宜人，且符合六千多年以前半坡原始居民的生活环境。

场地东面偏北约 800 米处，是著名的半坡新石器时代遗址（现西安半坡博物馆所在地）。遗址与复原场地东西呼应，形式上相得益彰，内容上互为补充。

此场地的位置，恰好在半坡—秦俑—华清池一日游的旅游线上。同时，场地将与筹建中的浐河公园及鲸鱼沟风景区融为一体。建成之后，势必吸引东线旅游的大量游客，为古城旅游新添异彩。

（二）场地规划

复原场地计划用地 200 亩（13.2 万平方米），呈南北直径约 420 米、东西直径约 320 米的不规则椭圆形。场地四周用易于生长的花草、丛生灌木和高大乔木组成环状林带，封闭场地、装饰环境。同时切断外界现代生活和现代建筑在听觉、视觉上的干扰，给参观者以幽静、神秘之感，创造体验原始生活的临场情境。

濒临浐河，是六千多年前半坡村落的主要特征之一。而现在的浐河，以石块砌堤，与应有的时代特征不符，且河堤高出复原场地约 10 米，难以构成场地所需要的河旁台地之势。为此，拟在现浐河大堤和复原场地之间，开筑一段人工河流，长约 500 米，宽约 20 米，并以水坝控制水位和流量，最后再流归浐河，河旁植以芦苇，布以沼泽，烘托时代气氛。人工"浐河"和村落围沟之间，可留一宽 5 米左右的通道。参观者可在"浐河"的北部尽头由大堤走下通道，然后进入村落。

场地以原始人日常生活的居住区为主，附设农耕区、制陶区、渔猎区等。

1. 居住区

此区占地约 2 万平方米。人工挖成宽、深各 6～7 米的围沟，环绕居住区。在该区的西北、东北、南面，设木桥四座，分别通向村落入口处、农耕区、制陶区和狩猎（捕鱼）区。居住区内，有以下建筑和设施：

（1）大房子两座（编号 I、VI 区）。均为方形半地穴式，面积约 160 平方米。位于进入居住区后的道路两侧，门向朝东，与中心广场相望。其中 I 区（位于道路南侧）供观众休息，内设小卖部、野味餐厅等。

（2）中小型房子四群（编号Ⅱ～Ⅴ区）。分设在居住区的北侧、东北侧、东南侧和南侧，与两座大房子构成环抱中心广场之势。每个房屋群有30～40平方米的方形半地穴式中型房子一座，10～20平方米的小型房子近十座（小型房子分别为穹隆式圆形、截尖锥体圆形、四面坡屋顶半地穴方形、两面坡屋顶方形）。在四个房屋群内，分别布置对偶家庭场景（每区二至三处）以及农具制作（Ⅱ区）、陶器制作（Ⅲ区）、渔猎工具制作（Ⅳ区）、编织制作（Ⅴ区）等活动区（按：此处的分区为规划、设计之便而为，建成的村落、分区不宜过于明显）。

（3）中心广场一处。位于居住区中央，面积约8000平方米。广场地面为沙土夯实而成，有用石块、砾石铺成的小路通向大房子和各房屋群。在广场和房屋之间，有由草皮和零星植物铺成的绿地。广场中央和四侧，有当时人们的崇拜对象和他们眼中的神奇之物（如图腾柱、巨石、大村等）。广场的作用，在于举行大规模的礼仪活动（如狩猎出征仪式、喜庆丰收仪式、跳图腾舞等）。

（4）圈栏两座。分设在Ⅲ、Ⅴ区，供饲养猪、狗、鸡等家畜之用。

（5）地窖若干。分设在各区露天处，有成群之势，用以表现公共所有制和平均分配场景。

（6）大型露天灶炕一处。位于居住区西北部围沟内侧，可用以表现氏族成员围坐在一起，烧肉煮饭，吃大锅饭的场景。

（7）瓮棺葬若干。位于各房屋群后面临近居住区边缘处，以体现当时对小孩采取的特殊葬仪。

（按：从开支和工期计，以上规划中的房屋亦可分批建造，如大房子可先造一座，每个房屋群可选造一半房子。但必须在空间安排上按本规划的要求留有充分余地）

（按：居住区内的房屋，最好用木材、藤条、谷草、泥土等材料建造，表面施以防水措施。其优点是感觉真实，造价低廉，具有实验考古意义，缺点是坚固性差，需经常予以维修。如从坚固耐用计，可用钢筋水泥代替土木结构，但必须达到土木结构的外观感觉效果。无论采用哪种方案，均需事先进行试验，并要有专门的设计方案）

2. 农耕区

此区占地约 4000 平方米。位于复原场地北部，隔沟相望于居住Ⅰ、Ⅱ区之间，有小桥跨沟与居住区相通。此区只需划定地盘，大面积造成荒芜气氛，小面积创造耕作条件即可。场地造成后，将随着季节的变化，在此依次进行砍倒烧光、锄耕播种、田间管理及作物收获等农业生产活动。种植对象为粟（小米）和白菜、芥菜一类蔬菜。

（按：此区亦可缩小至 2000~3000 平方米）

3. 制陶区

此区面积约 2000 平方米。位于复原场地东北部，与居住Ⅲ区隔沟相对，有小桥沟通与居住区的联系。此区拟设陶窑两座（横穴窑和竖穴窑各一座），以及晾坯场、柴草堆等。场地开放后，此区将经常性地烧制陶器并作为纪念品向观众出售。

（按：此区面积可缩小至 1000~1500 平方米）

4. 渔猎区

此区面积约 5000 平方米。位于复原场地南部，与居住Ⅳ、Ⅴ区隔沟相望。此区东部、南部有山坡、土岗和小丛林，可见貉、獐、鹿、野兔等动物出没其中，观众可在此略试原始狩猎工具之利。此区向西延伸至人工"浐河"边上，河边晾有渔网，备有各种捕鱼工具，水中有独木舟数只，可供参观者使用。

（按：此区需要特殊的环境气氛，且要备有动物、鱼类。实施过程可分作几步：①建造村落之时，可将土堆在该区适当的地方，使地势起伏，造成山坡、土岗之势，并规划、挖掘河流；②在狩猎区植树、植草，在捕鱼区筹备渔具及独木舟等；③驯养动物，放养鱼类）

二 陈列（表现）总纲

（一）村落入口处

参观者乘车至浐河大堤，出现在眼前的是东侧人工"浐河"及对岸透过郁郁葱葱的林木隐约可见的仿古村落。从"浐河"的北端沿大堤东坡而下，踏上通往村庄的通道，在"浐河"与村落围沟之间南行，至架设在围沟上的木桥西头，是为村落复原场地的入口处。桥东侧的路旁，有一块形状不很规整的巨石，正面镶有写在粗糙木牌上的中、英、日文说明："跨过这座小桥，您便进入了六千多年以前的母系氏族村落，古朴纯真的原始公社生活在等待着您。"

沿碎石路前行，可直达居住 I 区（大房子）。

（二）居住 I 区（大房子）

说明："您想了解氏族组织的活动吗？在这里，您将看到：少年如何进入氏族成员的行列，外人如何加入这里的氏族，宗教观念怎样支配着人们的生活……"

地表可见的是一四面坡的锥体屋顶，顶部有天窗用以采光、通风。屋顶的东坡，有一人字形门棚，是为大房子的出入口。门棚上部的坡面上，绘（刻）有半坡氏族的图腾（人面鱼纹）。

门棚下为窄长的门道。拾阶而下，可直达室内，室内地面经过烧烤，坚硬平滑。中央是一大型火坑，供取暖、照明之用。在入口处与火塘之间的通道两侧是约 5 米见方的平台，上面铺着芦苇、兽皮等。南、北、西三面靠墙处，是可以坐人的土台，与门内侧两旁的两个平台相连。西墙上，有用兽皮、羽毛等物编织而成的图腾标志。南北墙上，挂着兽皮、葫芦等。火塘周围的四根柱子上，用红、黑色绘鱼、鹿等动物纹样和几何图案，并挂有刀、斧、弓箭等工具和武器。

这里是氏族活动的场所，兼有集体住所的功用。村落建成后，将在这里表现成年仪式、入族仪式、祭祖仪式和青年社团活动。成年仪式的过程如下：

大房子内，炉火熊熊。氏族老年人在火塘西侧席地而坐，其他氏族成员按男左女右的方位围坐在火塘南北侧的地面上。右侧平台上，放置着女子的麻布（兽皮）长衫、项链、发笄、手镯等装饰品，以及纺轮、石锄、麻布等物。左侧的平台上，放置着男子的兽皮围裙和麻布搭肩，以及用兽牙穿成的项链和长矛、弓箭、石斧、渔网等物。观看仪式的参观者，可在靠墙的土台上就座。

仪式开始，仅围着麻布围裙的一男一女两个少年（十二三岁）分别由成年男女带领，进入大房子，登上两侧平台（男左女右），在氏族长者示意下，女孩手执石锄、纺轮，表演锄地、纺线的动作，男孩手持石斧、弓箭，表演砍树、打猎的动作。在对他们的生产能力考察之后，由带领他们进入大房子的成年男女给他们佩上装饰品和为他们准备的衣服。然后，女孩拿着麻布，男孩拿着渔网，向在座的长者和氏族成员伏地行礼，并分别加入男女氏族成员的行列。

成年仪式到此结束。在座的所有氏族成员按长者、妇女、男子的次序先后走出大房子，准备参加其他活动。

（按：成年仪式是在复原村落举行的规模较大的活动，需扮演氏族成员者约30人。这些人在氏族活动时集中在大房子。活动结束后可分散到别处，从事其他活动）

这里仅举成年仪式之例。大房子内其他活动的表现方案，将在分类计划中列出。

（三）居住Ⅱ区

此区由一座30~40平方米的方形半地穴式中型房子和近10座10~20平方米的各类小型房子组成。所有房子门向正南。

说明："刚参加了氏族活动，您又来到了氏族成员日常生活的地方。也许您有兴趣访问青年男子的'集体宿舍'和对偶家庭的'洞房'。原始人制作农业工具的方法可能也是您所陌生的。"

（1）中型房子。在该群房子内适中的位置。室内中央是火塘，火塘周围是容积较大的陶罐和其他水器（其中有供猎人外出带水使用的长颈壶和葫芦瓶），两侧铺有较大面积的芦席、谷草，可供十余人居住使用。靠墙的地方，较集中地放置着长矛、弓箭、鱼叉、飞石索等适合于青年男子使用的生产工具和武器。墙上挂着兽皮和渔网。亦可有几位青少年男子在室内烧水、修整工具和武器等。他们身边，可能有刚刚捕获的猎物。这里是青少年男子的住所。

（2）对偶家庭住房。这是小型房子的主要用途，每区可布置数间。室内中央仍是火塘，附近有简单的炊具和水器，进门后的左侧有铺着谷草、芦席或兽皮的"床铺"，可供两三人使用，"床"的对面放有储藏器和锄、铲、筐篮等工具和用具，墙上挂有尖底瓶、纺轮和装饰品等物。这是氏族女成员的"闺房"。有的屋内，可安排一位妇女操持"家务"或给小孩哺乳或缝制衣服的场景。

（3）农具作坊。在此区内靠近通往农耕区小桥的一间房子里。室内堆放着各种石料、骨料以及石砧、磨石、砍砸用的手斧等。几位老年男子席地而坐，有的在将河卵石或兽骨敲打、刮削成工具的形状，有的将石、骨器在磨砧上磨光，有的用竹管、沙子和水给石器钻孔，有的在给制成的石、骨器安装木柄，制成的工具堆放在一起。装好柄的工具靠墙放着。有兴趣的观众，可以在此"借"到工具，去农耕区领略原始农业生产的滋味。

（四）农耕区

跨越小桥是农耕区，这里也许是一片荒芜，也许是浓烟滚滚，还有可能是辛勤的耕种，抑或是喜悦的丰收，视季节而定。

说明："'日出而作，日落而息。'这片小小的土地，构成了氏族农业生产的缩影。春播秋获，不知您碰到的是什么样的季节。"

（1）砍倒烧光。冬季，满目枯黄。几位身强力壮的男子，在妇女和长者的带领下，挥舞石斧、石镰砍（割）倒地里的枯树、荒草，并放火烧掉，为春播进行准备。

（2）锄耕点种。男子手持长柄的石铲，用脚踩入土中，挖成小坑。妇女手挽筐篮，精心将种子点入土坑里，后面有人用石锄推土覆盖种子。

（3）田间管理。作物生长期间，几位妇女用石锄在清除田间的杂草。远处，男子在继续开荒。

（4）作物收获。金色的秋天。妇女们手持陶、石制作的刀，将谷穗割下。男子则用石镰割下谷杆。

（五）居住 III 区

此区的构成与 II 区基本相同，所有房子门向西南。

（1）中型房子。位置、结构、形状及室内布置和活动安排均与 II 区的中型房子相同。

（2）对偶家庭住房。数量、位置、结构、形状及室内布置和活动安排均与 II 区的小型房子相同。

（3）陶器作坊。说明："在这里和村外的烧陶窑场，您将看到制作陶器的全过程，陶器，是人类改变自然物质的化学和物理性能，创造出的第一种本来没有的物质。"

在此区内靠近通往制陶区小桥的一座房子外，有几口大型陶缸，有人正在淘洗泥土。陶缸旁堆放着淘洗过的陶泥。室内，两位妇女将陶泥搓成扁状泥条，盘筑成各种器物形状，也有人在拍打、打磨陶坯，或将陶坯置于慢轮上加工口沿，还有人在给制成的陶坯施彩。

（六）烧陶窑场

从居住 III 区向东北，跨过小木桥，可见两座陶窑上空烟雾缭绕，几位中年妇女和两位老年男子正在烧陶。陶窑前方，堆放着柴草。两侧有两个草棚，其中分别存放着待烧的陶坯和烧成的陶器。观众可在此购买纪念品。

（七）居住 IV 区

此区的构成与居住 II 区基本相同，所有房子门向西北。

说明："纺织、编织给这个氏族村庄增添了不少生气。您有兴趣用这里制作的长矛、弓箭和鱼叉、渔网去渔猎区试试身手吗?"

（1）中型房子。位置、结构、形状及室内布置和活动安排均与 II 区的中型房子相同。

（2）对偶家庭住房。数量、位置、结构、形状及室内布置和安排均与 II 区的小型房子相同。

（3）纺织编织作坊。由制陶区经小木桥返回居住区并穿过 III 区，进入居住 IV 区，首先看到的是设在该区东北边缘部的纺织编织作坊。一座小型房子外面，堆放着树皮、野麻等物，妇女和老年男子用陶缸、石砧、石杵、骨刀等工具通过浸泡、锤打、切割，整理出一缕缕野生植物纤维。还有几位年龄略小的女子，用陶、石、木纺轮将这种纤维捻制成线。附近还有人用藤条、树枝等物在编织筐篮，用芦秆编织席子。

室内有几台木制的纺织机（可按我国西南少数民族的水平式纺织机制作）。几位年龄略长的妇女，有的在固定经线，有的在绞穿纬线，繁忙而专注。墙壁和木架上挂着织成的麻布。有兴趣的观众，亦可在此买一小块用原始方法织成的麻布。也许上面绣（绘）有人面鱼纹图案或其他花纹。

（4）渔猎工具作坊。在本区南部靠近通往渔猎区小桥处的一间小型房子内。门外，几位老人用兽皮条、兽筋、藤、麻等物编织渔网。编成的渔网上，拴有石制网坠。还有人用树枝或竹竿制作箭杆、矛柄和弓。

室内，人们正采用敲打、剥压、切割、研磨等方法，制作石、骨箭头、矛头、鱼钩、鱼叉等物，或给箭头、矛头配以杆、柄。想试试原始渔猎工具之利的观众，可以在此得到一种工具，进入渔猎区。

（八）渔猎区

此区分为两部分，跨越居住 IV 区西南部的小桥，南面和东面是狩猎区。向西，到达"浐河"东岸，是捕鱼区。

说明："'庖牺之世，天下多兽，故教以猎'和'蛛蝥作网''竭泽而渔'都是古老的传说。可是在这里，都变成了现实。"

（1）狩猎区。这里地势起伏，林木茂密。小丛林中，隐约可见鹿、貉等动物，野兔较多，不停地在山坡、土岗上窜来窜去。迎面的平地上，两位青年猎手甩动飞石索向野兔投去。南部丛林中，隐伏着手持弓箭瞄准猎物的猎人。在东部山坡上，几位猎手拿着长矛围捕一只仓促奔跑的鹿。

在此区划定的范围内，参观者可使用指定的猎具捕杀小动物。

（2）捕鱼区。宽约20米，缓缓北流的人工"浐河"内，几位年轻男子站在没膝的河水中，或撒网捕鱼，或投叉下钩，十分繁忙。靠岸处，有几艘用巨大圆木制成的独木舟，可供参观者使用。

（九）居住 V 区

说明："集体储存，平均分配的生活，人类目前只能在对幼年时代的朦胧记忆中找到。您在这里将看到别开生面的场景。"

此区的构成与居住 II 区基本相同，所有房子门向东北。

（1）中型房子。位置、结构、形状及室内布置和活动安排均与 II 区中型房子相同。

（2）对偶家庭住房。数量、位置、结构、形状及室内布置和活动安排均与 II 区的小型房子相同。

（3）圈栏。位于该区东北部靠近狩猎区的地方，圈栏为长方形栅栏式，半边搭有草棚。圈栏内饲养的家畜是猪、狗之类。

（4）公共地窖。与居住区内的其他部分相同，此区也有集中在一起的地窖。地窖群附近有如下活动：几位壮年男子正将谷物从地窖取出，两位老年妇女将谷物平均分配成份。不时有人来领取一份粮食，有人用附近的石磨盘、石磨棒去壳加工。

（一〇）中心广场

说明："您对氏族村落的访问将告结束。愿广场上喜庆丰收时的舞蹈、狩猎出征前的演习，以及祭神祀祖的仪式给您留下长久的印象。"

在这里举行的是村落中规模最大的活动，也是参观的最后项目。出现在广场上的是数十人举行的喜庆舞蹈和出征演习，以及祭祖仪式。这里以喜庆舞蹈为例。

参加完前述所有活动的"氏族成员"陆续来到这里，按照喜庆舞蹈时的出场次序围坐在广场四周。东侧正面的图腾柱下摆着一筐金黄色的谷子。两位手执长矛的猎手守卫着图腾。

仪式开始，以一位老年妇女为首的几位长者走到图腾柱和筐篮之间，捧起一把谷粒，缓缓地撒在图腾柱周围。在场的人呐喊、呼叫、击鼓、挥臂。

手持石斧的男子数人上场，步调一致地挥动斧头，时而向左，时而向右，绕场一周。有力的步伐使得场上尘土飞扬。

妇女们拿着石锄，挽着筐篮上场。分为几组，前面一排石锄整齐地落下，后面一排将种子均匀地撒开。随着上述动作，由广场东侧向西侧移动。动作熟练，体态有力。

妇女和男子手执石镰上场。反复做着身体前倾、持镰的手臂前伸再有力收回的动作，从广场南北两侧移向中央，穿插而过，再返回两侧。

所有人拿着自己的工具（用具），围绕图腾柱，欢呼、跳跃、旋转。然后面对图腾柱，俯拜在地，祈求来年的丰收。

（按：中心广场其他活动的表现方案，将在分类计划中列出）

（一一）居住Ⅵ区

此区为大型半地穴式方形房子，形状、构造、面积与居住区同，拟作观众休息场所，提供食品、饮料、纪念品等。其中家具、装饰、餐具等设施，均要有鲜明时代特点，为参观者创造体味、联想的条件。

（原载陕西省博物馆学会、陕西省博物馆编《博物馆学论丛》，陕西人民出版社，1990 年）

西安碑林与世界文化遗产

20 世纪 80 年代，随着中国加入《保护世界文化和自然遗产公约》，西安碑林有幸被我国政府列入申报文化遗产的预备名单。十多年来，其管理机构西安碑林博物馆为尽快达到申报条件和正式进入申报程序做了不懈的努力；社会各界和相关部门也广泛关注和支持着碑林的申报工作；此次，碑林又荣幸地应邀参加在著名的遗产地云南丽江举办的"世界遗产论坛"。借此良机，对碑林的历史及现状、申报条件、存在的不足，以及已做和将做的努力做一简要介绍，就教于与会的专家、学者。

一 历史和现状的简要介绍

碑林始建于北宋元祐二年（1087 年），缘起于对《石台孝经》、《开成石经》及一批著名的唐宋碑刻的保护。唐末动乱，昭宗东迁，使唐长安城几近毁灭，置放唐石经及诸多名碑的国子监也在劫难逃，经两次迁移，终于落脚于"府学之北墉"（即碑林现址），并形成"《开成石经》分东西次比陈列焉，明皇注孝经及建学碑则立于中央，颜、褚、欧阳、徐、柳之书，下迨偏旁字源之类，则分布于庭之左右"。至此，碑林的基本格局已经形成。此前，元丰三年（1080 年）文庙及府学的一部分已迁至碑林现址，至崇宁二年（1103 年），最终完成了府学文庙的迁建和改造，形成府学、文庙、碑林三位一体的格局。在此后九百多年的岁月里，碑林虽屡遭人祸之扰和天灾之损，却得到历代清明官吏、社会贤达、有识之士和广大民众的精心呵护，有宋以来，所历的金、元、明、清、民国各个时期，碑林的房舍修葺，残缺存续，新石入藏，规模扩充从来未曾停止。民国时期，碑林的影响超过府学、孔庙而居于三者之首，成为独立的文化机构。1944 年，在碑林和孔庙的旧址上，创建了陕西省历史博物馆。古老的碑林，开始与现代意义的博物馆融为一体。

新中国成立以来，碑林先后作为西北历史陈列馆、西北历史博物馆、陕西省博物馆、西安碑林博物馆的所在地。其间又经多次维修、翻建，展览面积几经拓展，保护手段不断更新，现有大型碑室 7 座、碑廊 7 座、碑亭 6 座。占地面积 31900 万平方米，其中陈列面积 4900 平方米，收藏各类文物 12000 余件，其中由汉至近现代的碑石、墓志 3000 多件，展出 1000 多件。所藏文物，仅国宝级的就有 19 组 134 件。

从以上简要回顾可见，碑林历千年沧桑，经数朝更替而藏石不辍，集书写镌刻者的才艺和蒐集保护者的功绩于一体，展现了两千年创作、一千年收藏的辉煌历程，是一份不可多得的文化遗存。正因为如此，碑林被列为全国第一批重点文物保护单位和 AAAA 级旅游景点，并荣幸地进入中国申报世界文化遗产预备项目名单。

二 与世界文化遗产标准的比照

世界遗产委员会关于文化遗产的标准有以下六条：（1）代表一种独特的成就，一种创造性天才的杰作；（2）能在一定时期内或世界某一文化区域内，对建筑艺术、纪念物艺术、城镇规划景观设计方面的发展中，产生过重大影响的作品；（3）能为一种现存的或为一种已经消失的文明或文化传统提供一种独特的至少是特殊的见证；（4）可作为一种类型建筑群或景观的杰作范例，展示出人类历史上一个（或几个）重要阶段的作品；（5）可作为传统的人类居住地或使用地的范例，代表一种（或几种）文化。尤其是处在不可挽回的变化之下，容易损毁的地址；（6）与现行传统思想、信仰或文学艺术作品有直接或实质的联系。

按以上的标准比照，西安碑林起码符合其中三条：

第一，碑林代表了一种独特的成就，而西安碑林则是这种"独特成就"中的典型"杰作"。刻碑记事，是人类历史上一种较普遍的现象。就目前的资料而言，中国碑刻的起源要比古埃及、古巴比伦、古苏美尔晚一些。可是，碑刻一经出现，便被注重思想理念、善于积淀文化的古代中国人作为纪录历史、传播文明和创造艺术的重要手段，并通过它抒发和宣扬着自己的思想、理念、信仰、情感。进而产生了大量时代风格不同，艺术趣味各异的石刻作品，见诸金石学著述的即有碑碣、墓志、塔铭、石经、经幢、造像题记及建筑物附属刻铭等。碑刻之于古代中国，绝非等闲之物，能铭刻其上的文字，一定代表着杰出的思想、辉煌的人生或虔诚的信仰。"树碑立传"成为多少古人终生梦寐以求的理想境界，更何况许多碑刻的文字出自一字千金的大家之手。这些凝聚着古代先贤们心血和才智的碑刻，受到历代士子学人的珍视，或作为范本临摹传拓，或辗转搜集视若珍藏。碑石集中在一起，其密集的数量和高大的形体，构成如林之势，便产生了"碑林"这种独特的成就。可以说，碑刻这种形式是人类共有的，而"碑林"这种成就则是古代中国独创的。

在诸多的古代碑林中，西安碑林不仅以其收藏之众和内涵之丰而居众"碑林"之首，作为一种独特成就的代表，它还集中地体现了这种成就的概貌、特征、独到的价值和现实的影响力。

1. 碑石收藏的系统性

碑林的收藏历史始于北宋，经宋、元、明、清、民国和中华人民共和国几个大的历史时期，形成了囊括从汉到清末民初各朝代碑刻，包含真草隶篆各种书体，兼容刻石、碑、墓志、画像石、经幢、经版及其他石刻种类的收藏系统。各个朝代、各种形制、不同书体的碑石，都可以在西安碑林找到代表性作品，使其成为集中国古代碑石收藏之大成的文化宝库。

2. 碑刻艺术的代表性

在西安碑林，几乎可以找到中国碑刻和书法艺术史中任何一个值得书写的篇章。秦《峄山刻石》（宋摹刻本），让今人一睹久违的小篆风采。东汉《曹全碑》字体流宕隽美，是我国现存汉碑中的精品，是独具风貌的稀世之宝。魏晋南北朝时期的《司马芳残碑》、《广武将军碑》，北魏《晖福寺碑》以及于右任先生悉心收藏并于20世纪30年代捐赠给碑林的"鸳鸯七志斋藏石"中的北魏墓志，都在书法史上享有很高的声誉。隋唐时期的碑刻在碑林中最为壮观，隋《孟显达碑》、《智永真草千字文》，唐虞世南《孔子庙堂碑》、欧阳询《皇甫诞碑》、褚遂良《同州三藏圣教序碑》、欧阳通《道因法师碑》、张旭《断千字文》、李阳冰《三坟记碑》、怀素《肚痛帖》、柳公权《玄秘塔碑》以及僧怀仁集王羲之的《大唐三藏圣教序碑》等，都是同时代的珍品。颜真卿从中年到老年书写的《多宝塔碑》、《臧怀恪碑》、《郭家庙碑》、《争座位稿》、《颜勤礼碑》、《马璘残碑》、《颜家庙碑》，使我们有幸领略到颜体由锋芒锐利、字体端秀向笔力劲健、气运醇厚的演化发展过程。僧怀仁花费二十四年心血，从内府藏王羲之墨迹中集字刻成的《圣教序碑》，再现了书圣王羲之秀劲超逸、美若簪花仕女的书风，加之碑文由中国历史上杰出的帝王唐太宗作序，其子高宗李治作记，歌颂了卓越的佛学家、旅行家和翻译家玄奘，而被后世誉为"三绝碑"。唐以后的书法名家黄庭坚、米芾、赵佶、赵孟頫、董其昌、何绍基以至近代的于右任等，也在碑林留下了他们珍贵的诗文墨迹。清费甲铸翻刻的《宋淳化阁帖》是汇集我国历代书法作品之大成的一部丛帖，为研究我国书法艺术的类别及演变提供了极大的方便。碑林中的许多碑石还具有重要的史料价值，唐《开成石经》刊刻儒家十二部经典，共114石228面65万余字，是研究唐代儒学经籍的实物资料。驰名中外的唐《大秦景教流行中国碑》，记载了基督教聂斯脱里派的教规、教义在中国的传播及其僧侣在唐朝一百五十多年中的活动情况，碑侧及下部刻有古叙利亚文字，对研究宗教史及古代中西文化交流提供了宝贵的历史资料。唐代书法家徐浩书写的《不空和尚碑》，对于研究佛教密宗的传播和中印、中日文化交流史具有重要价值。此外，碑林还保留有诸如《王维画竹》、《达摩面壁》、《道因法师》碑座人物像、《兴福寺残碑》碑侧等大量古代石刻图案，其形象生动传神，艺术手法纯熟，文化内涵丰富，受到历代艺术家的推崇。如果我们试图找出一处集中了各个时代不同形制、不同书体，最能代表中国古代碑刻艺术成就的收藏地，非碑林莫属。

3. 文化遗存的独一性

古代碑刻作为一种特殊的文化遗存，有其自身的许多特点。比如它体量大，制作过程复杂，易于保存，便于传拓等。由于每块碑刻都由技艺高超的工匠精雕细琢而成，还决定了它绝无重复品的独一性。更何况西安碑林还保存了为数众多、闻名古今中外、堪称国之重宝的珍贵碑刻。如为了规范经书，传播经典，弘扬国学，清代以前曾六次大规模地刊刻石经，而唯一完整保存至今的，只有现藏于碑林一室的《开成石经》，而东汉的《熹平石经》，曹魏的《三体石经》以及后蜀、北宋、南宋时所刻经书或者早已残缺不全，或者仅留只石片语，依稀保留着对往日文化辉煌的记忆，而《开成石经》则以其现实的存在昭示了这种辉煌。

4. 文化载体的两重性

碑刻作为一种特殊的文物，具有文化内涵的两重性。首先，它是一种文化遗存，其造型、工艺、雕刻、装饰以及岁月风霜带给它的印痕，都表现出它独有的历史文化价值。同时，它又是一种文化载体，作为文化传播媒介的文字依附于这些碑刻而久存于世，或承载历史，或传播文化，并不断为历史、文化、艺术、文字等学科提供取之不尽的资料或素材。这使得碑刻较之其他文物，具有更隽永的吸引力。

第二，碑林为中国古代文明和文化传统提供了独特和特殊的见证。

这至少可以从以下两点得到证明：

其一，这里的藏石反映了碑刻产生、发展的历史。徜徉于碑林，仿佛在浏览一部碑刻发展史。东汉《仓颉庙碑》和《唐公房碑》以其圭形和圆形碑首及碑穿和碑晕，体现了早期碑石的造型风格及其立于墓旁用以下葬的实用功能；其他历代的碑石，也在其体量、形制、造型、雕刻等方面体现了各自不同的时代特点。人们在享受高科技时代便捷的同时，欣赏这里的古代文明载体，无疑更能体会到它们在文明发展和传播过程中的作用。

其二，碑刻是一种综合艺术。一件优秀的碑刻作品，本身就是集绘画、雕刻、书法、文学等艺术形式于一身的精美艺术品。其线刻、浮雕图案，代表了一个时代的精神信仰和审美情趣；其铭文、书体，体现了一个时代的文体风格和书法风范；而碑刻的内容，又反映了各个时代的政治、经济、军事诸方面的内容及其文化风格、思想观念、精神信仰、道德水准，以及在今天看来或辉煌壮烈或悲怆凄凉的人生故事。谁能说这不是一种对历史、对古代文明、对文化传统的"独特和特殊"的见证呢？

第三，碑林藏石的内容，与现行传统思想、信仰或文学艺术有直接和实质的关联。

碑林是一座文化宝库，这早已是不争的事实。它的宝贵之处，体现在很多方面，其中最值得一提的是被定为国宝级文物、由114块巨石双面刻成，刊录儒学经典的浩帙巨刻《开成石经》。

中国文化史最辉煌的时代应是公元前8～前3世纪的春秋战国时代，其特点是理性精神高扬，其成就是包括儒家理论在内的诸子百家学说。这些学说特别是儒家经典及其训释、阐述之学，即所谓"经学"，成为中国古代学子必修之课和科举必试之题。而由114块巨石、228面文字组成，在碑林一室陈放的《开成石经》，正是张扬儒家理论和规范科举制度的产物，是一组理性的丰碑。

它所承载的儒家理论规定了中华文化的特质和型范，指示了中华文化未来的去向，对其后的中国历史产生了广泛而深刻的影响。可以说，两千多年来中国封建社会中的一切知识、信仰、艺术、道德、法律、习俗等等，几乎都可以从儒家学说中找到思想根源和历史渊源。直到现在，它仍然影响着中国的社会生活和人们的思想、行为规范，这种影响还必将继续下去。

此外，碑林所在地是西安的文化圣地之一。如前所述，早在 12 世纪，该处已形成府学、文庙、碑林三位一体的格局，而现今的碑林博物馆院内，仍保留着孔庙的基本格局，形成了碑林和孔庙互相映衬的双重文化景观。在这一文化圣地周围，古树苍柏参天，明清城墙高耸，仿古街区相连，已形成古都西安最有文化韵味的区域，成为西安规划中长久保留的主题。从这个角度看，碑林与"遗产标准"的第二、五条也有关联。

一个遗产预备项目，独具六条标准中的三条，又与另外两条相关，可见其实在的竞争力，我们没有理由不为将碑林列入世界文化遗产名录而努力。

三　存在的问题和发展前景

按以上分析，西安碑林以其鲜明的文化特点、巨大的文化容量和丰富的文化内涵，及其与世界文化遗产标准的诸多吻合之处，使之成为"预备名单"中颇具竞争力的候选者。但是，要最终把西安碑林的名字镌刻在《世界遗产名录》的丰碑上，还要做许多努力。

首先，西安碑林的碑石保护和陈设条件还不够好。碑林的馆舍是在碑林创建以后的不断扩充过程中逐渐形成的，虽经历代修葺、改建，其基本建筑风格并未改变。砖石铺的小径穿过一道道庭院将古朴的青砖灰瓦歇山顶建筑连为一体，室内碑石林立，庭院四周的回廊被辟为墓志廊。穿梭其间，青石香墨使人不断地感受到历史的久远和文化的厚重，形成了碑林特有的环境氛围和观览感受。但是，从碑石保护和陈列的角度讲，这样的环境则显示出一些不足：馆舍密封性差，不同季节的温差很大，大量的尘土及其中的有害成分也对碑刻有所侵蚀。碑石密度过大，室内参观空间小。一方面，不利于观众在室内流动和选择最佳的观赏距离；另一方面，观众流量大时，难免触及碑石，不利于保护。此外，由于建筑密度大、屋檐低，采光条件过差，每逢阴雨天或天色稍晚，室内十分昏暗，碑刻内容难以辨认。出于对古建和碑石安全的考虑，过去很长时间没有解决照明的问题。

针对以上问题，碑林博物馆已做了一些工作。一是给文物等级较高的碑刻安装玻璃护罩，用以防尘、防触摸和减轻温差影响；二是在确保安全的前提下，为碑林安装了低电压和冷光源照明系统；在近期制定的碑林发展规划中，列入了扩建新馆舍，疏散陈列现有碑刻，并增添部分因陈列面积所限而深藏库内的碑刻的内容，使碑林以更丰富的内容、更好的观赏和保护环境、更强的吸引力出现在世人面前。

其次，西安碑林面临着严峻的周边环境问题。碑林的环境原本是不错的。从许多年前的老照片上看，苍松翠柏掩映着碑林和孔庙极富传统特色的古代建筑，青砖灰瓦的四合院式关中民宅分布四周，历尽沧桑的千年古槐装点其间，恰如一幅古朴和谐、静谧安详的古城风景画。可是现在，从碑林南侧的古城墙上举目北望或是漫步于碑林周围的街区，那种古城特有的风格已几乎丧失殆尽，各式各样杂乱无章、毫无特色的建筑包围着碑林和孔庙，反倒显得这一方净土与周围环境的不协调。

作为一处在近千年的时期形成的不可移动的文化遗存，碑林与庇护它的房舍、承载它的土地，以及它所处的环境都结下了不解之缘。它无法选择它所处的位置和周边环境。可是，当它向世界文化遗产冲刺时，面临对遗产环境近似苛刻的要求，却不得不正视这一现实。环境是一个综合问题。解决这个问题，无法靠一个机构，一个部门的力量实现。好在西安碑林的环境问题已引起所在地省、市、区各级领导的重视。陕西省对碑林的扩建给予高度的重视，西安市已将改造碑林周边环境列入城区规划的重要内容，碑林区已开始在碑林周边实施一些整改方案。位于碑林与古城墙间的顺城路和位于碑林西侧的游人广场已拆迁动工；环绕碑林的仿古街区已有详尽的规划；碑林周边的古树名木已被有见识的机构和个人认养，得到更为妥善的保护。碑林博物馆新建的 3000 多平方米的石刻文物保护展示大厅开工在即。除周边环境需要治理外，碑林院内的环境也不尽如人意。由于长期是综合博物馆所在地，忽视了建筑和设施与碑林应有的文化气息和时代氛围的协调，以至于展室内外，水泥地面、台阶比比皆是，甚至出现了风格迥异的办公楼和附属建筑。近几年，碑林博物馆已对两个卫生间、上万平方米地面和数千平方米绿化地进行了改造。现在步入碑林，所到之处尽是青石、灰砖路面，仿古风格的卫生间也与主体建筑十分协调。在碑林博物馆的发展规划中，已考虑到迁移办公楼，使其符合碑林环境格调的方案。我们相信，西安碑林将伴随着家乡的发展和腾飞，梦圆世界文化遗产。

九百多年前的北宋元祐年间，时任转运副使的吕大忠，因不忍目睹《开成石经》所在地唐尚书省西隅"地杂民居，其处洼下"的环境，为改变石经"霖潦冲注，随立辄仆，埋没腐坏，质久折缺"的状况，而"徙之于府学之北墉"，从此有了西安碑林。在以后的岁月里，碑林历经沧桑，幸运而又艰难地发展到今天。吕老先生和所有为碑林的存续而努力过的人们也许没有料到，他们开创的事业在今天已引起世界的注视，并可能摘取世界文化遗产的皇冠，而他们的名字也会因此而更加辉煌。

碑林是一份沉甸甸的遗产。如何续写好它的历史，是值得认真思考的题目和努力实践的事业。

（原载《碑林集刊》第六辑，陕西人民美术出版社，2000 年）

《西安碑林》综论

西安碑林博物馆是一座古老而年轻的博物馆。说它古老，是因为它发展成现在的规模，经历了漫长的历史过程。900 多年前，这里就开始成为古代碑石的收藏地，进而形成居全国古代碑石收藏之冠的"西安碑林"；1944 年在此建立陕西省历史博物馆；1950 年更名为西北历史陈列馆；1952 年改称西北历史博物馆；1955 年至 1991年，这里一直是陕西省博物馆的所在地。说它年轻，是因为它使用现在这个名称的时间还很短。1991 年，原陕西省博物馆的历史陈列和馆藏移交新建的陕西历史博物馆，这块与西安碑林风雨与共近千年的馆址，完成了它承载集历史、艺术于一体的综合博物馆的使命，成为一座收藏、展示和研究古代碑志、石刻等文物为主的社会科学类艺术博物馆。1993 年 1 月正式使用西安碑林博物馆的名称。

人类在石头上雕刻文字、创造文化的历史很久。在西亚、埃及等地，石刻文字的历史几乎和人类的文明史一样古老。中国古代石刻文字出现的晚些，但它一经出现，便被注重思想理念，善于创造文化的古代中国人作为记录历史、传播文化的重要手段，通过它来抒发和宣扬着自己的思想、理念、信仰和情感。见诸金石学家著述的石刻种类甚多，有代表性的分类包括碑碣、墓志、塔铭、石经、经幢、造像题记、画像石及建筑物附属刻铭等。而西安碑林，则几乎囊括了上述主要种类的代表性作品。

西安碑林的缘起，是为了保存浩帙巨刻《开成石经》及颜、柳、褚、欧阳等名家书写的重要碑石。《开成石经》原立于唐长安城务本坊的国子监内，昭宗天祐元年（904年），朱温迫唐东迁洛阳，并缩建长安城，致使《开成石经》委弃于郊野。后又迁至唐尚书省西隅（今西安市西大街社会路一带）。北宋时，在漕运使吕大忠的倡议下，石经及其他珍贵碑石才迁移到府学（今碑林所在地），终使这批文化瑰宝得以保存，同时拉开了西安碑林历史的帷幕，时为北宋哲宗元祐二年，公元1087年。此后，历代清明官吏、社会贤达、仁人志士和广大民众或修葺房舍、补残续缺，或征集馈赠、扩充藏石，终于使其发展成现在的规模：拥有七座碑室、八个碑亭和六个墓志廊，收藏汉至民国的碑刻近二千五百方，展出一千余方。

西安碑林的文化内涵十分丰富。这里仅从碑刻历史、文献典籍、书法艺术、中外交流等方面略加叙述。

碑的前身立于宫中以识日影，位于庙宇以拴牲畜，立于墓上用以下棺的"竖石"，称之为碑。故有"凡刻字之石皆曰碑"之说。现存碑林三室的东汉《苍颉庙碑》和《仙人唐公房碑》，碑身中上部有"碑穿"、"碑晕"，象征着墓上竖石穿绳下葬的痕迹，也体现了早期碑石的特点。碑自东汉早期定型以后，基本上保持着由碑首、碑身、碑座（趺）三部分组成的结构，不过因时代不同，碑的造型、字体、装饰手法等表现出较大的差异，西安碑林藏石将这些时代特征勾勒得十分清晰。与碑石共存于碑林的还有大量墓志。墓志是一种埋入墓中的石刻文字，刻以墓主姓名、籍贯、生卒年月、生平简历等，用来注明其身份。墓志形成于三国两晋时期。早期以无盖长方形居多；北魏后期，流行方形有盖的石质墓志，隋唐时成为定制。志盖一般为覆斗形，碑林所藏唐李寿墓出土的龟形墓志是一种特例。

碑林藏石中刻有许多重要的文献典籍。集上古思想文化之大成的儒家学说，被历代统治者视为经典，也是士子学人必读之书。在印刷术产生之前，阅读经书要靠传抄，难免有误。为了规范经书，传播经典，在中国历史上曾多次大规模刊刻石经，其中唐代以前有过三次：西汉末年王莽曾令甄封刻了《五经》，遗憾的是无实物传世。东汉熹平四年（175年）汉灵帝诏令刊刻经书7种，立于洛阳太学，是为《熹平石经》，40余石，现在存世的有部分残石，字数最多的石块上也仅存数百字。碑林藏《熹平石经》残石一块，有490余字。曹魏正始年间（240～249年），在洛阳太学又刊立了用古文、篆文、隶书三种字体书写的《三体石经》，当时仅刻了《尚书》、《春秋》二经，有30余石。其命运与《熹平石经》相同，十不存一，所存残总计仅2000余字。碑林有幸收藏《三体石经》的残石两块，亦十分珍贵。

现存于碑林一室的《开成石经》刊刻于唐文宗大和七年至开成二年（833～837年）。《开成石经》由艾居晦、陈玠等人书写，包括《周易》、《尚书》、《诗经》、《周礼》、《仪礼》、《礼记》、《春秋左传》、《春秋公羊传》、《春秋穀梁传》、《论语》、《孝经》、《尔雅》12种经籍并附有《五经文字》、《九经字样》二种字书。《开成石经》双面刻了《孟子》19石，以足十三经之数。唐代以后，后蜀、北宋、南宋以及清乾隆年间还刊刻过几次经书，也只有《乾隆石经》完整保存下来，这足以显示出《开成石经》的珍贵价值。

碑林被公认为书法艺术的宝库。我们几乎可以在这里找到中国书法艺术史中每个辉煌的篇章。秦统一后，篆书成为标准书体。由于年代久远，秦刻石已很难见到。碑林所藏李斯书写的《峄山刻石》（宋代郑文宝摹刻）成为了解"秦篆"的重要范本。唐代李阳冰、尹元凯和宋代梦英的篆书作品也很有特点。汉字发展为隶书，是中国书法史的重要转折点。《苍颉庙碑》、《仙人唐公房碑》，特别是被历代金石家和书法家所称道的《曹全碑》，均为汉隶的代表作。楷书出现于魏晋时期，晋《司马芳残碑》即属隶书向楷书过渡的字体。《元桢》、《穆亮》、《元遥》等墓志和《晖福寺碑》，均为北魏的书法珍品。碑林藏有隋唐时期大量的楷书精品，如隋代《孟显达碑》、唐代欧阳询《皇甫诞碑》、欧阳通《道因法师碑》、虞世南《孔子庙堂碑》、褚遂良《同州藏圣教序碑》、颜真卿《颜勤礼碑》、柳公权

《玄秘塔碑》等。碑林中所藏张旭、怀素的草书作品，一直被视为草书中的圭臬。碑林的行书代表作当首推唐怀仁集王羲之字所刻的《大唐三藏圣教序碑》，此碑虽为集字碑，却将王体"飘若浮云，矫若惊龙"的风骨和神韵表现得淋漓尽致。元赵孟頫、明董其昌、清林则徐的行书作品，也各具风韵，独成一家。《淳化阁帖》是宋太宗淳化三年（992 年）所刻，收有历代帝王、名臣和书法家的书法作品，是学习书法的著名"法帖"，碑林所藏虽为清代翻刻，却是此帖存世刻石中最完好的一套。

碑林的藏石，还记录了我国古代对外交流的历史。唐《大秦景教流行中国碑》、《中尼合文陀罗尼经幢》、《不空和尚碑》、《苏谅妻马氏墓志铭》等碑志，从宗教传播、文化交流、民间往来等不同角度，反映了唐代中国与叙利亚、波斯、尼泊尔、印度、日本等国的友好关系，体现了大唐帝国直面世界、广泛交流、兼收并蓄的非凡气度。

碑刻是一种文化内涵很丰富的历史遗存，它的铭文内容具有很高的史料及文学价值，而它的碑趺、碑首、碑侧与无所不在的精美的圆雕、浮雕、线刻图案等也都有很高的艺术价值，是中国古代艺术宝库中的珍品。

与碑林内的千数方碑刻相映生辉，构成本馆鲜明特色的另一主题，即古代石刻艺术。这些石刻艺术品可分为陵墓石刻、宗教石刻及其他石刻三类。

祖先崇拜的观念、孝道的伦理以及"事死如事生"的意识，造就了中国古代丰富多彩的丧葬文化。本馆展藏的陵墓石刻，有墓室石刻和墓园石刻两类。墓室石刻以东汉画像石和隋唐棺椁最具代表性。画像石在西汉末年兴起，至东汉末年衰落，主要分布于河南、山东、四川、陕西北部等地，本馆的展藏品主要来自陕北。这些画像石以当地盛产的青石为原料，用减地平雕的手法刻成，画面上物象凸起，轮廓清晰，于古拙、简洁之中显现出明快与生动。其题材包括现实生活、历史故事、神话传说、自然景物等。其中的"牛耕图"、"狩猎图"、"出行图"、"宴饮图",仿佛把我们带入汉时的田园风光和宫廷礼仪之中;东王公、西王母、月中蟾兔、日中金乌以及朱雀、玄武、青龙、白虎四神,似乎在讲述古人的丰富想象力和浪漫情怀;"流云动物图"、"射猎动物图",又好像使天空飞禽、地上走兽和花草树木跃然若动。当古代艺术家和工匠把这些画像石用作墓室的立柱、门楣或镶嵌于墓室时,既体现了当时的尊儒思想、孝悌观念、饰终之礼、浮奢之风,同时也将现实的生活画面、悠久的历史传说和邈远的神话幻想结合起来,在琳琅满目的形象系列中,表现了征服物质世界和自然对象的期盼。

隋代的李小孩石棺和唐李寿墓石椁以及墓门、墓志,既是葬具,又是精美的石雕作品。自然界的缠枝蔓草,幻想中的神仙瑞兽,现实中的生活情景和各色人物,均被精雕细刻于棺椁内外,阳间的奢侈豪华被艺术地再现于阴间。

墓园雕刻体现了更大的手笔。一对似狮如虎的东汉"避邪"抬首举步,气宇轩昂,似在忠实履行镇灾除难、驱邪避恶的职责;重10余吨的唐献陵石犀和稍小一点的石虎,不用说其活灵活现的造型和精细的雕刻,仅其体量,就足以使人联想到鬼斧神工之力。此外,温顺的卧牛、夸张的鸵鸟、体现吉祥的卧羊和由胡人牵着的走狮,其栩栩如生的形态,似洋溢着生命的气息。最令人叹为观止的是唐太宗李世民昭陵前的巨型浮雕"昭陵六骏"。它们是李世民在创建唐帝国时历次征战中的坐骑,名为"青骓"、"什伐赤"、"特勒骠"、"白蹄乌"、"飒露紫"、"拳毛䯄"。贞观十年(636年),天下大定,李世民令大画家阎立本绘制了这六匹屡建奇功的战骑,分别雕刻于六块巨型石屏上,并御笔撰写了对每匹马的赞辞。令人惋惜的是,1914年,六骏中的"飒露紫"和"拳毛䯄"流失国外,现存美国费城宾夕法尼亚大学博物馆。

佛教自汉代传入中国后,外来的佛教文化在与本土文化的交流与融合中,逐渐形成有中国特色的佛教艺术,并留下大量的石雕造像。本馆展藏的造像,以魏晋南北朝和隋唐时期为主。早期的造像较多保留了外来宗教特点。如北魏皇兴五年（471 年）的弥勒造像，弥勒面相丰腴，厚唇粗颈，深目高鼻，两耳垂肩，前褶线条并列，带有明显的印度犍陀罗艺术风格。从北周至唐，佛教的本民族特点日益显现。先是表现为秀骨清相，长脸细颈，神采奕奕，飘逸自得，衣褶繁多而飘动，明显带有本土审美情趣的造像，进而显现出方面大耳、短颈粗体、朴拙厚重的过渡特征。唐代，造像摆脱了那种超凡绝尘、充满神秘感和距离感的风格，代之以更多的人情味和亲切感，佛像变得更慈祥和蔼，关怀现世，似乎很愿意接近人间，帮助人们。在石刻艺术室，许多有代表性的造像如北魏前期的"皇兴造像"、中后期的"朱黑奴造像"，北周的佛立像，隋的菩萨立像，唐的残菩萨立像和安国寺出土的一批密宗造像等，都使人强烈地感受到佛教艺术在中国传播、发展和再创造的步履，同时为古代雕刻艺术的辉煌成就而惊叹。古人虚幻和虔诚的崇拜都倾注于这些佛像创作中，使之具有永恒的魅力。

道教造像十分罕见。本馆所藏唐代老君像用汉白玉刻成，石质细润，刻工精致。老君身着道袍，正襟危坐，庄严恬静，超然若仙。这件完全中国化的雕刻，体现了中国土生土长的宗教造像的艺术神采。

除陵墓石刻和宗教石刻外，本馆还展藏了许多石雕建材、实用石刻和民俗石刻。它们或古拙淳朴，或典雅精致，或繁复华美。有的民俗石刻，似乎还散发着古时泥土的芬芳。

本馆所藏书画墨迹和其他文物，如《集王圣教序》和《孔子庙堂碑》的宋拓本、唐人写经、名人字画、早期雕版印刷的经咒、唐景云钟，大夏石马等，都是不可多得甚至是独一无二的珍品。

本馆还是北宋以后西安文庙的所在地，这里既是纪念孔子的庙堂圣地，又是展藏古代文化遗存的艺术宝库，两者相得益彰，更烘托出浓厚的文化和艺术氛围。作为一个在国内外有较大影响的博物馆，本馆具有独特的展、藏品体系。在近 8000 件藏品中，石质文物约占半数。这些文物以其数量多、体量大、价值高、内涵丰富、观赏性强的特点，为本馆赢得了不可多得的声誉和地位，使之跻身于全国第一批重点文物保护单位、国家特殊旅游参观地区之列，并被列入中国申请"世界文化遗产"项目预备清单。

（原载西安碑林博物馆编《西安碑林博物馆》，三秦出版社，1999 年）

神话、传说与丝绸之路

神话、传说是人类结合自身经历，用幻想的形式，并按照自己的心理与愿望对自然和社会的曲折反映，无论其表现形式是口头传承还是美术、文字体现，总是包含着人类历史进程中不同时期、不同背景的种种材料，且不可避免地留下历史上经济生活事实和文化环境的印记。

关于丝绸之路的神话、传说题材虽然不多，可是当我们把这些零星的题材和古代丝绸之路这一历史现象联系起来加以思考时，仍可从神话和传说的氛围中抽出若干历史的真实线索，以帮助从一些新的角度加深对丝绸之路历史的理解。

一 周穆王西历与早期西域交通

丝绸之路正式成为通行大道，始于汉武帝之时，张骞为此历经千辛万苦、坎坷磨难。对此，历史早已作了记录。那么，在丝路正式开通之前，中原与西域有无交往？这种交往通过什么样的交通路线？其形式和内容如何？历史没有给我们现成的答案。我国一些著名的历史学家、考古学家，曾凭自己渊博的学识和对历史问题敏锐的洞察力，提出过颇有见地的观点。夏鼐认为："这条商路可能汉代以前便已有丝绸商队往来。"（《中国丝绸和丝绸之路》）张星烺说："鄙意秦皇以前，秦国与西域交通必繁，可无疑义。汉初执政者，皆丰、沛子弟，悉非秦人。秦国之掌故，鲜能道者，以致秦国与西域之交通事迹，史无详文也。"（《上古时代的中外交通》）这里既有观点，又有分析，汉朝的史家不会把历史的功绩记在秦朝，似乎也合常理。而当我们把一些零星的神话传说和分散的历史记载以及考古发现的蛛丝马迹结合起来思考时，就会发现以上观点很有道理。

在有关西域交通的神话、传说资料中，最系统、详尽者莫过于《穆天子传》，这部由盗墓者偶然发现于战国墓中的竹简，以旅行日记的体裁，详尽地记载了西周兴盛时穆王西行数百天的活动和见闻。其中关于穆王西行的内容大致如下：公元前9世纪，西周第五代君主穆王姬满，曾命御者造父、离裔驾着八骏车，率六师之众西巡。沿途围猎、钓鱼、祭祀、接受朝觐奉献。曾宿于昆仑之阴，赤水之阳，观皇帝之宫，并在西王母处作客，于瑶池举觞歌诗，流连忘返。往返行程三万五千里，历时五百四十三日。书中还记叙了西北地区的景物："季夏丁卯，天子升于舂山（即葱岭）之上，以望四野。曰'舂山是唯天下之山高也……清水出泉，溢和无风……百兽之所聚也，飞鸟之所栖也'。"所言之秀丽景色和野生动物，今日葱岭仍然可见。《穆天子传》还描述了新疆西南"寡草木而无鸟兽"荒山秃岭，与和田一带的景物相似。

《穆天子传》对周穆王西历的记载，有方位、日期、地名、里程以及西域的部落、语言和物产等，颇似实录。此书于西晋太康年间发现后，时人深信不疑。然自唐宋起，有人怀疑此传系后人伪托，并不可信。后世学人也因此传说带有神话色彩而不敢确信其记载的可信之处。可也有的史学家称这部书"行程日期、方向、山川，皆清了如是"，"依其干支，考证地理，皆历历不误"，极有价值。

无论怎样，《穆天子传》作为目前所见的关于内地与西域交往的最早、最系统的文字记录，其所具有的特殊价值不容忽视。其可信程度如何，还可从以下两个方面予以考虑：

其一是散见于各类史书中的记载。周穆王西历之事，一些史书亦曾提及。《左传》谓其"欲肆其心，周行天下"，而使天下的道路都印上自己的车辙、马迹。《史记·秦本纪》说："造父善御，得八骏，穆王使驾而西巡博狩……"《赵世家》又曰："见西王母，乐之，忘归。"其中周行天下，造父驾车，会西王母的说法都与《穆天子传》的记载不谋而合。可见《穆天子传》的基本内容并非无本之木。穆王西历的故事，正是西周盛世影响波及西域的反映，只不过在历史的真实中过多地揉入了神话的色彩。除穆王外，史书中还可见到关于他人早期涉足西域的记载。《庄子·天地篇》说，五千年前的轩辕黄帝，曾"游乎赤水之北，登于昆仑之丘"。陆贾《新语》说他曾"巡游四海登昆仑山，起宫望于其上"。《前汉书》卷二十一上"律历志"还说他"使泠纶自大夏之西，昆仑之阴，取竹之解谷"。泠纶所去的大夏，大致在今天玉门关至新疆和田之间，据说立国于黄帝之先。《太平御览》卷七九七所引《元中记》中，提及黄帝轩辕的臣子茄丰犯罪后被流放到离玉门关二万五千里的地方。《竹书纪年》中甚至有商代与西方国家往来的记载："汤有七名而九征……诸侯八泽而来者千百国，奇肱氏以车至，乃同尊天乙履为天子。"据意大利人艾儒略考证，奇肱国可能在今意大利南部的西西里岛一带（《职方纪》卷二）。以上挂一漏万的摘引，也许能为穆天子曾否西游的历史悬案作一个有益的注解。

其二是考古发现的蛛丝马迹。随着人类对古文化遗存探索的不断深入，相继发现了许多足以使人们对早期中西交通产生遐想和推测的古文化现象。新石器时代中国黄河流域的陶鬲，出现在中亚、西亚的古地层中；制作于公元前16～前11世纪的商代马头刀、马具等，明显地带有中亚、西亚文化的痕迹；用白玉雕成的人像和玉片、玉瑗出现在不产白玉的甘肃灵台西周墓葬和河西史前遗址中，而这种玉又极似和田所产；只产于东南沿海的海菊贝制珠饰，于新疆罗布淖尔的原始社会墓群中发现；兰州青岗岔的新石器时代齐家文化墓葬中，有本地不产的松耳石和大理石石镯……这一系列貌似偶然的现象所蕴含的必然事实是：上古乃至远古文化在不同地区间的联系、交流和互补及其先决条件——交通。

至此，有理由认为，早在张骞始通西域、丝绸之路正式开辟之前，中原与西域确实已有各种各样的交往，早期西域交通当已存在。这幅上古交通图应如何绘制，还有待进一步的发现与研究。但有人根据《穆天子传》的记载所考证的穆王西行路线，应当与这幅交通图比较接近。穆王的西行路线大致如下：从今河南漳水一带出发，北上井陉，循滹沱河至内蒙古，向西渡黄河至乐都、西宁，然后经大积石山上溯寻黄河之源，沿途畋猎至新疆，登和田西南之昆仑山，再沿叶尔羌河北，到巴基斯坦的瓦罕，回到喀什后东归。也有人认为他曾到过今中亚锡尔河附近，或极可能到过和田一带。

二　昆仑创世神话与丝绸之路精神

如同一个民族不能没有自己的史籍一样，一个民族也不可能没有自己的创世神话。汉族神话以昆仑神话为中心，而伏羲、女娲、西王母、黄帝等始祖神又构成昆仑创世神话的主体。这些神话题材由汉族而始，不断向四面八方传播，再为各兄弟民族所接受并加工、改造，成为中华民族所公认的传说中的共同始祖。有趣的是，这些始祖神的活动都与西域有关，并且在绵延数千里的丝绸之路上留下了许多与他们相关的遗存，以至于当我们考察丝绸之路的历史时，不得不再追念他们的功绩。

伏羲、女娲是兄妹婚的当事人和繁衍人类的始祖。唐李冗《独异志》云："昔宇宙初开之时，只有兄妹二人在昆仑山，而天下未有人民。议以为夫妻，又自羞耻。弟即与其妹上昆仑山，咒曰：'天若遣我二人为夫妻，而烟悉合；若不，使烟散。'于烟即合。其妹即来就兄。乃结草为扇，以障其面。"李冗记录这则神话的时间很晚，也过于简单。它原是说在洪水淹没人类只剩兄妹二人的特殊情况下，兄妹为了人类的再传而尊天命天意结婚的，其影响甚广。

伏羲、女娲的美术形象在中原汉族地区出现，大约始于战国时期，从《楚辞·天问》中"女娲有体，孰制匠之"之句推测，屈原当见过女娲的绘画或雕像。到了西汉末年至东汉时，山东与河南的画像石、画像砖上出现了人首蛇身的女娲、伏羲交尾像。而在河南淮阳县太昊陵（又叫"人祖庙"）中的伏羲已变为人像。兄妹两在此抟黄土造人，结网以渔，教民耕作，俨然为人类的再传之祖。

在此时，西域尚未见到伏羲、女娲的形象。但自南北朝中期以后，新疆吐鲁番地区墓葬中出现大幅伏羲、女娲绢画，到唐代更加普遍。在 1959 年至 1960 年于吐鲁番阿斯塔那墓地发现的 40 座墓葬中，有伏羲、女娲像绢画者约十之六七。画面均为人首蛇身交尾，上有日，下有月，四周布星辰。一般一墓出一件，最多的一墓出三件。绢画在墓室中的位置，有些覆于棺上，有的盖于尸身或置于尸旁，有的张挂于墓顶，也有的画面朝下用木钉钉在墓顶（《新疆吐鲁番阿斯塔那墓葬发掘简报》）。

伏羲、女娲的形象大量出现于新疆地区的墓葬之中，其原因大致为以下几点：1. 丝绸之路带去大量的中原文化信息，其中也包括伏羲、女娲的神话传说及其美术形象；2. 随着精神文化交流的日益深入，中华民族之各个民族同祖的观念深入人心，少数民族已接受了中原神话中的始祖神；3. 因为地理位置的关系，在昆仑山结兄妹之婚的伏羲、女娲使新疆地区各民族更感亲切；4. 民族迁徙、融合的结果，使很多汉人进入新疆地区，他们世世代代信奉着祖先传袭下来的始祖神；5. 能够创造、繁衍人类的始祖，总能给后世带来某种吉祥，伏羲、女娲形象，已被人们顶礼膜拜。

除伏羲、女娲外，西王母是与西域密切相关的又一位创世大神。《山海经·西次三经》说："又西三百五七里，曰玉山，是西王母所居也。"沿我国境内丝绸之路而行，有根据传说而建的王母行宫（甘肃泾川宫山）、泾川周穆王与王母共同登临的覆钟山，敦煌莫高窟绘有东王公和西王母的壁画。传说博格达峰的天池，就是王母居住的瑶池。

神话中的王母，本为著名的大母神。她之所以能成为创世大神，应与母系社会对人类的影响有关。据说她对人类有两大恩惠：一是掌有不死之药可救人不死；二是可使人类免于天灾和厉鬼之祸。可是，当我们把她同丝绸之路结合起来审视时，她则如一尊巨大的历史偶像，站立于西方，代表着西域诸多的少数民族和历史上曾经存在过的大大小小的国家，同中原进行着物质和精神方面的文化交流，为推进人类的共同进步而默默奉献。在传说中，为后羿提供不死之药的是她，与周穆王共觞于瑶池之上的还是她。故在史籍中，"禹学于西王国"（《荀子·大略》）。"帝舜有虞氏九年，西王母之来朝……献白环玉玦。"（《竹书纪年》卷上）"舜时，西王母献昭华之琯（玉管），以玉为之。"（《晋书》卷十六"律历志"）应当说她在建立西域与中原联系方面的功绩，并不逊色于以不死之药救人和使人类免于天灾厉鬼之祸的能耐。

黄帝在创世神话中原系天神皇天上帝，后成为中华民族共同的始祖及文明的创造大神——文化英雄。黄帝与西域的关系，首先如《山海经》所载，他来到人间，即把昆仑作为帝之下都。其次在于他作为天下共主，统领四方神，自然也包括西方。再次即如史书所言，他曾派泠纶西赴大夏，逐茄丰于玉门以西，建立了中原与西域的联系。

上面由创世神话引出几位中华民族所共有的始祖神，以及关于他们的神话传说。不难发现，他们的事迹中存在着一些共性，即不畏艰险，勇于探索和创造，致力于推动自然和人类的进步。如果认为在一种历史现象、一段历史过程中也可以概括出一种精神，那么，丝绸之路所具有的精神，则应与我们民族始祖精神相一致。

（原载《文博》1991 年第 1 期）

汉唐长安与丝绸之路

历史的看，汉唐长安似乎注定要与开创历史新时代、创造无数奇迹有着必然的联系，将两者联系起来的纽带便是连接古代亚洲大陆的交通线路——丝绸之路。在叙述汉唐丝绸之路之前，必须厘清几个关键词。

首先，"长安"的概念。《辞海》云：长安乃"①汉高帝五年（公元前202年）置县，七年定都于此。此后西汉、新、东汉（献帝初）、西晋（愍帝）、前赵、前秦、后秦、西魏、北周、隋、唐皆定都于此，东汉、三国魏、五代唐皆以此为陪都。西汉末，绿林、赤眉，唐末黄巢领导的农民起义军也曾建都此。汉唐时代，这里又是对外经济文化交流中心。西汉时城内有专为外国人设的居住区，唐侨居于此的外人，来自亚洲各地，远至波斯、大食，多时数以万计。故城有二：汉城筑于惠帝时，在今西安市西北，周围25公里；隋唐城筑于文帝时，号大兴城，包括今西安城和城东、南、西一带，周围36公里。唐末天祐元年（904年）迁都洛阳后，因城中民房大半被拆毁，于旧城北部改筑新城，奠定今西安城基础，今西安城筑于明初。②因西汉、隋、唐皆建都于长安，故唐以后常通称国都为长安。"此外，还作为县名（即陕西省长安县，今西安市长安区）、镇名（广西壮族自治区北部、融江西岸、枝柳铁路线上）、周武则天年号（701～704年）[1]。显然，

---

[1] 《辞海》，上海辞书出版社，1999年，第191页。其他词典，如《现代汉语词典》（修订本，商务印书馆，2000年）、《辞源》等也有类似解释。

本文限于第一种解释。

第二，丝绸之路[2]。《辞海》亦称丝路。指"古代以中国为始发点，向亚洲中部、西部及非洲、欧洲等地运送丝绸等物的交通道路之总称。1877年，德国著名地理学家李希霍芬最初使用该术语时，只指称从中原地区，经今新疆而抵中亚的陆上交通；后来，所指范围逐步扩大，以至远达亚、欧、非三洲，并包括陆、海两方面的交通线路。在现代学术界，该词被用做指称联结文化交流的代名词。通常认为丝绸之路可分为两类（陆上丝绸之路、海上丝绸之路）、三大干线：（1）草原之路主要由古代游牧民族开辟和使用，大致从黄河流域以北通往蒙古高原，西经西伯利亚大草原地区，抵达咸海、里海、黑海沿岸，乃至更西的东欧地区。（2）绿洲之路，主要通过亚欧大陆上的定居地区，始于华北，西经河西地区、塔里木盆地、再赴西亚、小亚细亚等地，并南下今阿富汗、巴基斯坦、印度等地。（3）海上丝路，开辟的时间晚于陆路，繁荣于中世纪以降，始于中国沿海地区，经今东南亚、斯里兰卡、印度等地，抵达红海、地中海以及非洲东海岸等地。近年来有些学者主张丝绸之路东端延伸至日本。"[3]本文所指丝绸之路与（1）、（2）释义相近，但还可以进一步延伸。其实，李希霍芬在《中国》中最早提出的 Seidenstrassen 是泛指公元前144～127年经我国西域地区连接我国与中亚阿姆河、锡尔河一带，以及中国与印度之间以贸易为媒介的诸道路。德国著

---

[2] 英语 Silk Road；法语为 La Route de la Soie；日语为绢の道或シルクロード。也有学者将丝路分为南北两路，均起自长安：南路经甘肃敦煌，沿昆仑山北侧的楼兰（鄯善，今若羌东北）、于阗（和田）、莎车等地，越葱岭（帕米尔高原），到大月氏（阿姆河流域中部）、大夏（今土库曼斯坦国境一带）、安息（波斯，今伊朗），再往西到条支（今伊拉克、叙利亚一带）、大秦（东罗马）等国和地区。北路经敦煌，沿天山南麓的车师前王庭（高昌，今吐鲁番）、龟兹（库车）、疏勒（喀什）等地，越葱岭北部，到大宛（费尔干纳等地）、康居（康国，今乌兹别克斯坦境内），再往西南经安息，而西达大秦。后世屡有扩展，并形成很多支道。总长达7000余公里。

[3] 《辞海》，第148～149页。

名东方学家阿尔巴特·赫尔曼于 1910 年、1915 年分别在《中国与叙利亚之间的古代丝绸之路》与《从中国到罗马的丝绸之路》中将丝绸之路延伸至叙利亚和罗马，至 20 世纪上半叶丝绸之路泛指公元前 2 世纪至 13、14 世纪古代东西方的陆路交通线路。尽管近年来出现很多新提法，如草原丝绸之路（通过北方草原游牧地区的路线）、海上丝绸之路或南海道（经过南方海上西行的线路）、西南丝绸之路（经四川、云南和西藏的道路），但原本意义上的丝绸之路仍指从长安出发，沿河西走廊西行的沙漠绿洲路线，而且按地理和政治内涵分为三大段：东段——自长安出发，经河西走廊至敦煌；中段——即西域段，在今新疆境内；西段——中亚和欧洲各国段。此条路线便是本文所要论及的。尽管也有不少人提出"玉石之路"、"宝石之路"、"佛教之路"、"陶瓷之路"等名称，但终究不能取代"丝绸之路"这个历久弥新的名字。

一　汉代长安——丝绸之路的通凿

考古资料和文献史料证实，早在汉代以前，"长安"即与遥远的外域有了贸易联系。距今一千七百多年前的西晋太康二年（281 年），河南汲县发现了战国时期的古籍《汲冢书》，其中的《穆天子传》以华美的辞藻栩栩如生地再现了西周王朝第五代君王穆王姬满从都城镐京（今西安市长安区）出发，乘坐着八骏马车神奇地穿越今陕西、河南、山西、内蒙古、宁夏、甘肃、青海、新疆等地，跨昆仑山西行至中亚细亚（今吉尔吉斯斯坦）一带的故事，反映早在三千多年前西安就有了与西北边疆地区及遥远西方往来的通道。岑仲勉先生在《"穆天子传"西征地理概测》（《中外史地考证》）中提出穆天子西行完全是沿着陆上丝绸之路东段北道的路线而行的。安阳殷墟、西安和宝鸡一带西周墓均出土大量和田玉，特别是 1980 年陕西扶风县西周宫殿遗址出土的两件蚌雕胡人头像即是证据。春秋、战国时期的西北地区，月氏人、戎狄、匈奴人、斯基泰人和秦人彼此消长。有学者提出，游牧或半游牧的匈奴人、月氏人和秦人曾利用途经河西走廊的中原与中亚或西域的交通要道，而秦人的名字和影响被最早带到西方。据玄奘《大唐西域记》卷十二记载，阿育王在位期间（约前268～前232年）即秦始皇即位前后，波斯国曾遣使来中国迎娶公主，途经塔什干一带即后来丝路必经之地。秦代的都城咸阳也有不少外域人士来往。据传说印度佛僧和一个名为骞霄国的美术家曾到过咸阳。这些早期不甚清晰的中外交往理应为随后的汉朝精英所了解，"汉承秦制"也不得不继承秦代的麻烦：长城以北强大的宿敌——欧洲人称之为"上帝的鞭子"的匈奴人。

　　史料证实，游牧在西北地区草原地带的匈奴人曾是穿越西北地带草原皮毛贸易之路的转运者。他们不时进犯汉境，索要丝绸、美女和重金，除了自己消费外，还要与其他游牧民族进行转运贸易，因此，随着贸易需要扩大，犯边愈加频繁。在汉武帝之前，皇帝们与匈奴人打交道时，显得相当的不自信。他们怀着恐惧的心理，采取屈辱的和亲与重金贿赂的方式小心翼翼地，尽量不惹怒屡屡犯边的匈奴人（汉朝先后给匈奴送去了八位宗室公主和数不清的财物），史料中类似的记载汗牛充栋，此处不再赘述。从这个角度看，汉高祖采纳戍卒娄敬的建议，弃洛阳而选择"被山带河，四塞以为固"、"美膏腴之地"的关中为都城所在地，并在今西安市西北建造都城，是英明正确的。因为从地理位置上看，它具有控制八方、瞻顾全局的气势与能力。凭借"左崤函、右陇蜀，沃野千里；南有巴蜀之饶，北有胡苑之利；阻三面而守，独以一面东制诸侯。……所谓'金城千里，天府之国'也"（《史记·留侯世家》）。汉初皇帝一方面与匈奴迂回虚诿，一方面休养生息，励精图治。当汉朝凭借长安优越的地理位置和肥沃的土地使得经济获得较大发展、政治制度变得稳固成熟之后，统治精英看待匈奴的态度发生了变化：心理上变得越来越强大，最终能够正视这个严重威胁帝国边疆的宿敌，并采取有效措施予以解决。这种变化发生在汉武帝时期。据《史记》记载汉武帝时期的经济和军事获得长足发展。长安成为当时世界上最大、最繁华的都市。华丽巍峨的宫殿（未央宫、建章宫、长乐宫）高高矗立在这个总面积九百七十三顷、周长六十五汉里的巨大城市中，一切重要政令都从这里发出，几乎所有惊心动魄的重大历史事件都在这里发生，几乎所有奇珍异宝都汇聚在这里。正如吴少征《过汉故城》云："天马来东道，佳人倾北方，何其赫隆盛，自谓灵宝长。"不仅如此，长安还是全国最为富庶的地区，"京师之钱，累有巨万，贯朽而不可校；太仓之粟，陈陈相因，充溢露积于外，腐败不可食"。就连卖浆卖油的小商小贩也是家累千金。尽管东汉张衡在《二京赋》、班固在《两都赋》中均对其奢华与过于繁荣予以严厉的批判，但不可否认京都长安的富庶与繁盛。国富带来的民族自信心促使武帝下决心不再忍受匈奴人带来的屈辱与痛苦。

终于在建元三年（前138年），汉武帝昭告天下，招募勇士西去遥远的地方寻找对匈奴无比仇恨的大月氏人，东西夹击匈奴。勇敢的城固青年张骞应招为使者，他带领二百多人，从长安出发，穿越河西走廊。接下来是耳熟能详的故事：张骞被匈奴人扣押达十年之久，始终没有忘记西行的使命，他精心地保存着代表汉使身份的节杖，并借机逃脱，继续向西，先后通过生产苜蓿、骏马和葡萄的大宛国、康居国，最终到达中亚阿姆河一带的大月氏居留地。然而，大月氏人拒绝与汉朝夹击匈奴，张骞失望而归，途中又被匈奴软禁一年多，最终于汉武帝元朔三年（前126年）回到长安。虽然带去的一百多人只剩下两人，但他记录下了沿途的山川地理和风土民情，特别是关于匈奴的情况，为武帝进一步打击匈奴提供了翔实可靠的情报。元狩四年（前119年），武帝再次派遣张骞出使西域，目的地是今新疆伊宁县以南的乌孙国。张骞派副使分别前往大宛、康居、大月氏、大夏等国进行联络。元鼎二年（前115年），张骞在数十名乌孙使者陪同下返回长安。公元前114年，张骞去世。次年，他派往各国的使者陆续返回长安，并带回了各国使节和各种各样的西域土特产。在此期间，先后有三十六个国家的使者来到长安，武帝也多次派遣使者前往西域。此后，以长安为始发地，穿越河西走廊，沿着今塔克拉玛干大沙漠北缘和南缘，汇于帕米尔高原，经由中亚、西亚直达地中海的东西方陆路交通线——丝绸之路正式打通。从此，汉朝和西域使者相望于道，张骞于是被赞为"凿空者"，苏联著名历史学家狄亚科夫在《世界古代史》中写道：张骞通西域在"中国历史上的重要性，绝不亚于美洲之发现在欧洲历史上的重要性"[4]。荣新江指出："张骞的凿空和甘英的远行，使东西方世界直接联系起来，这是时代英雄的创举，也是历史发展的必然，其结果是使得中国、印度、西亚和希腊罗马四大古代文明有了直接的交流和影响，此后，任何文明的发展再也不是相对孤立地进行了。"[5]

丝绸之路给长安城带来了新奇之物、新文化元素和全新变化。丝绸之路上的胡商将西域的动植物（葡萄、石榴、核桃、胡萝卜、苜蓿、良马、狮子等）运至长安，也将中原的丝绸和手工艺品、冶铁和凿井技术带回西方。令汉人惊奇不已的乐器（箜篌、羌笛、胡笳、琵琶、胡角、竽篥等）、幻术（变戏法，如鱼龙曼衍、海中砀极、吞刀吐火、自缚自解等）随着乐舞艺人和各国使者、商人汇集长安城，使得长安城成为一座堪与罗马城相媲美的国际化大都市。《后汉书》卷五一"李恂列传"载："西域殷富，多珍宝，诸国侍子及督使贾胡数遗恂奴婢、宛马、金银、香罽之属，一无所受。"皇帝们"经常性地接待所有西域王国的国王和女王们各自派遣的使节。在他们眼中看来，所有的西域王国都与某种天然的或人工生产的'方物'有关，由其使节们不时地带来作为奉献给天子的礼物。……再没有比这些经常携带有'奇兽'的使节更像一个流动的杂技团了。他们经常护送鸵鸟、猞猁狲和经训练狩猎的豹子入朝。但最多的是狮子，这是中国见不到的动物……［皇帝们］怀着极大的兴趣接受这些笨重的动物，作为回报而赏赐他们自然产品或在中国制造的物品（如丝绸）。"[6]

---

〔4〕 ［苏］狄亚科夫：《世界古代史》。

〔5〕 荣新江：《中古中国与外来文明》，三联出版社，2001 年，第 8 页。

〔6〕 ［法］阿里·玛扎海里著，耿昇译：《丝绸之路——中国—波斯文化交流史》，新疆人民出版社，2006 年，第 10 页。

因为丝路的发创与维护皆是政府行为，汉王朝最大限度地获得开放政策和丝路带来的丰硕成果，因此，皇帝和他的政府对此极为重视，在长安城内藁街设立蛮夷邸，专门安置来京的少数民族及邻国人士。《汉书·元帝纪》载："（建昭三年）秋，使护西域骑都尉甘延寿、副校尉陈汤挢发戊己校尉屯田吏士及西域胡兵攻郅支单于。冬，斩其首，传诣京师，悬蛮夷邸门。"颜师古注曰："蛮夷邸，若今鸿胪客馆。"与此同时，汉朝政府在西域设置西域都护府，进行有效管理；在交通沿线屯田拓疆，武装保护丝路的畅通，极大促进了汉朝与域外贸易的发展。《后汉书》卷八八《西域传》记载："驰命走驿，不绝于时月；商胡贩客，日款于塞下。"《洛阳伽蓝记》卷三也载："自葱岭以西，至于大秦，百国千城，莫不款附。商胡贩客，日奔塞下。所谓尽天地之区已。乐中国土风因而宅者，不可胜数，是以附化之民，万有余家。门巷修整，阊阖填列。青槐荫陌，绿柳垂庭。天下难得之货，咸悉在焉。"〔7〕商旅贸易活动及其带来的文化习俗对中国产生很大影响，构成当时社会的鲜明特色之一。

丝路的开通给长安带来了令人振奋的新气象，西域甘醇的美酒、剽悍的骏马、爽口的蔬菜、实用的植物、怪异的动物、盛开的苜蓿，极大地丰富了长安的物质和精神生活。其实，最大的受益者乃上流社会，如汉武帝自己喜好"四夷之乐，杂以奇幻"，以角抵奇变之戏招待那些远道而来的客人，还"行赏赐，酒池肉林，令外国客遍观各仓库府藏之积……而外国使更来更去"。丝路不仅完成了汉代皇帝们打击匈奴的政治军事目标，争取到了与域外直接贸易交流的主动权，而且开启了汉代长安与其他政治中心对话的通道，让封闭已久的黄土文明开始与异域的草原和海洋文明碰撞、对接，为后世丝路的延续与繁荣奠定了坚实基础。

---

〔7〕［魏］杨衒之撰，周祖谟校释：《洛阳伽蓝记》卷三，中华书局，1963年，第132页。

二 唐代长安——丝绸之路的繁荣

东汉之后，在魏晋南北朝至隋朝重新统一中国长达三百六十一年的战乱与纷争中，丝绸之路时断时续，奇迹般地穿越腥风血雨的层层阻碍，为迎接隋唐时期的辉煌积蓄着力量。

隋唐时期的长安历时七十二年建成（自隋文帝开皇二年即582年始建，至唐高宗永徽五年即654年建成），由宫城、皇城和外郭城三大部分组成，周长达36.7公里，南北向十一条街道、东西向十四条街道将整个城市连接为布局井然的网络系统。它不仅是国家规模与皇室权力之象征，也是民族精神的寄托，更是流光溢彩的华丽都市。唐太宗李世民在《帝京篇》盛赞其"秦川雄帝宅，函谷壮皇居"。从世界范围来看，长安规模宏大，各种人群和文化交汇，在物质和文化两大文明上高居世界之巅，堪与雅典、罗马、开罗、伊斯坦布尔等世界名都相媲美。美国学者谢弗在著名的《唐代的外来文明》中写道：当时长安面积约84平方公里，是汉长安城的2.4倍、约为罗马城的6倍、君士坦丁堡的7倍、巴格达的6.2倍。整个长安城充满了国际大都市的包容和谐氛围，宫廷和民间女士流行穿薄如蝉翼的波斯低胸衣裙，豪门雇佣着黑人奴仆，佛教、景教、摩尼教并兴。从人文方面看，唐代皇帝们的开放政策使得长安交通便利、经济发达、贸易繁荣、文化发达，呈现出雍容大气的皇家风范，弥漫着帝都文化的迷人气息，用"春容典雅"、"藻丽铿锵"、"大旬笼罩，气象万千"来形容实不为过。长安的文化事业空前发达，成为当代人最向往、最留恋，也给人以最大机遇的地方，更是有唐一代包括李白在内的文人墨客梦寐以求、心驰神往、魂牵梦绕的圣地。一批又一批士子满怀希望，浩浩荡荡奔向长安。晚唐诗人聂夷中《长安道》："此地无驻马，夜中犹走轮。所以路旁草，少于衣上尘。"《唐诗大辞典》统计唐代诗人有三千八百多人，几乎所有诗人都到过长安。在物质方面具体表现为城市、建筑、宫殿、园苑、宫廷气度、宴游生活、文酒之会等,在精神层面升华为思想、宗教、交游、送别、升迁、贬谪、节庆等活动,吸引着四面八方的人们。当代很多著名人物对他们伟大的都城高唱赞歌,单《全唐诗》就存录四千首以上与长安有关的诗歌[8],如王维在《和贾舍人早朝大明宫之作》中自豪地歌颂道:"九天阊阖开宫殿,万国衣冠拜冕旒。日色才临仙掌动,香烟欲傍衮龙浮。朝罢须裁五色诏,佩声归到凤池头。"显示出"气象阔大"、"高华典赡,无美不备"的澎湃气势,以及大唐臣子的圆满心态和开阔明朗的胸襟。刘禹锡在《插田歌》中盛赞:"长安真大处,省门高轲峨。"李白夸张地称"长安宫阙九天上"、"总为浮云能蔽日"[9]。今天的人们更是不吝笔墨,将长安誉为象征着国力强盛、疆土开拓、经济发展、文化繁荣、民族自豪感的"帝国之都"、"世界之都"、"世界的心脏",称它具有几乎覆盖整个东方精神文化遗产的宏大气魄,是中国人最值得追怀的历史时空,没有任何一座城市能够将其从丝绸之路的记忆中抹去。如今,透过大明宫遗址、大雁塔、小雁塔等丝路文化的标志符号,跟随博物馆里具有明显异域风情的精美器物,人们依稀可见唐长安城撼人心魄、深入骨髓的魅力,清楚感知丝绸之路——这流淌在民族文化血液里的活力——永远的基因。

　　丝绸之路恰如一条巨大的传输带,将遥远西域和世界其他地区的物产(珍禽异兽、珠宝香料、玻璃器皿、金银货币)、文化(音乐、舞蹈)、宗教、习俗(穿着、饮食)传入长安,为唐朝社会增添了很多新鲜元素,影响且改变着唐代人乃至后世中华民族的物质与精神世界。美国著名学者谢弗在《唐代的外来文明》中写道:"伟大的丝绸之路是唐朝通往中亚的重要商道,它沿着戈壁荒漠的边缘,穿越唐朝西北区边疆地区,最后一支抵达撒马尔罕、波斯和叙利亚。"[10]这一

〔8〕　王志清:《长安文化的精髓与王维诗歌的经典性》,《中华文化论坛》2003
　　　　年第2期。

〔9〕　《全唐诗》卷三五四,北京中华书局,1960年。

〔10〕　[美]爱德华·谢弗著,吴玉贵译:《唐代的外来文明》,中国社会科学院
　　　　出版社,1995年,第24页。

点不仅主宰长安城，乃至帝国命运的皇帝及其谋臣们深知丝路对于帝国政治、军事、经济、宗教的重要价值，他们对此予以高度重视。不仅专设鸿胪寺负责处理对外事宜，包括培养专门外交人才和翻译等，而且在长安城设立驿馆，留驻那些要求进入都城的异国人士[11]。据史料记载，从唐初到玄宗开元年间，曾有近四百个"四蕃之国"向唐朝朝贡过，即与唐朝有过外交使节来往。《通典·边防典》记载与唐朝发生关系的国家、政权和部族有一百八十九个。而据今人统计，当时与唐朝发生关系的国家和地区有三百多个，包括周边少数民族政权、周边内附少数民族部众，与唐有藩属关系的国家和独立政权，甚至远在"绝域"的国家。后者派出数量不等的使团，一般称作朝贡使。据统计，南亚、中亚和西亚来唐使团共343次，每团少则数人，多者可达数百人。其中康国三十四次，安国十八次，石国二十次，米国、曹国各十次，火寻四次，拨汗那二十六次，勃律国十六次，吐火罗二十七次，波斯三十四次，护密十一次，骨咄九次，罽宾十四次。唐太宗贞观时期，"四夷大小君长争遣使入献见，道路不绝，每元正朝贺，常数千人"[12]。唐朝将有贡使关系的国家分为五个等级，不同等级国家的使节有不同的待遇。使节初至，先由典客署"辨其等位"，确定不同的接待礼节。唐朝政府对使节的食物供应有不同的名目，除了"常食料"之外，还有"设食料"和"设会料"，即按使节所在国不同等级配给。陆路使节有"度碛程粮"，海路使节有"入海程粮"，程粮的供应主要依据路途远近。旅途所需时间的长短来供给。武周证圣元年（695年）颁发的诏书称："蕃国使入朝，其粮料各分等第给，南天竺、北天竺、波斯、大食等国使，宜给六个月粮，尸利佛誓、真腊、诃陵等国使，给五个月粮，林邑国使给三个月粮。"唐朝对朝贡使团有很多优惠政

〔11〕 鸿胪寺掌蕃客朝会吉凶吊祭，统典客、典寺、司仪等署令丞，典客署又有京邑萨甫二人、诸州萨甫一人。典寺署有僧祇部丞一人。司仪署又有奉礼郎三十人。

〔12〕《资治通鉴》，中华书局，1956年，第58页。

策和措施，如根据路程远近给付资粮，安排住宿，馈赠礼物（往往超过原进贡物品的价值），邀请参加皇帝举办的"宴集"。鸿胪寺官员负责接待前来朝贡的外蕃君长和使节，并为他们颁发十二枚上面刻有国名的雌鱼符，来使必须按照朝贡月份携带相应的鱼符。只有与唐朝内部另备的雄鱼符勘合后，来使身份才被承认。使者进京后由典客署负责安排馆舍与资粮供给。进贡物品具名数报于鸿胪寺，寺司验收后知会少府监，由他们聘请"识物人"（专家）进行真伪辨别和价值估算，再确定是否有必要奏送朝廷，以便作为出售或朝廷回赠的参考。使者返还，皇帝于朝堂上赏赐礼物，也由典客佐其受领，并教其行谢拜礼节。亦有不少唐朝使节、高僧从长安出发，前往中亚及其他地区。为了满足皇室回赠礼物和唐朝官员出访的需求，很多作坊都参与器物的加工制造，从华贵的丝绸面料、铜镜到书籍、钱币、纸张或火药等，极大地促进了唐代手工业的发展。

　　丝路兴盛与长安上层崇尚与追逐的新奇生活方式密切关联，后者是前者兴衰的晴雨表。来自西域的新奇别致的特产或转运商品迎合了不断追求时尚的唐朝宫廷及上层贵族的奢华需要。阿里·玛扎海里敏锐地指出："事实上，无论是在中国中原，还是在西域诸藩部，上层社会和行政当局都彼此互相需要。在伊朗，有时是国王亲自为某些商人（商行经纪人）提前数年垫付资本；有时又是商贾们联合起来向国王进贡，以便从他们那里获得从事某种季节性或定期的商业旅行的特权。最后，国库、国王以及市场对布帛、药品、小五金用品、中国瓷器和纸张等的经常性需要也是刺激丝绸之路上商人们兴趣和导致这些浩浩荡荡的使团每年都往返的原因。"[13]在丝绸之路正常运行的整个期间，也就是说在近两千年时间里，中国天子们一直不停地索求波斯马。西域王国和商人也经常奉送或用它们来运载商品。唐太宗鼓励臣属百姓打马球，这一竞技活动一时间兴于

---

　　〔13〕〔法〕阿里·玛扎海里著，耿昇译：《丝绸之路——中国—波斯文化交流史》，新疆人民出版社，2006年，第10、11页。

京畿内外，以至于有唐一代，皇帝和达官贵人相习成风。也正是皇帝和上层鼓励，长安城里西市胡人云集，景教堂、祆教寺、佛教庙宇、摩尼教寺穿插在城西里坊中，胡戏、胡店、胡音，繁杂而热闹。向达先生反复强调长安在太宗开元前后胡化之风甚盛。"第七世纪以降之长安，几乎为一国际的都会，各种人民，各种宗教，无不可于长安得之。太宗雄才大略，固不囿于琐微，而波罗毬之盛行于唐代，太宗即有力焉。开元、天宝之际，天下升平，而玄宗以声色犬马为羁縻诸王之策，重以蕃将大盛，异族入居长安者多，于是长安胡化盛极一时，此种胡化大率为西域风之好尚：服饰、饮食、宫室、乐舞、绘画，竞事纷泊；其极社会各方面，隐约皆有所化，好之者盖不仅帝王及一二贵戚达官已也"[14]。

不仅上层社会享受着丝路的便利与优渥，他们在家吃胡食、饮胡酒、穿胡服、着胡妆、用胡器、欣赏胡乐胡舞、享受着胡人仆役的周到服务，在外骑胡马、进行胡人运动（打马球），或多或少地从事与胡人有关的政治、军事、经济或文化活动，甚至与胡人同事谈笑风生[15]。市井间巷的普通百姓也能分享到丝路繁荣的影响，感受到开放都市和西域文化的便捷。有些流行于上层统治阶层的物品逐渐推及民间，如葡萄酒、石蜜、氍毹、舞筵、马匹等，一些民间工匠纷纷用陶瓷器，特别是用三彩器模仿外来金银器和宝玉器，或用便宜的布料仿制西域来的奇异服饰，卖给使用不起昂贵金银宝器或丝绸金帛的普通大众，这在一定程度上改变了唐人的生活方式和风俗习惯。

丝路兴盛也反映了当时西域对中国的需要（物质的、精神的），尽管有些学者认为中国相对离得开"西域"，但从唐玄奘的《大唐西域记》和贾耽《海内华夷图》来看，似乎也不尽然。史料记载，中国输往西方的物品有丝绸、瓷器、茶叶、大黄、生姜、纸张、麝香、

---

〔14〕 向达：《唐代长安与西域文明》，三联书店，1957 年，第 41 页。

〔15〕 如白居易诗中"青黛点眉眉细长"中的青黛及螺子黛系来自中亚的化妆品，备受唐代上层贵族妇女和宫女青睐。另外，还有域外的金银首饰、珠宝、织物等。

铜镜、铸铁火炉、饭锅、钢针、钳子、铁锉、火镰等小五金制品。这些都是地理大发现之前西方社会所追逐和需要的。以白居易的《阴山道——疾贪虏也》和张籍的《凉州词三首》为代表的唐代诗歌生动形象地描写了当时中西绢马贸易的盛景。

丝路兴盛更反映了西域宗教兴起与传布的需要，导致了当代主要宗教远距离的跨国传播：佛教、景教、摩尼教和伊斯兰教等穿越政治疆界和文化认同汇聚在长安，中外宗教大师汇聚一堂、精研教义，使得长安成为国际上著名的宗教中心，对于长安帝都政体、经济文化圈的形成与成熟产生了重要影响。

丝路远程贸易沟通了从东亚到欧洲的广大地区，极大地促进了技术、思想和文化艺术的横向交流与发展。这种跨时空的人口流动与融合，对京畿地区乃至整个帝国影响很大，特别是文化习俗的长期交互影响为统治中心带来很多新变化。

丝路兴盛使得长安几近胡化。"开元、天宝之际，天下升平，而玄宗以声色犬马为羁縻诸王之策，重用蕃将大盛，异族入居长安者多，于是长安胡化盛极一时，此种胡化大率为西域风之好尚：服饰、饮食、宫室、乐舞、绘画、竞事纷泊；其极社会各方面，隐约皆有所化，好之者盖不仅帝王及一二贵戚达官已也。"[16]胡风大盛，异域生活方式在长安城弥漫开来，闾里巷间尽见胡食、胡服、胡乐、胡舞、胡器、胡物、胡人，都城几乎成了世界时装的大展台，有趣的是"胡着汉帽，汉着胡帽"现象。这种全面胡化之风似要隐没了传统习俗，让唐代诗人颇不适应，元稹在《法曲》中发出无奈的怨叹："自从胡骑起烟尘，毛毳腥膻满咸洛。女为胡妇学胡妆，伎进胡音务胡乐。"

结　语

汉唐长安的发展历程与丝绸之路有着千丝万缕的联系，二者相

---

〔16〕　向达：《唐代长安与西域文明》，三联书店，1957 年，第 41 页。

辅相成，相映生辉。它作为一个特殊的文化符号，以其盖世的富足及其所象征、所代表的政治权力中心的巨大吸引力，与丝绸之路的兴衰结下不解之缘。可以这么说，汉唐长安催生了丝绸之路，成就了丝绸之路，也颓废了丝绸之路，反过来又被丝绸之路的兴衰轨迹所影响。正是这种相互影响与交融的复杂嬗变形塑了汉唐长安的文化特质和时代精神，在中古中华民族的民族精神和传统文化主体形成过程中起着极为重要的作用。

汉唐长安以宏富的内在特质——表现为象征大国"大美"气度的多元性、包容性，以开放的胸襟、民族自信心，敢于面对、引进和广泛吸纳陌生的异域文化，更以兼收并蓄的气量和创造热情使之本土化，映射出农耕文化与游牧文化长期而深入的相互渗透与交互影响。这种空前绝后的强盛民族心态与时代精神造就了以汉唐长安为中心的国际大都市气场，吸引并有选择地采撷世界各国（地区）人民的优秀文化元素，无论对当代还是后世均产生重大影响。

汉唐"大一统"帝国意识形态的最终形成即源于丝绸之路提供的跨国文化互动与交融，也使得汉唐皇帝怀柔远方的雄才大略和"华夷一家"的治国理念与波斯帝国、拜占庭帝国和阿拉伯帝国君王们的世界理想相互碰撞出交流的火花。

汉唐长安与丝绸之路就这样如此久远、如此紧密地结合在一起。这既是历史的必然，也是历史的选择。

（原载《丝绸之路——大西北遗珍》，文物出版社，2010 年）

汉唐宏观历史视阈下的丝绸之路

　　大量文献与考古资料证实，早在商周至战国时期，中原地区与中亚乃至更远西方就有着贸易往来。商周遗址出土的大量和田玉和胡人形象、新疆和中亚地区发现的丝织物与金属器物等即为例证。《穆天子传》也记载周穆王从今西安出发，穿越今陕西、河南、山西、内蒙古、宁夏、甘肃、青海、新疆等地，跨昆仑山西行至今中亚细亚（今吉尔吉斯斯坦）一带的故事。其西行路线与后来陆上丝绸之路东段北道大致相当。春秋战国时期，活动在西北地区的月氏人、戎狄、匈奴人、斯基泰人和秦人都从事过转运贸易。但史书明确记载的中外交通则始于西汉张骞凿空〔1〕。此后，丝路在通畅与阻

---

〔1〕　英语 Silk Road；法语为 La Route de la Soie；日语为绢の道或シルクロード。
　　　尽管近年来出现很多新提法，如草原丝绸之路（通过北方草原游牧地区的路线）、海上丝绸之路或南海道（经过南方海上西行的线路）、西南丝绸之路（经四川、云南和西藏的道路），但原本意义上的丝绸之路仍指从长安出发，沿河西走廊西行的沙漠绿洲路线，按方向分南北两路：南路经甘肃敦煌，沿昆仑山北侧的楼兰（鄯善，今若羌东北）、于阗（和田）、莎车等地，越葱岭（帕米尔高原），到大月氏（阿姆河流域中部）、大夏（土库曼斯坦国境一带）、安息（波斯，今伊朗），再往西到条支（伊拉克、叙利亚一带）、大秦（罗马）等国和地区；北路经敦煌，沿天山南麓的车师前王庭（高昌，今吐鲁番）、龟兹（库车）、疏勒（喀什）等地，越葱岭北部，到大宛（费尔干纳等地）、康居（康国，今乌兹别克斯坦境内），再往西南经安息，而西达大秦。按地理分布和政治内涵分为三大段：东段——自长安出发，经河西走廊至敦煌、中段——即西域段，在今新疆境内、西段——中亚和欧洲各国段。后世屡有扩展，并形成很多支道。总长达 7000 余公里。

断交替中一直延续至明清时期。它将古代世界主要文化系统——希腊罗马文化、印度文化、中国文化、波斯文化跨时空地连接起来，极大地推动了人类文明的融合与发展，被誉为"中西文化交流的大动脉"、"人类文明的运河"。这条绵延七千多公里，行经西北地区之陕、甘、宁、青、新等省（自治区）及内蒙古自治区西部地区的通道，在17世纪被德国著名地理学家李希霍芬冠以"丝绸之路"的名称（简称丝路）。在其存在、持续、发展、完善的一千五百多年历史中，作为开凿和巩固时期的汉代和最辉煌阶段的唐代尤为重要。因为这两个时代乃中国古代历史最鼎盛时期，统治精英们将丝绸之路置于以中央集权制为核心的统治体系中，通向西方的道路在中国与欧洲、波斯、阿拉伯世界、中亚和印度的经济文化交流、政治军事活动中不断延伸发展着。因此，在汉唐政治史构架下，从经济、军事、文化等方面对丝路进行宏观考察颇有裨益。

一　筚路蓝缕，丝路通衢

丝绸之路的开凿、维护与兴衰和汉唐政府的治国方略紧密联系。因为在前工业化的冷兵器时代，围绕丝路的每次重大军事或商业活动，必有严密的运输、组织与管理做保障，唯有强大的中央集权制度凭借皇帝的威信和政治能量才能快速而有效地聚集全国财力和兵力，因此，现存史料中与丝绸之路有关的历史记录多为官方史料，且属王朝认可的、反映国家建设的历史文献总体系中之有机组成部分，反映出其政治内涵和实用性。历代正史记录，如《史记》、《汉书》、《后汉书》、《魏书》、《新唐书》、《旧唐书》、《册府元龟》、《唐西域图记》、《海内华夷图》、《西域记》等；代表官方的记录有裴矩的《西域图记》、韦节的《西番记》、王玄策的《中天竺国记》、贾耽的《古今郡国县道四夷述》；被官方采用的有玄奘的《大唐西域记》、杜环的《经行记》等，确凿无误地反映了两千年来中国与外部世界联系的热情与动力。

（一）外交使命，丝路通凿——西汉王朝的首创之功

从丝路的通凿动机来看，它其实源于一次寻找军事同盟的外交行动。汉武帝时期，依靠"文景之治"时期奠定的财力，改变数十年取悦匈奴的"和亲政策"，准备以武力抗击匈奴，解决西北边境被长期扰袭的祸患，并借机向西北拓展。公元前130年，武帝派遣招募到的勇士张骞率领一支官方使团出使西域，寻找已西迁的匈奴宿敌——大月氏联合抗击匈奴。尽管大月支出于政治军事顾虑将张骞所代表的汉王朝的外交理想化为泡沫，但张骞亲身体验到匈奴的强大和西域物产之丰富。"西域诸国大率土著，有城郭田畜，与匈奴、乌孙异俗，故皆役属匈奴。"（《汉书·西域传》）"自乌孙以西至安息，近匈奴。"张骞以政治家的敏锐详细记录了沿途各国的政治制度、风土人情以及方物土产，使得久居黄土文明的汉人视野中那曾经模糊的域外意象得到了固定的比拟对象，也让汉武帝清楚地意识到与西域诸国接近所能带来的商业和军事利益会实现并丰富着帝国拓展的宏大战略，但匈奴不仅垄断着西域的贸易通道，而且已从西北和北部对西汉王朝形成一个巨大的扇形包围圈，钳制着西汉王朝向外发展的势头，这些都与汉武帝构想的扩边拓疆计划相抵触。侯甬坚认为："这一时期的西汉政府，开疆、固土两大任务同时在肩，相互倚重，如何将以自然资源为对象的开发活动同巩固边疆的战略紧密相联，就成为压倒一切的紧迫国事。"[2]因此，张骞打通的以长安为始发地，穿越河西走廊，沿着今塔克拉玛干大沙漠北缘和南缘，汇于帕米尔高原，经由中亚、西亚直达地中海的东西方陆路交通线，对于汉王朝和古代中国来说，其重要性甚至超过了美洲之发现在欧洲历史上的重要性。

于是，武帝开始一系列外交和军事行动。首先，避开强悍的匈

---

〔2〕　侯甬坚：《西汉政府在西北边疆开发中的投入》，《中国历史地理论丛》2002年第2期。

奴，尝试从西南部（四川边界）开辟与乌浒河（即阿姆河-Amu Darya）流域的交通路线，但由于地理上的阻隔与边疆蛮族的抵抗而无法实现。汉朝只好转向打通匈奴占据的由腹地至塔里木河及乌浒河一带的天然通道，武帝为此数次集全国之力，展开重击匈奴的大规模军事行动。最著名的是公元前127年、公元前121年、前117年卫青、霍去病率军三次大败匈奴，公元前121年、公元前111年先后在河西走廊建立武威、张掖、酒泉、敦煌四郡，从敦煌向西至盐泽（今罗布泊）修筑很多烽燧，巩固了从匈奴手中夺取的丝路咽喉地带。公元前121年，西汉政府在祁连山下设立五个属国，陆路交通至西域。此后，汉朝采取巧妙的外交策略与匈奴展开了争夺西域的激战，经过数十年的打击，至公元前60年（宣帝神爵二年），匈奴势衰且分裂，基本退出西域。公元前60年设西域都护府于乌垒城（今新疆轮台县境），作为汉政府在西域的最高军政长官，辖区西北至巴尔喀什湖，西南至喀喇昆仑山南北麓和帕米尔高原，并屯田充边，负责维护丝绸之路的安全与畅通，借此对西域诸国实施着政治、军事、经济影响，从第一任郑吉始至王莽末年废止，连续不断八十年，管辖着西域诸国（史料记载五十余国）[3]。西汉末政局动乱，丝路几度阻断，东汉明帝曾派窦固、班固率军重新打通丝路。至唐代，随着对西域经营规模的扩大及安西四镇、北庭都护府的设立，中央政府运用军事震慑、外交手段和文化政策成功地维持着在西域的统治，丝路也更加畅通无阻。

紧随军事胜利的脚步，武帝派出政治使团，遍及西域诸国，如元狩四年（前119年），武帝再次派遣张骞出使西域乌孙国。张骞派副使分别前往大宛、康居、大月氏、大夏等国进行联络，将丝绸等中国土特产带至安息、叙利亚、远至地中海沿岸。此后西域三十六

---

〔3〕 西域都护府管辖范围：东起敦煌以西，西达今费尔干纳盆地的大宛和帕米尔高原（即葱岭地区），南起喀喇昆仑山北麓，北达天山。乌孙因与汉朝联姻而直属中央政府管辖。

国使者来到长安，领略汉帝国的广大，武帝也多次派遣使者前往西域，以至于汉朝和西域使者相望于道。据《后汉书》卷八八"西域传"记载："驰命走驿，不绝于时月；商胡贩客，日款于塞下。"

（二）华夷一家，丝路繁荣——大唐王朝的成功经略

唐初的对外政策有些消极，政府禁止百姓出关。玄奘西行便是冒险偷过敦煌戍垒，自北山至哈密的艰难行程足以表明当时中国的封锁政策，力行遏制中西交通。但当玄奘返回时，唐朝政策已经发生了巨大变化。《新唐书》、《旧唐书》记载了唐朝在西域的军事与外交行动，突厥因此分裂、归附中央政府，唐朝的领土向西扩张至咸海，北至贝加尔湖和叶尼塞河中游。唐军在平高昌后设四镇，打通被壅遏的丝绸之路。"对于新开拓的西部疆土，隋唐王朝往往根据具体的情况，或设置州郡统辖于中央政权，或设置羁縻府州进行间接管理。"[4]同时采取移民屯垦、兴修水利和设置国家监牧区，既大力发展地方经济，解决驻军需要，也可供应沿途商旅。其政治威望和外交活动深入到中亚地区，丝路贸易及与其他文明的交往远比汉代繁荣。据《资治通鉴》卷一一六记载，至天宝十二年（753 年），"自安远门西尽唐境万二千里，闾阎相望，桑麻翳野，天下称富庶者无如陇右"的胜景。即使是高仙芝军队在塔什干附近被大食及其突厥盟军打败，失去与塔里木盆地的直接交通路线之后，唐朝戍将官守仍坚守四十年之久，且继续维持有序的管理，稳定社会秩序，发展灌溉农业，反映出唐朝组织力量的弹性与适应能力。

从汉唐历史发展轨迹看，往往看似和平的丝路商业贸易和文化交流背后隐藏着明显的政治动机和军事利益，因为它是"贯通欧亚大陆的动脉，是世界发展的中心。它把欧亚大陆的蒙古、塔里木盆

---

〔4〕 吴宏岐：《隋唐时期对西部地区的经营开发及启示》，《中国历史地理论丛》2002 年第 2 期。

地、准格尔、西藏、帕米尔、河中、阿富汗、伊朗、伊拉克、叙利亚、土耳其等地区连接起来，并使它们相互依存地发展起来。在此动脉中，大流士、亚历山大、汉武帝、唐太宗，以及贵霜王朝诸王、萨珊朝诸王、伊斯兰的教主们，还有蒙古的汗、帖木儿等，为了各自的野心而大为活跃"〔5〕。美国著名学者谢弗也指出："伟大的丝绸之路是唐朝通往中亚的重要商道，它沿着戈壁荒漠的边缘，穿越唐朝西北区边疆地区，最后一支抵达撒马尔罕、波斯和叙利亚。"〔6〕而丝路中断时期，商旅不通，物资积滞，消息闭塞，给社会经济发展造成消极影响。主宰长安城、乃至帝国命运的皇帝及其谋臣们深知丝路对于帝国政治、军事、经济、宗教的重要价值，并给予高度重视。

二 盛世国都 万象交融

汉代定都长安是采取积极拓边政策的反映，而唐朝仍都长安反映着对世界局势有着相同的认识。作为丝绸之路的起点，长安对两个王朝的影响极其深远。

（一）战略决策，都城长安——汉代的机遇与挑战

汉初的最大威胁是匈奴人。数十年的和亲政策（汉朝先后给匈奴送去了八位宗室公主和数不清的财物）不仅消耗着汉朝财富，也阻碍着朝廷拓疆扩张计划。从世界范围看，希腊、罗马、印度、波斯、伊斯兰等多种文明结合融荡，中亚和西亚地区也处在伊斯兰入侵之前政治军事反复震荡的时期。"欧洲和亚洲的文明这时却连成了一线。到公元100年，古典时代正值盛世，一连串的帝国从

---

〔5〕 李明伟：《丝绸之路研究百年历史回顾》，《西北民族研究》2005年第2期，第96页。

〔6〕 ［美］爱德华·谢弗著，吴玉贵译：《唐代的外来文明》，中国社会科学院出版社，1995年，第24页。

罗马（包括了整个地中海盆地）经安息和贵霜帝国到中国，形成了一条从大西洋到太平洋的不间断的文明地带。""而周秦以来关西地区一直是处在参与边疆多民族经济文化交流活动最便利的场所，是这一时期吸引远近各民族前来交往的巨大磁场和漩涡。"〔7〕无论是罗马帝国、安息帝国、贵霜帝国，还是西汉王朝，面对现实需要，都采取积极的策略和应对措施。西汉王朝都长安反映了汉朝皇帝向外发展的积极政策。"公元前2世纪到公元1世纪，欧亚大陆文明地带出现活跃现象，在国内局势稍安的形势下，与匈奴、大宛等民族的交往和利害关系，以及参与边疆乃至域外多民族经济文化交流的巨大吸引力，促使西汉王朝将对外发展的问题摆在了首位。关西东部的关中地区作为汉王朝向外发展最偏西的一块可靠基地，地处中国三大自然区结合部位，属于对外接触敏感的前沿地带，建都于此便于对外交流，同样也便于监视、掌控和控制其他民族的动向，这样，对内安全和对外发展两种空间指向非常巧合地落实在关中地区，自汉武帝开始即位，对内对外施展雄才大略，这两种指向就在关中长安由巧合转变为结合了。"〔8〕从这个角度看，汉高祖采纳成卒娄敬的建议，弃洛阳而选择"左崤函、右陇蜀，沃野千里；南有巴蜀之饶，北有胡苑之利；阻三面而守，独以一面东制诸侯。……所谓'金城千里，天府之国'也"（《史记·留侯世家》）。历史证明，长安作为都城成功地与西域三十六国和中亚诸国建立了外交、贸易、文化往来，并不断地延伸、拓展。因此，长安被誉为丝路起点是当之无愧的。

当汉朝凭借长安优越的地理位置和肥沃的土地使得经济获得较大发展、政治制度变得稳固成熟、军事力量足够强大之后，统治精英心理上变得越来越强大，采取果断的措施消除长久以来威胁帝国

---

〔7〕 侯甬坚：《定都关中：国都的区域空间权衡》，《陕西历史博物馆馆刊》第7期，三秦出版社，2000年，第147、148页。

〔8〕 同上，第148页。

的心腹大患。据史书记载，"京师之钱，累有巨万，贯朽而不可校；太仓之粟，陈陈相因，充溢露积于外，至腐败不可食。"就连卖浆卖油的小商小贩也是家累千金，这为战胜匈奴提供了物质保证。

（二）繁华都城，奇珍荟萃——唐代的创造与收获

汉唐长安城在物质和文化两大文明方面高居世界之巅，堪与罗马、雅典、开罗、伊斯坦布尔等国际化大都市相媲美[9]。丝绸之路恰如一条巨大的传输带，将汉唐帝国的万千气象远播至遥远的西方，同时将沿途地区的物产、文化、宗教、习俗带入长安，为汉唐社会增添了很多新鲜元素，影响且改变着汉唐人乃至后世中华民族的物质与精神世界。西方的动植物（葡萄、石榴、核桃、胡萝卜、苜蓿、良马、狮子等）、乐器（箜篌、羌笛、胡笳、琵琶、胡角、筚篥等）、幻术（变戏法，如鱼龙曼衍、海中砀极、吞刀吐火、自缚自解等）随着乐舞艺人和各国使者、商人也汇集长安城，使得汉唐长安城更加"气象阔大"，"高华典赡，无美不备"。这种澎湃气势与大唐臣子的圆满心态和开阔明朗的胸襟相映生辉。《全唐诗》存录的四千多首当代名人对他们伟大都城的赞歌充分说明长安既是国家规模与皇室权力之象征，也是民族精神的寄托[10]。

统治阶层对于外来事物与文化的接受和传播至关重要。他们既是"舶来品"的巨大消费群体，也是大规模对外交流与贸易活动的计划、组织和实施者。他们在西域的精心经营，保障了丝路的和平通畅，得到丝路沿线各国人士的认同、支持和参与。沿途住民或就地接待往来商旅，或带着方物，跟随驼队踏上漫漫丝路。西域的地方特产和伎人纷至沓来。"西域殷富，多珍宝，诸国侍子及督使贾胡

---

[9] 美国学者爱德华·谢弗在著名的《唐代的外来文明》中写道：当时长安面积约84平方公里，约是罗马的6倍、君士坦丁堡的7倍、巴格达的6.2倍，整个长安城充满了包容和谐的氛围。

[10] 王志清：《长安文化的精髓与王维诗歌的经典性》，《中华文化论坛》2003年第2期。

数遗恂奴婢、宛马、金银、香罽之属，一无所受。"（《后汉书》卷五一《李恂列传》）《洛阳伽蓝记》卷三也载，"自葱岭以西，至于大秦，百国千城，莫不款附。商胡贩客，日奔塞下。所谓尽天地之区已。乐中国土风因而宅者，不可胜数，是以附化之民，万有余家。门巷修整，阗阓填列。青槐荫陌，绿柳垂庭。天下难得之货，咸悉在焉。"[11]这种有序的文化碰撞必然产生巨大的影响，汉朝政府有计划地利用外来物品拓展本国的经济体系。美国著名东方学家劳费尔高度评价道："中国人的经济政策有远大眼光，采纳许多有用的外国植物以为己用，并把它们并入自己完整的农业体系中去，这是值得钦佩的。中国人是熟思、通达事理、心胸开豁的民族，向来乐于接受外人所能提供的好事物。在植物经济方面，他们是世界上最前列的权威。中国另有一独特之处：宇宙一切有用的植物，在那里都有栽培。"[12]可见，丝路贸易活动对汉朝政治制度和经济体系产生了深远影响。

也正是因为统治阶层的鼓励与支持，长安城里胡人云集，胡戏、胡店、胡音，繁杂而热闹，以至于长安在太宗开元前后胡化之风甚盛。向达先生指出："第七世纪以降之长安，几乎为一国际的都会，各种人民，各种宗教，无不可于长安得之。太宗雄才大略，固不囿于琐微，而波罗毬之盛行于唐代，太宗即有力焉。开元、天宝之际，天下升平，而玄宗以声色犬马为羁縻诸王之策，重以蕃将大盛，异族入居长安者多，于是长安胡化盛极一时，此种胡化大率为西域风之好尚：服饰、饮食、宫室、乐舞、绘画，竞事纷泊；其极社会各方面，隐约皆有所化，好之者盖不仅帝王及一二贵戚达官也。"[13]长安城闾里巷间尽见"胡着汉帽，汉着胡帽"，胡食、胡服、胡乐、胡舞、胡器、胡物。全面胡化让唐代诗人颇为不适应，元稹的《法曲》"自从胡骑起烟尘，毛毳腥膻满咸洛。女为胡妇学胡妆，伎进胡

---

〔11〕［魏］杨衒之撰，周祖谟校释：《洛阳伽蓝记》（卷三），中华书局 1963 年，第 132 页。

〔12〕［美］托尔德·劳费尔：《中国伊朗编》。

〔13〕向达：《唐代长安与西域文明》，三联书店，1957 年，第 41 页。

音务胡乐"也只是无奈的喟叹而已。

（三）胡风盛行，汉唐盛世——丝路的鼎盛与影响

丝路兴盛与汉唐上流社会崇尚与追逐的新奇生活方式密切关联，上层对外来器物的喜好与追求所产生的巨大需求是丝路贸易的原动力。阿里·玛扎海里敏锐地指出："事实上，无论是在中国中原，还是在西域诸藩部，上层社会和行政当局都彼此互相需要。在伊朗，有时是国王亲自为某些商人（商行经纪人）提前数年垫付资本；有时又是商贾们联合起来向国王进贡，以便从他们那里获得从事某种季节性或定期的商业旅行的特权。最后，国库、国王以及市场上的经常性对布帛、药品、小五金用品、中国瓷器和纸张等的需要也是刺激丝绸之路上商人们兴趣和导致这些浩浩荡荡的使团每年都往返的原因。"[14]在丝绸之路正常运行的整个期间，也就是说在近两千年期间，中国天子们一直不停地索求波斯马。西域王国和商人也经常奉送或用它们来运载商品。

汉朝的皇帝们"经常性地接待所有西域王国的国王和女王们各自派遣的使节。在他们眼中看来，所有的西域王国都与某种天然的或人工生产的'方物'有关，由其使节们不时地带来作为奉献给天子的礼物。……再没有比这些经常携带有'奇兽'的使节更像一个流动的杂技团了。他们经常护送鸵鸟、猞猁狲和经训练狩猎的豹子入朝。但最多的是狮子，这是中国见不到的动物……［皇帝们］怀着极大的兴趣接受这些笨重的动物，作为回报而赏赐他们自然产品或在中国制造的物品（如丝绸）。"[15]如汉武帝自己喜好"四夷之乐，杂以奇幻"，以角抵奇变之戏招待那些远道而来的客人，还"行赏赐，酒池肉林，令外国客遍观各仓库府藏之积……而外国使更来更去"。唐朝皇帝们接待外国使臣的场面更令人震撼。王维在《和贾

---

〔14〕 ［法］阿里·玛扎海里著，耿昇译：《丝绸之路——中国—波斯文化交流史》，新疆人民出版社，2006 年，第 10~11 页。

〔15〕 同上，第 10 页。

舍人早朝大明宫之作》中自豪地歌颂道："九天阊阖开宫殿，万国衣冠拜冕旒。日色才临仙掌动，香烟欲傍衮龙浮。朝罢须裁五色诏，佩声归到凤池头。"乾陵墓前的六十一尊蕃臣像，李贤墓出土的《礼宾图》壁画等不一而足。

不仅上层社会享受着丝路的便利与优渥，他们在家吃胡食、饮胡酒、穿胡服、用胡器、欣赏胡乐胡舞、享受着胡人仆役的周到服务，在外骑胡马、进行胡人运动（打马球）、或多或少地从事与胡人有关的政治、军事、经济或文化活动，甚至与胡人同事谈笑风生。街头的普通百姓也能分享到丝路繁荣的影响，感受到开放都市和西域文化的便利。一些民间工匠纷纷用陶瓷器，特别是用三彩器模仿外来金银器和宝玉器，或用便宜的布料仿制西域来的奇异服饰，卖给使用不起昂贵金银宝器或丝绸金帛的普通大众。

汉唐朝政府以"四夷可使如一家"的博大胸怀和足够的自信对胡人采取平等、友好之政策，国家的富庶与繁华吸引着很多胡人流连忘返，如丝路贸易的担当者——粟特人。汉朝政府在长安城内藁街设立蛮夷邸，专门安置来京的少数民族及邻国人士。《汉书·元帝纪》载："（建昭三年）秋，使护西域骑都尉甘延寿、副校尉陈汤矫发戊己校尉屯田吏士及西域胡兵攻郅支单于。冬，斩其首，传诣京师，悬蛮夷邸门。"颜师古注曰："蛮夷邸，若今鸿胪客馆。"据史料统计，唐王朝曾与三百多个国家和地区有交往，每年入唐的外国人络绎不绝。主要有肩负外交与朝贡使命的使臣、传教的僧侣、追求知识的学者和学生、经商谋利的商人、谋生的奴仆或艺人。他们多来自突厥、回鹘、吐火罗、粟特、大食、波斯、天竺等北方和西方地区。唐朝政府不仅专设鸿胪寺负责处理对外事宜，包括培养专门外交人才和翻译等，而且在长安城设立驿馆，留驻那些前来要求进入都城的异国人士[16]。与唐

---

〔16〕 鸿胪寺掌蕃客朝会吉凶吊祭，统典客、典寺、司仪等署令丞，典客署又有京邑萨甫二人，诸州萨甫一人。典寺署有僧祇部丞一人。司仪署又有奉礼郎三十人。

朝发生关系的国家和地区有三百多个，朝贡使往来不断。据统计，中亚、西亚、南亚共遣使团三百四十三次，每团少则数人，多者可达数百人。唐太宗贞观时期，"四夷大小君长争遣使入献见，道路不绝，每元正朝贺，常数千人"[17]。鸿胪寺官员负责接待前来朝贡的外蕃君长和使节，并为他们颁发十二枚刻有国名的雌鱼符，来使必须按照朝贡月份携带相应的鱼符。只有与唐朝内部另备的雄鱼符勘合后，来使身份才被承认。唐朝将有贡使关系的国家分为五个等级，按等级予以不同待遇。使节初至，先由典客署"辨其等位"，按不同等第确定接待礼节、安排住宿和食物供应（分为常食料、设食料和设会料等；还按来华路线分陆路使节"度碛程粮"、海路使节"入海程粮"），程粮供应主要依据路途远近及旅途所需时间长短来供给。武周证圣元年（695 年）颁诏曰："蕃国使入朝，其粮料各分等第给，南天竺、北天竺、波斯、大食等国使，宜给六个月粮，尸利佛誓、真腊、诃陵等国使，给五个月粮，林邑国使给三个月粮。"典客署将进贡物品具名数报于鸿胪寺，寺司验收后知会少府监，由他们聘请"识物人"（专家）进行真伪辨别和价值估算，再确定是否有必要奏送朝廷，以便作为出售或朝廷回赠（往往超过原进贡物品价值）的参考。使者返还，皇帝于朝堂上赏赐礼物，也由店客佐其受领，并教其行谢拜礼节。有些重要来使还被邀请参加皇帝举办的"宴集"。为了满足皇室回赠礼物的需求，很多作坊都参与器物的加工制造，从华贵的丝绸面料、铜镜到书籍、钱币、纸张或火药等。

唐朝政府任用很多异族官员。据史载，太宗朝中的异族官员竟占三分之一。向达先生认为："开元、天宝之际，天下升平，而玄宗以声色犬马为羁縻诸王之策，重以蕃将大盛，异族入居长安者多，于是长安胡化盛极一时，此种胡化大率为西域风之好尚：服饰、饮食、宫室、乐舞、绘画，竞事纷泊；其极社会各方面，隐约

---

〔17〕《资治通鉴》，中华书局，1956 年，第 58 页。

皆有所化，好之者盖不仅帝王及一二贵戚达官已也。"[18]大量胡人的出现对唐代社会产生了重要影响。

服饰饮食：宫廷和上流社会是胡风的倡导者与引领者。唐墓出土的大量带外来风格的金银器、玉器、陶瓷器（三彩器）、胡人俑器物，以及壁画上描绘的胡服、胡食、胡器、胡乐、胡舞、狩猎场景（骆驼、猞猁、驯豹）、马球图等。先学们在这方面的研究已非常周尽，此处不做赘述。

宗教：唐朝政府采取宗教宽容政策。丝路兴盛更反映了西域宗教兴起与传布需要，导致了当代注重宗教的跨国传布：佛教、景教、摩尼教和伊斯兰教等穿越政治疆界和文化认同汇聚在长安，景教堂、祆教寺、佛教庙宇、摩尼教寺穿插在城西里坊中，中外宗教大师精研教义，使得长安成为国际上著名的宗教中心，对于长安帝都政体、经济文化圈的形成与成熟产生重要影响。

乐舞：西域乐舞也是近年来学者研究的热点问题，学者们普遍认为西域乐舞对汉唐中国传统乐舞的影响非常大，如胡腾舞、胡旋舞、拓枝舞、苏幕遮舞等。最著名的莫过于唐玄宗对外国歌舞的热情与创造力。此外还有一些竞技运动，如马球曾风靡帝国全境。上至皇帝，下至臣属百姓相习成风。很多皇亲贵胄等都成为马球高手，马球也成为外交礼仪的一部分，如与突厥队的比赛。

三　结语：王朝沧桑　丝路永存

穿越雪山冰河、绿洲沙漠的丝路远程贸易沟通从东亚到欧洲的广大地区，极大地促进了技术、思想和文化艺术的交流与发展，把中国与亚洲大陆的政治经济文化连接成一个特殊的人文系统。西域饮食、服饰、动植物、纺织物、装饰物等奇珍异宝极大丰富了长安的物质和精神生活。胡人跨时空地流入京畿地区给当地文化习俗、

---

[18]　向达：《唐代长安与西域文明》，三联书店，1957年，第41页。

组织结构、城市布局等带来新变化。丝路实现了汉唐皇帝们拓疆扩边的政治军事目标，争取到了与域外直接贸易交流的主动权，开启了与其他政治中心对话的通道，让封闭已久的黄土文明开始与异域的草原和海洋文明碰撞。

汉唐社会的发展历程与丝路沉浮息息相关。二者相辅相成，相映生辉。汉唐政府创造并维护着丝路，若政局动乱，政府无暇顾及丝路，丝路衰落或被阻断；另一方面，丝路的兴衰轨迹也影响着汉唐社会各个方面。正是在这种相互影响与交融的复杂嬗变型塑了汉唐长安的文化特质和时代精神，在中古中华民族的民族精神和传统文化主体形成过程中发挥着极为重要的作用。因此，政府不遗余力地维护丝路的畅通，如将秦始皇时期为抵御匈奴而修建的防御性长城扩展为"亭障相属"的进攻性屏障、移民屯边、设立地方政权的新统治政策成为汉朝实施政治军事扩张战略的强力支持，以图最大限度地获得开放政策和域外贸易带来的丰硕成果。杨建新、芦苇指出："沿长城的亭障，实际上是为丝绸之路设立的供应粮食的驿站和军事警卫的哨所，它为确保丝绸之路上来往使者、商贾们的安全和食宿起着重大作用。"[19]如果失去中央集权制度的强有力保护，丝路命运不堪设想。东汉至魏晋南北朝动乱时期，内政松懈，政权频迭，丝路几度中断，匈奴重新控制西域诸国和丝路贸易，边境骚乱。后汉政府被迫多次采取军事行动，恢复丝路通畅和西域秩序，继续向中亚发展。班超的军事行动和外交策略不仅恢复了丝路的繁荣和后汉的威势，并开拓了穿越红海和印度洋、通过大秦或叙利亚远至波斯湾的水路贸易。魏晋南北朝动乱时期，中原政府无力支持在西域的政治军事统治，但地方政权维持着局部的丝路贸易。

隋唐重新统一后，军事打击和外交斡旋的对外政策在与西北边疆地区及邻近的突厥、吐蕃、回鹘等关系中继续发挥作用，丝路盛极一时，对汉唐帝国中央集权制国家也起着巨大的推动作用。丝路

---

〔19〕 杨建新、芦苇：《丝绸之路》，甘肃人民出版社，1988 年，第 26 页。

贸易刺激了国内经济发展和管理机构功能的提升，西方的物质文明和精神文明丰富着、影响着汉唐庞大的社会结构，大量胡人——昭武九姓、印度、波斯、阿拉伯人、突厥、回鹘等对汉唐社会的影响从饮食、服饰、宅居、节庆、娱乐、音乐舞蹈、文学艺术，乃至政府组织、社会结构、精神信仰等诸多方面，推进着民族融合的多元社会和文化结构以及多民族国家的形成，"特别是在我国西部发生的以汉文化为依托、以丝绸之路为背景的民族交融，形成了统一的中华民族心理和国家观念。这种文化的认同对我国西北、西南边疆的开拓与稳定，有着极其重要而深刻的意义"。[20]

汉唐帝国通过丝绸之路塑造着大国"大美"气度的多元性、包容性、开放性，大规模引进并有选择地采撷世界各国（地区）人民的优秀文化元素，融合到历史悠久的传统文化系统中，映射出农耕文化与游牧文化长期而深入地相互渗透与交互影响。这种空前绝后的强盛民族心态与时代精神造就的以汉唐长安为中心的国际大都市气场，对后世产生了重大影响。汉唐"大一统"帝国意识形态的最终形成即源于丝绸之路提供的跨国文化互动与交融，也使得汉唐皇帝怀柔远方的雄才大略和"华夷一家"治国理念与波斯帝国、拜占庭帝国和阿拉伯帝国君王们的世界理想相互碰撞出交流的火花。而这些交往、交流、互动、互补，有效地推动了人类历史的进程，至今还在影响着世界。

（原载《文博》2010 年第 3 期）

---

[20] 李明伟：《丝绸之路研究百年历史回顾》，《西北民族研究》2005 年第 2 期。

"唐代壁画珍品馆"与国际合作

在陕西历史博物馆（下简称陕历博）所藏数十万件文物中，当数青铜器、金银器、陶俑和唐墓壁画四类藏品数量集中且最具特点。若追溯其历史渊源，是因为这几类文物诞生的朝代，大都在陕西建都。

如果说青铜、金银器和陶俑三类文物在其他一些省（市）的博物馆也多有收藏的话，收藏着大量唐墓壁画则是陕历博独有的一份殊荣。

中国古代壁画指绘制在建筑（包括宫殿邸宅、寺观洞窟和墓葬三种形式）墙壁上的美术作品，这种独特的传统艺术，反映了中国古代特定时期和特定民族的信仰崇拜和风俗时尚。唐代壁画墓大多数发现于陕西，主要集中在以西安市为中心的唐长安城及其附近，基本上都是皇亲国戚和官僚权贵的墓葬，壁画绘于墓中的墓道、过洞、天井、甬道、墓室的壁面上，描绘墓主人生前的生活场景和美好理想，表达着生者的情感和对死后另一世界的期盼，洋溢着对生命、对自然的热爱和赞美，闪耀着大唐文化浓重的人文色彩。

西安及附近墓葬揭取的壁画主要收藏在陕历博、陕西省考古研究院、西安博物院和昭陵博物馆等单位，其中以陕历博收藏最多，所藏壁画540余幅、1000多平方米，仅一级品就有100余幅。这些壁画分别揭取于20余座唐代贵族墓葬，从20世纪50年代揭取的咸阳底张湾万泉县主薛氏墓壁画、西安李爽墓、苏思勖墓壁画，60年代揭取的永泰公主墓壁画，70年代揭取的章怀太子墓、懿德太子墓、李寿墓、李凤墓、房陵公主墓壁画，80年代揭取的唐安公主墓、南里王村唐墓壁画，90年代揭取的新城公主墓壁画，一直到2003年揭取的淮南大长公主墓壁画、2009年揭取的贞顺皇后陵壁画，壁画数量之多、等级之高、保存状况之好、时间序列之完整，在全国乃至全世界都是绝无仅有的。欣赏这些珍贵的画面，如同观看一部由生动线条和缤纷色彩构成的百科全书，唐时的建筑风格、装饰特征、人物形象、服装发式，以及宫廷礼仪的森严、狩猎出行的壮观、外交礼仪的郑重和运动场上的激烈尽收眼底，包括了有关唐代宫廷生活的方方面面。

作为最有特点的藏品种类，陕历博自1991年建成开放时，曾在东展厅中展出过40幅唐墓壁画。因展厅的光线、温湿度、空气质量和柜内微环境等保护条件有限，又很快撤展归入库中。长时期以来，很多重要来宾和专家学者都将进入壁画库一睹这些珍品的风采视为在陕历博的一种特别的礼遇。将馆藏壁画中的精品公开展出是陕历博筹建时即有的愿望，但由于壁画陈列技术条件要求高，耗资巨大，未能实现。自1998年起，馆里开始报送可行性研究报告，争取到了将其列为全省重点项目并由省财政按投资总额四分之一予以补助的承诺。

1999年11月，陕历博决定申请意大利政府贷款建设壁画馆，得到省政府相关部门认可，由省财政厅上报财政部并给予担保。接着，财政部同意唐墓壁画馆项目利用意大利政府贷款，意大利外交部合作发展司派遣专家来馆考察评估，形成了申请90亿里拉意大利政府援助性贷款和将其中32.7亿里拉（约合1555万人民币）转为赠款的意向。

在此基础上，按照陕历博原有的利用东部地下展厅建设唐墓壁画馆的规划，开始了筹备工作。2001年12月7日省文物局下发我馆《关于唐墓壁画馆有关事项的批复》，指出，第一要立即着手唐墓壁画馆设计方案的招标，第二成立唐墓壁画馆建设领导小组，办公室设在我馆，组织并负责项目的实施，唐墓壁画馆项目自此正式启动。

在陕西省发改委、陕西省文物局等上级单位和有关领导的支持下，2002年4月，陕历博完成了壁画馆项目可行性研究报告和总体设计。2003年9月，中、意两国政府正式签署谅解备忘录，确定中、意合作的条款，并且得到省领导的肯定和有关部门的大力支持。该项目计划投资总额为7300万元人民币，其中意大利无息贷款403万欧元，陕西省政府补助资金1800万元人民币。根据项目的设计方案，唐墓壁画馆建筑面积4200平方米，展线总长800多米，计划展出壁画近百幅。目标是建设一座管理科学、设施先进、功能齐全，集壁画保护、修复、展览、科研为一体的专题展览馆。但由于贷款程序十分繁复，项目一度进展缓慢。

这里要特别感谢意大利原驻华大使孟凯蒂先生。2005年4月，他来西安参加在陕历博举办的"长安与罗马"展开幕式时，曾认真考察了壁画馆建设的前期准备工作。2006年3月，我任陕历博馆长不久，在与分管壁画馆项目的马振智副馆长、壁画馆筹建办苏东辉主任等人去北京向财政部汇报并与中机公司沟通相关问题时，曾前往意大利驻中国大使馆拜访孟凯蒂大使，表达了加快壁画馆建设速度的愿望。后来听说，他在回国述职时曾为促进此事做了不少努力。意大利文化遗产部部长布提廖内、现任驻华大使谢飒也为推进壁画馆建设做了重要的推进工作，也是值得特别致谢的人。

2006年，壁画馆项目取得了突破性进展。9月，中意双方就国际招标文件达成一致，11月完成了设备的国际招标工作。2007年1月9日，壁画馆开工典礼隆重举行，2007年11月进入正式施工阶段，2010年基本完成土建装修工程和设备安装工程，2010年4月开始，从意大利采购的壁画展柜到场并开始安装，至2010年10月全部完成了柜安装，并开始陈列装饰工程。为了如期开馆，我馆文保专家从2006年就开始壁画修复工作，到2010年6月完成了上展壁画的修复工作，目前正在进行上陈布展工作。

在壁画馆筹建过程中，我馆还与意大利驻华大使馆合作发展处举办了两次高水平的壁画保护与修复国际研讨会。第一次是2009年

4月，议题为"壁画修复——在原材料基础上的艺术品修复方法"。意大利驻华大使谢飒（此时孟凯蒂大使已经离任）、驻华大使馆合作发展处处长陈大龙、意方项目负责人莫瑞纳、陕西省政府副省长景俊海和副秘书长姚超英、陕西省文物局局长赵荣出席了这次研讨会。会上，来自佛罗伦萨大学、罗马文物保护中心、都灵国际修复学院等机构的专家与我馆的同行们进行了广泛的交流，各方发言都很精彩。第二次是2010年4月，主旨是探讨"唐墓壁画的保护方法、修复技术及相关理念"。在这次会议上讲演与发言的有来自佛罗伦萨硬石艺术品研究所主管与专家、都灵 La Venaria Relae 修复学校校长、ICOROM 项目特别顾问、博洛尼亚大学教授、担任陕历博唐墓壁画项目修复培训班教学负责人的意大利专家，还有我馆从事壁画研究与保护的专家等。在此次会议上，部分中外专家还就"已揭取壁画保护的几个问题"进行了自由讨论与交流，提出了很多颇有见地的意见与建议。与会的意大利专家还倡议由陕历博、意大利驻华大使馆合作发展处、锡耶纳 CERR、罗马文物保护修复学院、佛罗伦萨硬石艺术品修复研究所、都灵皇家威内拉利亚修复学校、博洛尼亚大学及 ICOROM 共同组建唐墓壁画保护修复中心的合作意向。

今年6月20日，在陕历博新馆建馆20周年之际，唐墓壁画珍品馆将正式对外开放。按照已经确定的陈列方案，计划展出壁画97幅，相关文物18件（组），其中有宏伟美观、体现大唐建筑风格的阙楼图，有场面宏大、尽显皇室威严的仪卫图、列戟图，有描绘宫廷生活的狩猎出行图、马球图、乐舞图，有容貌姣好、婀娜多姿、伺奉于宫廷的侍女图，还有记录当时外交活动的客使图等。

壁画馆设在陈列楼东侧地下展厅，参观者沿阶而下，恰似由现代步入神秘大唐王朝的时光隧道。而展厅内的环境、装饰及设备，又使人充分感受着现代化的氛围；恒温、恒湿环境自动控制系统，使人无论在何时进入，都能感受到春天般的气息；依墙通顶而立的巨型展柜，具有独立恒温、净化、密闭系统；若明若暗的柜内 LED 光源，更衬托出古代壁画的神秘与珍贵；三维虚拟场景，人机互动的多媒体技术，高清晰度的放映厅，又使壁画馆在浓浓的古代韵味中彰显出现代科技的优势。

唐代壁画珍品馆的建成开放，完善了陕历博的基本陈列体系。即以陕西古代文明为主题陈列，彰显陕西古代文化遗存的丰富性、完整性与系统性；以大唐遗宝与唐代壁画珍品馆为专题陈列，体现陕西古代文化遗存的独特性、唯一性与至高性。

唐代壁画珍品馆将于 2011 年 6 月 20 日正式开放，这一天正值陕历博建成开放 20 周年。在这个值得纪念的日子即将到来时，谨向二十年来给予陕历博一如既往支持的各级领导、文博界同行，向为陕历博付出心血的馆内同仁，向为壁画馆建设作出贡献的意大利政府与意大利各界朋友致以诚挚的谢意。

（原载《文博》2011 年第 3 期）

十年磨一剑

——陕西历史博物馆唐代壁画珍品馆

唐墓壁画是陕西历史博物馆（以下简称"陕历博"）最具特色的藏品，将馆藏壁画中的精品做成展览公开展出是陕历博多年的愿望，但由于壁画陈列技术条件要求高，耗资巨大，故一直未能实现。经过长期的酝酿论证，1999 年，中意双方达成合作意向，提出利用意大利政府软贷款和原来陕历博预留的地下展厅，建设唐墓壁画馆的设想。根据此设想，陕历博开始筹备工作。2001 年 12 月 7 日陕西省文物局下发陕历博《关于唐墓壁画馆有关事项的批复》，指出，第一要立即着手唐墓壁画设计方案的招标，第二成立唐墓壁画馆建设领导小组，办公室设在陕历博并负责项目的实施，这标志着唐墓壁画馆项目正式启动。此后在陕西省计委、陕西省文物局等上级单位和有关领导的支持下，2002 年 4 月，陕历博完成了壁画馆项目可行性研究报告和总体设计。2003 年 9 月，中、意两国政府正式签署谅解备忘录，确定中、意合作的条款，并且得到省领导的肯定和有关部门的大力支持。该项目计划投资总额为 7300 万元人民币，其中意大利无息贷款 403 万欧元，陕西省政府补助资金 1800 万元人民币。根据项目的设计方案，唐墓壁画馆建筑总面积 4200 平方米，展线总长 800 多米，计划展出壁画近百幅。目标是建设一座管理科学，设施先进，功能齐全，集壁画保护、修复、展览、科研为一体的现代化艺术展览馆。但由于贷款程序的繁复，项目一度进展缓慢，后经多次与意大利驻华大使孟凯蒂、意大利文化遗产部部长布提廖内等人沟通，2006 年该项目最终有了突破性进展。2006 年 11 月完成了设备的国际招标工作，2007 年 11 月进入正式施工阶段，2009 年基本完成土建装修工程和设备安装工程，2010 年 4 月开始，从意大利采购的壁画展柜到场并开始安装，至 2010 年 10 月全部完成了展柜安装。2011 年 6 月 20 日，陕历博新馆建馆 20 周年之际，唐墓壁画珍品馆正式对外开放。

一　全国唯一大规模集中展示唐代壁画的
常设专题展馆

1. 建立壁画专题展馆方案的提出

陕历博所藏壁画主要来自于西安及附近墓葬揭取的 20 余座唐代贵族墓葬，所藏壁画 1000 多平方米，540 余幅，仅一级品就有 100 余幅。从 20 世纪 50 年代揭取的咸阳底张湾万泉县主薛氏墓壁画、西安李爽墓壁画、苏思勖墓壁画，60 年代揭取的永泰公主墓壁画，70 年代揭取的章怀太子墓、懿德太子墓、李寿墓、李凤墓、房陵公主墓壁画，80 年代揭取的唐安公主墓、南里王村唐墓壁画，90 年代揭取的新城公主墓壁画，一直到 2003 年揭取的淮南大长公主墓壁画，2009 年揭取的贞顺皇后陵壁画，壁画数量之多，等级之高，保存状况之好，时间序列之完整，在全国乃至全世界都是绝无仅有的。欣赏这些珍贵的画面，观者好像面对着由生动线条和缤纷色彩构成的百科全书，内容几乎包括有关唐代宫廷生活的方方面面。

由于壁画保护对展厅的光线、温湿度、空气质量和柜内微环境都有极其严格的要求，所以长时期以来，只能深藏在库中，无法正式面对广大观众展出。1991 年陕历博建成后，曾在东展厅中展出共 40 块面积较小的壁画。因保护条件有限，很快归入库中，以至于很多重要来宾和专家学者都将进入陕历博壁画库中参观视为一种特别的礼遇。因此，建立一座集保护与展示为一体的唐代壁画展馆十分重要与迫切。世纪之初，陕历博提出了建立壁画专题展馆的思路，并用了十年的时间实现了这一想法。今天，一个大规模集中展示唐代壁画的展馆在陕历博建成开放，与此同时，一个了解唐代历史文化的窗口也随之建立。

2. 全面的文物保护修复使壁画的集中展出成为可能

陕历博收藏的壁画，揭取时间不同，加固方法多样，修复标准存在差异，文物保存现状不一。这些因素对唐墓壁画的展陈提出了很高的标准。为了更好地保护这些壁画，同时体现展示效果，从2006年起陕历博文保工作者就开始了上展壁画的修复保护工作。根据每幅壁画不同情况，此次修复内容主要有表面污染物的清除；原支撑体的更换、矫正；制作隔离层；颜料层、地仗层的加固和修复；缺失地仗层的补缺等等。修复工作从2006年10月开始到2010年6月结束，共分为三个阶段。2006年10月~2007年12月，进行壁画现状调研、病害分析、修复方案设计等一系列研究过程。2008年1月~2009年12月，完成上展壁画修复55幅，合计121.64平方米，其中涉及更换支撑体壁画16幅，合计25.96平方米，支撑体加固壁画3幅，合计10.5平方米。2010年1月~2010年6月修复壁画35幅，合计面积90.52平方米。这次大规模的壁画修复是非常慎重的，仅方案调研、论证、制定就达一年半之久，并且定下了一条大的原则，即争议较大的技术和方法尽量少用或不用，以保守修复为主。此次修复前期准备充分，中期有方案调整与讨论，最后有总结，修复保护慎重而科学。

3. 数字图像采集为壁画多元化展示及研究建立基础

壁画的数字图像采集是以高清晰数字图像形式对唐代壁画珍品馆上展文物进行记录。这些采集素材将为数字博物馆、文物数字复制等提供基础素材。在经过调研考察、方案制定后，2011年3月至8月，唐代壁画珍品馆的数字图像采集工作实施并完成。

经过四个月工作，共完成158幅唐代珍贵墓葬壁画的数字图像采集，建立了高精度的壁画图像资料库，为实现建立唐墓壁画馆数字博物馆打下了坚实的基础。同时高精度数字图像的其他应用的探索也逐步展开，本项目的成果已经在壁画的复制、数字化浏览等方面得到了初步应用。相信在不久的将来，观众将能欣赏到基于网络平台浏览的数字化的"唐代壁画珍品馆"。

二 创新的管理模式

以往博物馆藏品管理与展览是相对独立的两项工作，也分别由博物馆不同的业务部门来实施。针对唐墓壁画保护的难度和特殊性，为实实在在进行文物保护工作，高效的利用各方资源，更好地展示文物，陕历博在"唐代壁画珍品馆"的管理运行上提出了全新的管理模式。

1. 建立集陈列、保管、保护、研究为一体的唐墓壁画保护中心

唐墓壁画保护中心，工作内容涉及壁画的陈列保管、保护规划、修复实施、数字化工作、人才培养等方面，这种模式打破了旧有文物管理中的条块分割，也是将传统的保管部转化为文物保护科技中心的初步尝试，人才培养及科研都取得了一定的成果。

2. 建立保管、文保、设备、陈列等多项职能协作的壁画保护安全监察机制

实行壁画保护安全监察制度，建立以预防为主的保护模式。成立壁画馆文物保护工作小组，施行经常性监测管理工作。对壁画本体及壁画保存环境进行定期检查、汇总分析、提出建议、研究对策和及时处理，确保壁画安全。专门安排四名壁画保管人员和三名壁画保护修复人员，定期进行安全保护检查工作。规定每周五下午三时前向文物保护工作小组提交本周安全保存环境监察报告和保存安全监察报告。发现紧急状况及时通报主管领导。对于提交的监察报告，相关职能部门必须及时给予回应。

三 内容和展览形式的完美结合

唐墓壁画馆作为展示特殊文物的专题陈列展览，在我国尚无可循的经验。唐墓壁画珍品馆是在陕历博多年工作经验的基础上，通过总结与尝试，从展览内容、展览形式、文物安全、文物搬运等各方面进行了多种尝试，实现了内容与形式结合，保护手段先进，展示效果突出，已成为壁画集中展示的典范。

1. 展览内容设计特点鲜明，主题突出

展览内容以时间为顺序，以墓葬为单元，集中展示了 14 座墓葬的 97 幅壁画，均是馆藏壁画中的精品。为了更好地解读壁画，还挑选了 22 件与壁画同墓葬出土的文物或与壁画内容相关的文物作为补充。展柜四面通透，位于展线的中部，观众可以从不同方位来欣赏文物，对壁画内容有更深层次的理解。另外，为了配合上展壁画，展出相关的传世绘画（复制品），便于观众比较和理解，以满足不同层次观众的需求。

2. 展览形式设计大气高雅，富于变化

唐墓壁画珍品馆的展览设计是由中意双方专家合作完成，主要有以下特点：整体色调以灰色为主，显得高雅凝重；除展览壁画的通柜之外，还有独立柜、灯箱等不同形式的展柜，丰富了展厅效果；由于地下展厅层高不足，为了展出大幅壁画，经过修改设计将地面下沉，在满足大幅壁画展出的同时，还取得模拟地下墓道的效果。

3. 以壁画保护为重点的展示方式

由于壁画的特殊结构，"唐墓壁画珍品馆"中展陈的每幅壁画均有陈列支架作为支撑，并从安全角度考虑，将支架制作为上仰 5°倾角，从而确保了壁画能够长时间安全陈列，而不会因重力的作用使得壁画支撑体变形。

陈列支架的设计以文物安全为第一位，同时兼顾陈效果。经过反复论证各种边框的优缺点，并结合多年壁画收藏的经验，大家一致认为抛弃传统的固定边框形式，采用完全分离的边框，这样可以大大减轻壁画搬运的重量，使得壁画的搬运、上架、调整、撤换容易操作并相对安全。而且，分离式的边框形式也适合于多样性的壁画支撑体结构。在确定了支架和边框的总体方案之后，我们开始了对边框形式、结构、颜色等做具体设计。经过多次讨论和修改，最终决定支架采用内部角铁结构支撑，按壁画尺寸制作支撑横梁，边框则以活动画框形式，外露的支架部分则以展台形式遮挡。画框及展台整体颜色采用接近展柜色彩的深灰色。

四 全方位的文物保护手段

唐代壁画珍品馆设在陕历博陈列主楼东侧地下展厅，参观者延阶而下，恰似由地面步入神秘的古代墓道。在营造恰当的文物展出氛围的同时，唐代壁画珍品馆也以现代化的技术手段为壁画营造出最适合存放的温湿度和照明环境。唐代壁画珍品馆的设备和陈列条件，已达到世界一流博物馆的水平。

1. 以文物安全为前提的文物上展流程

唐墓壁画上展难度大、风险高，又无经验可借鉴，需要慎之又慎。经过仔细研究，反复模拟后，确定程序严格的上展方案，最终顺利完成了任务。

壁画的本体脆弱，幅面大，最高一幅4.3米，多幅面积在10平方米左右。画面十分脆弱，不能碰触，搬运和安装十分困难。搬运前，我们总结以前经验，定制了壁画搬运专用车。搬运时，给每幅壁画量身定制保护罩，将制作好的保护面罩与壁画四周的支撑体用拉紧带、螺栓等连接、固定。

安装时，针对不同结构不同支撑体区别对待。馆藏上展壁画结构极其复杂，可以说集合了目前所有可见墓室壁画的加固结构，从石膏支撑体到金属支撑体，无所不有。在确保安全的情况下，充分考虑到每幅壁画的个体特征，采用最牢固、美观的办法进行了固定。

2. 独立、密闭的展柜系统

展柜的钢板使用无烟环氧灰涂料处理，金属门和玻璃门在支撑结构的隐蔽区域都有金属棒和铰链连接，展柜整体通过背板钢管支撑并连接到墙体上，保证柜体连接紧固，且起到基本防震作用。展柜正面的玻璃采用高透光率的无色玻璃，厚度约 13 毫米，玻璃柜门采用合页连接，旋转开启，最大开启角度约 90 度。玻璃四周有一圈特殊的密封条，当玻璃门关闭后，保证展柜内外的空气完全隔绝。柜内所使用的化学物品包括金属结构件的无放射性环氧涂层和无气体排放的中性密封硅胶，以上材料均符合文物保护的技术要求。

展柜内部空气质量控制由一套特殊的空气循环系统完成，按照唐墓壁画保护的环境要求，通过中控系统调节，达到最适宜壁画保存的外围环境。常年维持温度 20 ± 2℃，相对湿度 55% ± 5%。

柜内空气通过过滤装置、湿度调节装置实现净化及湿度的控制。空气过滤装置循环过滤柜内气体，通过预防性过滤、活性炭过滤及两重微粒过滤的四层过滤系统，可有效过滤柜内空气中的煤灰颗粒、尘土颗粒、挥发性气体、油雾等可能附着在壁画表面的颗粒物，预防壁画表面污染。柜内温度由展厅空调系统整体控制。柜内湿度范围由循环系统控制，湿度可调范围为 50% ~ 80%，在可调范围内设定柜内湿度区间。当湿度低于设定下限时，湿度控制系统加湿器气路上的球形阀开启，加湿系统开始加湿，湿度达到设定湿度后，5 号球形阀关闭。当湿度高于设定上限时，湿度控制系统硅胶颗粒气路上的球形阀开启，硅胶颗粒开始除湿，湿度达到设定温度后，6 号球形阀关闭。以上各系统在出现故障时有 LED 灯及声音报警，展厅内有工作人员定时巡视，加湿系统定期加水，过滤系统每年更换一次过滤芯。

长期以来，壁画的陈列放环境、展示方式与壁画保护之间存在着相互牵连又相互影响的诸多问题。壁画的陈列需突出画面内容，而普通高显色性的照明光源均为含紫外光或热光源，长时间的照射必然对文物造成损害。近年来，LED 技术发展突飞猛进，因为其具有高效、节能的优点而被广泛采用。在博物馆陈列技术上，也因其具有无紫外、红外的优点而备受关注。唐代壁画珍品馆就特别为壁画展陈定制了展柜 LED 光源作为照明光源。由于壁画展柜的深度限制，壁画的照明角度较小，为达到更好地展出，个别壁画在柜外补光，补充光源为同色温的 LED 光源。同时，利用 LED 灯与感应灯的转换，尽量减少壁画的见光时间，确保每一幅壁画展示时光照度在30lux 以下。

3. 无线环境监测系统

为了及时了解壁画柜内陈列环境及展厅参观环境的技术参数，唐代壁画珍品馆内还安装了"无线环境监测系统"。通过该系统，可以即时了解展柜及展馆内的温度、湿度、二氧化碳浓度、光照度、氮氧化物浓度、降尘浓度等文物保护的重要技术指标。该系统首先通过架设无线传输信号网实现对壁画馆整个展区的信号覆盖，在信号区内可任意增设和更换监控节点，监测信号通过网络传输到办公区域，可随时了解文物保存环境状况。同时还设有偏离设定值的报警系统，为以后实现环境自动控制打下基础。

五 文化遗产保护领域中外合作的典范

唐代壁画珍品馆是当年 18 个中意合作项目中最先启动的一个项目，也是目前唯一完成的项目。该项目的国际招标文件被意大利方面作为其他项目的范本。项目内容除壁画馆建设外，还包含了壁画修复培训、学术交流等。

1. 展览形式设计合作

意大利在壁画展出方面有着丰富的经验，尤其是在展览形式设计，展出设备等方面在全世界都保持领先。2003 年，中意两国政府正式签署谅解备忘录后，唐代壁画珍品馆建设进入实质阶段，展览形式设计也随之展开。在充分调研基础上，中意两国专家对壁画展出形式、壁画展出专用展柜、壁画照明等方面进行了反复设计和调整，其中许多技术应用尚属首次。

2. 文化遗产保护合作

伴随壁画馆建设，中意双方专家学者在博物馆学、考古学、文物保护学等方面进行了多次交流活动。双方本着深刻了解、互相学习的精神就修复工具、材料、理念及中国唐墓壁画艺术价值、历史意义、古代工艺、现代修复技术等方面展开探讨，力求寻取一条唐代墓葬壁画异地保护的最科学方法。

期间以数幅具有典型病害并需要及时采取保护措施的馆藏壁画为对象，进行了 X 光、紫外、红外、显微等多种科学观察方法的调查研究，并使用超声波、激光等技术设备，在壁画保护流程、壁画现状记录、壁画病害分析、壁画清洗方法、壁画加固方式、壁画陈列艺术等方面均取得了丰硕的成果，并为日后的长期合作奠定了基础。

2009 年 10 月，作为唐墓壁画珍品馆建设的一部分，为期两年的"中意合作壁画保护研修班"正式开课，参与授课的包括中国和意大利在壁画保护方面成绩卓著的专家学者。研修班课程包括了西方绘画史、考古史、修复理念、修复心理学、清洗方法、支撑体技术等众多领域。通过课堂宣讲和实践交流，为壁画保护工作提供重要的参考并得到一些启发和思考。

3. 学术交流

为更好更全面地开展壁画保护的学术交流，陕历博与意大利驻华大使馆合作发展司已先后两次在西安举办了关于唐代墓葬壁画的研讨会，分别是：2009 年 4 月 24 日召开的"壁画修复：物质文化艺术作品的修复方法"研讨会及 2009 年 4 月 28 日、29 日召开的"唐墓壁画的保护与修复——探究与认知"研讨会。

参加会议的有意大利罗马修复中心、佛罗伦萨修复中心、都灵修复中心、ICCROM（国际文化遗产修复保护研究中心）、陕西省考古研究院、秦始皇陵兵马俑博物馆、西安文物保护修复中心、汉阳陵博物馆、西北大学、陕西师范大学等全国著名文博单位的数百名专家学者。中意两国的学者本着互相借鉴、互取所长、共同发展的原则就唐墓壁画的保护展开广泛而深入的探讨。与会意大利多家文物保护机构表达了与陕历博就唐墓壁画保护方面进行深层次合作的意愿。研讨会还采用远程视频连线的方式与远在意大利罗马修复中心的壁画保护学者进行交流。通过网络连线的方式，不但能直接进行语言交流，同时也能进行图片和多媒体演示，与会专家在肯定研讨会成果的同时对这种新型的会议模式表示赞赏。

唐墓壁画珍品馆是陕历博挖掘自身藏品优势，宣传弘扬中华优秀传统文化，实现"三贴近"原则，在文化遗产保护领域的重大举措。在各级领导部门的大力支持下，建成对外开放，是我省发展文化事业发展的一大成就，凸显了陕西文化大省的重要地位，对弘扬和传播陕西深厚的历史文化内涵具有很大的推动作用。

（《中意合作古代壁画保护与研究学术研讨会论文集》，2012 年）

博物馆记忆：藏品中关于中阿文化交流的信息

　　中国古代与今阿拉伯地区有着持续而密切的经济、文化联系[1]，反映这种联系丰富性与长久性的实物证据构成了博物馆藏品中引人注目的类别。作为"丝绸之路"的起点，古都西安及周边地区博物馆收藏的反映唐朝与阿拉伯世界文化交流的文物数量巨大，种类繁多。据《册府元龟》记载，阿拉伯与唐朝的联系发生在651～800年，除了655～681年间外，即哈里发·阿里和穆阿维叶统治时期，因国内不稳定和内乱而中断了与中国的联系。据统计，白衣大食（伍麦叶王朝）共遣使17次，黑衣大食（阿巴斯王朝）共遣使15次，所贡之物分5大类，包括马匹、方物、器物（宝钿带、宝装玉洒池瓶、金线织袍等）、珍稀动物（豹）、龙脑香等香料与药材等。

---

〔1〕　有关研究著作与文章有冯家升：《从历史上看阿拉伯和中国的友好关系》，《新华月报》1955年第10期；阎文儒：《从考古发现看阿拉伯国家与中国友好关系》，《文物参考资料》1955年第9期；马坚：《中国与阿拉伯悠久传统友谊关系》，《人民日报》1958年8月5日；纳忠：《中世纪中国与阿拉伯的友好关系》，《历史教学》1979年第1期；张君彦：《早期中国与阿拉伯世界的关系》，《阿曼专题研究论文集》1980年；沈福伟：《中国和阿曼历史上的友好往来》，《世界历史》1982年第1期；张广达：《海船来天方，丝绸通大食：中国与阿拉伯世界的历史联系的回顾》，周一良主编：《中外文化交流史》，河南人民出版社1987年；国外学者有叙利亚学者卡米勒尔·雅德：《中国与阿拉伯国家之间的历史关系》，《历史研究》1958年第11期。

本文讨论的是博物馆藏品中反映中阿文化交流内容的部分，如陶瓷器、金属器、玉器、壁画等。这些形象或图像与历史文献中俯首可拾的记载相互印证，共同构架出唐朝三百余年历史时空中胡人[2]出现及产生影响的动态画面。

一 使者与商人：中阿文化交流的参与者

在中阿文化交流中，使者和商人起到了重要作用。他们最初怀着追求财富、学习和通使的目的而来，先知穆罕默德曾说过"学问虽远在中国，亦当求之"。唐对外贸易发达，海陆丝绸之路畅通无阻，不断有阿拉伯和波斯胡商来华，多留居在长安、扬州、杭州、广州等地。

阿拉伯使者最早何时到唐朝？有些学者相信穆罕默德时期曾派遣阿拉伯使团到过长安[3]，但《册府元龟》记载的朝贡始于唐永徽二年（651年）八月，至天宝十载（751年），计21次，期间经历了大食共和哈里发和白衣大食时期。唐朝则是高宗、武周、中宗、睿宗、玄宗五个皇帝。大食第三代共和哈里发奥斯曼在位时期（644～656年）开始遣使到唐朝，而第四任哈里发阿里继位后则断绝了与唐朝的联系。661年伍麦叶王朝建立，681年叶齐德一世恢复对唐遣使。而黑衣大食的朝贡起自天宝十一年十二月至贞元十四年，共9次，其中天宝年间共6次，贡献马、方物、香料等。虽然这些使者涉沙历险，克服重重困难，最终到达唐朝并履行了职责，但他们的事迹在官方史料中被一笔带过，图像、实物资料也很少见。

---

[2] "胡人"是一个复杂而动态发展的概念，泛指具有"深目高鼻多须"体貌特征的西域民族之统称，即中亚、西亚以及葱岭以东我国西北地区的西域诸国人，特别是昭武九姓粟特人、波斯人，或者说以伊朗语系为核心的中亚（西域）人。

[3] ［苏丹］加法尔·卡拉尔·阿赫默德著，金波、俞燕译：《唐代中国与阿拉伯世界的关系》，《新疆师范大学学报》2004年第6期，第42页。

　　而阿拉伯商人则有所不同（有些也肩负着外交使命）。阿拉伯民族商业发展较早，并且得到他们的极度推崇，一则阿拉伯谚语曾如是说："世界上有三件大事非大智大勇之人不可做，即泛商经商、君主执政、抗击敌人。"到异国他乡去经营贸易，从事商贸尤其被他们所提倡。因此，经商成为阿拉伯人最擅长的职业之一。他们通过丝绸之路从事珠宝、香料、药材、丝绸、茶叶、玻璃器皿等长途贸易。由于特殊形象和超凡能力，唐宋传奇、文人笔记和杂集将他们加工成很多"胡人识宝"的故事。故事中的阿拉伯商人知识渊博、慧眼如炬、勇敢坚定、知恩图报、聪明伶俐、善良正直、诚实守信等。如裴铏的《传奇·崔炜》描写了一老胡愿用十万缗换书生崔炜偶得的明珠。崔炜问为什么如此值钱，老胡说："此大食国宝阳燧珠也。昔汉初赵佗使异人航海，盗归番禺。今已千载矣。我国有能玄象者，言来岁国宝当归。故王召我具大舶重资，抵番禺而搜索，今果有所获矣。"遂出玉液而洗之，光鉴一室。胡人遽泛舶归大食去。此类带有浓郁阿拉伯文化痕迹的胡人识宝故事在《太平广记》等书中还有许多记载。如《魏生》故事中的胡商也具有奇异的识宝能力。

　　唐朝到底有多少阿拉伯商人？目前尚无确切数字。但文献记载，唐宣宗年间（847～859年）"有几万之阿拉伯商人不绝来往于广东"经商贸易。广州成为"阿拉伯人的汇集地"，对两国经济、政治和文化产生了极为深远的影响。留居唐朝的阿拉伯商人繁衍生息，有的甚至还入仕唐朝。例如《全唐文》载："大中初年，大梁连帅范阳公（宣武军节度使卢钧）得大食国人李彦升，荐于阙下。天子诏春司（礼部）考其才，二年以进士第名显。"（卷七六七）

　　至于阿拉伯人的形象怎样？据《册府元龟》卷九六〇"土风二"载，大食国"男肤黑色，多须，鼻大而长，似婆罗门。妇人白皙"。从考古资料看，这种深目高鼻多须的阿拉伯人在陶瓷俑、壁画中亦有发现，如胡人牵驼俑、胡人骑驼俑、白瓷胡人头、白瓷抱瓶胡人等。

　　葛承雍先生曾说："胡人俑是雕塑艺术中的一个独特的造型，而艺术恰恰是人类一种重要的沟通工具，能够使不同民族走到一起来，从相识、相知到相互理解和尊重。陶俑雕塑为历史提供了不可磨灭的证据，是古代'纪实雕塑'的凝固影像，是当时历史进程中的艺术积淀和人物见证，是最能使人信服的记录和文物意象。……启发人们思考人类交往中的双向理解，共同关注未来创造的生活，包含着我们今天的对外开放与融入世界。"〔4〕而章怀太子墓壁画《客使图》那位秃头使者被认为是拜占庭使者，他们是否是因为阿拉伯人入侵而来唐朝开展外交活动？

二 文明的输入：从阿拉伯地区传入的物品

中国从阿拉伯地区引进了很多物产，包括椰枣树、刺桐、茉莉花、押不卢、根刀菜等。阿拉伯商人在中国贩卖的商品主要有香药、犀角、象牙和珠宝，以及骏马、骆驼（单峰、双峰）、香料（乳香、没药、茉莉油、阿末香等）、琉璃器、彩饰丝绸、宝石等。我们从考古发现的阿拉伯金银币及阿拉伯灭拜占庭和萨珊波斯后仍使用的两国货币中能窥其一斑。

1. 货币类

（1）阿拉伯金币（3 枚）

1964 年西安西窑头村唐墓出土〔5〕。两面皆为库法体阿拉伯文，铭文除了《古兰经》经文外，还有"这第纳尔铸于××年"字样。正面中间三行为《古兰经》第九篇第三节内容，"安拉之外无神，他是独一无二的"。边缘一周为"穆罕默德是安拉的使者，安拉以中正的道和真理的教遣派了他，必定使他战胜了其他一切宗教"。背面中间三行为《古兰经》第一百二十篇第一到八节内容："安拉是唯一的。安拉是永恒的。他不生育，也不被生。"边缘一周是"以安拉的

---

〔4〕 乾陵博物馆编：《丝路胡人外来风——唐代胡俑展》，文物出版社，2008年，第 23 页。

〔5〕 夏鼐：《西安唐墓出土的阿拉伯金币》，《考古》1965 年第 8 期。

名义，这枚第纳尔铸于八十又三年"。

古钱币专家们认为阿拉伯人最初没有铸币，采用的是被征服的萨珊和拜占庭的币制。后来便铸造出"阿拉伯—拜占庭式"和"阿拉伯—萨珊式"铸币。696～697年，伍麦叶王朝第五代哈里发阿布杜勒·马里克改革币制，发行了阿拉伯人自己的第一种金第纳尔。根据伊斯兰教义，不允许铸币上出现人像或动物像，仅铸阿拉伯文，这种币制被称为改革后的铸币。这三枚金币就是这类，不仅是第一次发现的伍麦叶王朝金币，也是我国出土的最早的伊斯兰货币。

（2）东罗马金币〔6〕

希拉克略（610～641年）皇帝时，东罗马被阿拉伯人所灭。目前发现的与阿拉伯有关系的东罗马金币多为仿币。如1956年西安土门出土的一枚希拉克略币仿制品，夏鼐先生根据阿拉伯国家兴起后的政治形势推断，大致为中亚国家仿制于7世纪中叶，而徐苹芳先生认为是阿拉伯人仿制的，因交易缘故流入中国。而真正的希拉克略金币1970出土于西安何家村窖藏，正面为库斯老皇帝正面半身像，背面为十字架，象征神权与王权的结合。1981年西安枣园唐墓亦出土一枚东罗马金币仿制品，两面各模压一深目高鼻浓须、额上有一圈连珠纹的胡人形象，应为装饰物。

对于外来的金银币或仿制品的功能与用途，学者们持不同意见，但归纳起来不外乎有以下几种：流通币、葬仪品、宝物、贡物、装饰品、礼物（赏赐、赠与、布施）。用外国金银币作为陪葬品或装饰物，与当时流行的胡服、胡物、胡食等胡风胡化现象一样，反映了唐朝社会多元文化融合的盛世景象。

2. 玻璃器

7世纪，阿拉伯占领地中海东岸后，伊斯兰玻璃匠吸收了这一地

---

〔6〕 罗丰：《中国境内发现的东罗马金币》，《中国钱币学会丝绸之路货币研讨会专刊》，2004年；《关于西安东郊唐墓所出东罗马金币仿制品的讨论》，《内蒙古金融研究》钱币文集，第4辑。

区的玻璃制作工艺。除了生产与罗马玻璃很难区分的薄壁贴丝器皿外，他们还生产罗马玻璃中不常见到的贴花器皿。最常见的贴花装饰为圆形饰，以及星状饰（六角形、五角形或三角形）等。法门寺博物馆藏有法门寺地宫出土的 20 余件伊斯兰风格琉璃器。任新来认为它们是伊朗内沙布尔地区生产的，系 9 世纪阿拉伯帝国强盛时期阿巴斯王朝的产品〔7〕。除了西安何家村出土的玻璃器外，陕西历史博物馆还征集了一批同类风格的琉璃器。

虽然目前尚未发现阿拉伯金银制品的直接证据，但带有西方造型和纹饰的金银器可能是由波斯工匠或他们指导下的中国或其他国家工匠制作的。一些波斯金匠可能是从大食统治地区逃离出来的，他们所熟练使用的捶揲、掐丝、纹饰鎏金、炸珠等工艺，及贵族狩猎场景、对称的图案设计，如对鸟、对兽、对称的葡萄、圆花饰图案及卷（蔓）草类植物纹样等装饰母题受到了唐朝人的追捧与喜爱。

三　文明的输出：唐代文明对阿拉伯人的影响

唐朝传入阿拉伯地区的文化主要有以下几个方面：

1. 造纸术

怛罗斯战役后，被俘唐兵中的造纸工匠将造纸技术传入中亚的撒马尔罕，成了阿拉伯帝国造纸工业的开山祖，撒马尔罕在此后好几个世纪中一直是阿拉伯世界最重要的纸张供应中心，也由此开始了中国造纸术西传的历程。

2. 手工业技术

丝织技术、金银器制作技术和绘画艺术。《通典》卷 193 引杜环《经行记》记载，汉地工匠在大食都城亚俱罗工作的情形。"汉匠起作画者：京兆人樊淑、刘泚；织络者：河东人乐隗、吕礼。"说明唐

---

〔7〕　安家瑶：《中国的早期玻璃》，《考古学报》1984 年第 4 期；任新来：《法门寺地宫出土伊斯兰玻璃之研究》，《文博》2011 年第 1 期。

代不仅丝绸等产品早已西传，同时生产丝织品等商品的工人、技术和生产工具也传入到了阿拉伯国家。

3. 瓷器、金属器等

伊拉克底格里斯河西岸的沙玛拉城遗址出土了大批中国瓷器，其中有唐三彩、白瓷和青瓷等。北非的福斯特（今开罗）遗址，也出土过中国的青瓷器，而黑石号沉船中发现的金银器、大量瓷器也是准备运往阿拉伯地区的。

4. 风磨

由中国人发明，从中亚传至阿拉伯地区。阿里·马扎海里认为："最早到达中亚的穆斯林非常惊奇地在那里发现了风磨。阿拉伯人（也就是伊朗的拓殖区）在西西里和西班牙模仿了这种风磨，又从那里传到了弗兰德和其他拉丁地区。这种风磨也应追溯到一种中国的发明。"〔8〕

5. 其他

钢刀、铸钢铁技术、樟脑、肉桂（中国桂皮）、麝香、姜黄、大黄、小米和高粱等也是由中国传入中亚、西亚，由波斯人传给阿拉伯人和拜占庭人，再由他们传至西方人。马扎海里甚至说："西方古代、中世纪，甚至近代文明中的许多内容都可以通过丝绸之路追溯到波斯，进而从波斯追溯到中国。"〔9〕哈伦·拉希德孙子的御医9世纪所著的医学著作《智慧的乐园》被誉为"中国、印度和希腊三种科学交叉"的成果。

这些物品正是中阿经济文化交流的历史见证。著名中东历史学家彭树智总结中阿文化交流的这种双向性说："文明的交往实际上是极其复杂的内化与外化过程，像唐代中国与阿拉伯交往历史一样。器物、宗教、文化、观念、贸易等都反映了这一规律。"〔10〕

---

〔8〕〔法〕阿里·马扎海里著，耿昇译：《丝绸之路：中国—波斯文化交流史》，中华书局，1993年，第345页。

〔9〕同上，第4页。

〔10〕彭树智：《文明交往论》，陕西人民出版社，2002年，第341页。

四　冲突和交流：唐代文明与阿拉伯 文明交往的动力

彭树智先生在《文明交往论》中指出，"文明的生命在交往，交往的价值在文明，文明与交往的互依互存是由一系列不确定因素组成的复杂过程"。"文明交往是一个双向或多向的相互作用的过程。各个文明之间既互相影响、相互渗透，又相互冲突、相互抗争。""到了唐代，中华文明之光，辉煌四射，和中东地区兴起的地跨亚洲、欧洲和非洲的阿拉伯帝国与伊斯兰文明，彼此吸引、相互交往，同时也发生冲突，当然还有政治和军事的合作。唐帝国与阿拉伯之间的交往，是中国在中东对外交往的鼎盛时期，也是古代国家文明交往史上的重要篇章。这是因为这两个帝国、两大文明，都各自在营造自己的国际关系体系。它可以分别称之为'华夷一统'与'阿拉伯伊斯兰秩序'。这两种秩序此消彼长，终于随着751年（唐天宝十载）怛罗斯之战唐军失败而使'华夷一统'秩序在中东受阻。此后中华帝国的历代王朝，除元代之外，基本上对中东地区的战略呈守势或防御性攻势的状态。"〔11〕

阿拉伯文化与中国唐代文明的正面冲突爆发于怛罗斯战役。薛宗正、王小甫、崔明德、张绪山等学者认为，阿拉伯和唐朝都围绕中亚构建自己的帝国体系和世界格局，两者在构建帝国格局的战略目标、理念上的冲突导致了战争及相关的一系列外交活动。例如，拜占庭、波斯、中亚昭武九姓国在面临阿拉伯人入侵时都向唐朝遣使，时间集中在开元年间，目的都是如何借助唐朝力量遏制新兴的阿拉伯人的进攻，而在阿拉伯势力攻占伊朗高原之后，拜占庭的其他各次遣使则是由活跃在中亚的宗教人士（如祆教徒、景教士等）来进行的〔12〕。

---

〔11〕　彭树智：《文明交往论》，陕西人民出版社，2002年，第341页。

〔12〕　张绪山：《唐代拜占庭帝国遣使中国考》，《世界历史》2010年第1期。

面对受侵各国的求救，唐朝皇帝出于各种考虑不进行直接的军事援助，只是有区别地给予安抚与赏赐或适当采取一些措施，如对波斯流亡王族那样。但也有学者认为唐朝和阿拉伯都有意避免双方直接的战争，各自在东西方经营自己的帝国体系，因此，阿拉伯的哈里发和唐朝政府之间的外交军事关系实际上是在巴格达和长安的两国领导者之间的政治博弈及战略竞赛。

唐朝构建"华夷同序"世界格局的战略规划与阿拉伯缔造伊斯兰世界帝国的宏图大略之间的冲突导致了军事扩张，西域诸国的兴衰、人口的东迁、文化和宗教的"接力棒式"迁移与传播等都与此有关。同时，冲突和战争也促进了两国文化的传播，例如造纸术就是此次战役之后由战俘中的造纸匠传播的，成了大马士革的主要产业。最早写下关于伊斯兰教汉文记载的杜环也是此次战役的俘虏，他在大食及其附近国家中生活了十一至十二年后才回到中国。

五 宗教的迁移：阿拉伯文明扩张的影响

阿拉伯人对波斯、中亚的军事扩张，造成了大量宗教人士的远距离迁移。

1. 祆教

自北魏神龟年间（518～519年）传入后，祆教逐渐流行于北魏、北齐和北周，唐代对祆教崇祀有加，导致祆教势力大增。据史料记载，长安城有5座祆教祠，分别在布政坊东南隅、礼泉坊西南隅、普宁坊西北隅、靖恭坊十字街南之西及崇化坊，祆教徒们围绕祆教祠聚居，"胡商祈福，烹猪羊，琵琶鼓笛，酹歌醉舞"，形成相对集中的、内传性宗教社区。彭树智先生认为"在阿拉伯以东地区和中国传播西亚三大新宗教（祆教、景教和摩尼教）的主体是波斯人"〔13〕。中国近年来考古发现的魏晋南北朝至隋唐有关祆教内容的实物资料不仅证实了

---

〔13〕 彭树智：《文明交往论》，陕西人民出版社，2002年，第271页。

祆教沿着丝绸之路向东传播的事实，而且揭示了这种传播是以商队首领同时是宗教领袖为显著特征的聚落组织形态，例如史书多有记载的"萨宝"，碑林博物馆收藏的唐《安万通墓志》和《米萨宝墓志》、甘肃武威出土的《唐阿达墓志》和洛阳出土的隋康元敬墓志、隋突娑摩诃墓志都记载了这些胡人祖上曾任商队首领"萨宝"一职，在祆教徒进入唐朝社会生活、延续宗教与文化方面发挥着重要作用。

正是有了祆教在唐朝长期传播与发展的基础，在面对阿拉伯人军事打击时，祆教徒们纷纷沿着丝绸之路东迁，以寻求庇护与帮助。仪凤二年（677年），被大食击败的卑路斯逃至长安城后，向唐朝政府申请在礼泉坊建立祆教寺，可能也是因为像安息王后裔安令节、米国质子米继芬等伊朗及祆教贵族都集中于此吧。唐长安普宁坊西北隅发现的波斯祆教徒《苏谅妻马氏墓志》以及波斯银币、罗马金币和阿拉伯银币等就是这一历史史实的生动写照。

2. 景教

据《大秦景教流行中国碑》（781年立）记载，贞观九年（635年），景教传入中国。贞观十二年（638年），唐太宗命在义宁坊建大秦寺，安置21名景教徒。643年拜占庭被大食灭亡后，其余部还六次向唐朝遣使，其中四次与中亚景教有关（667年一次，719年两次，742年一次）。由此，张绪山等学者认为中亚景教徒大规模进入中原、景教团与拜占庭结盟，都与阿拉伯人入侵有关。《册府元龟》九七五记载的开元二十年八月景教大德僧潘那密与及烈来朝就是怀着这种强烈而迫切的"存教复国"的伟大梦想，景教碑也颂扬了他们在"共振玄纲，俱为绝纽"方面的杰出贡献。663～668年，景教徒阿罗憾受命于高宗，出使东罗马帝国，也是为了联合应对咄咄逼人的白衣大食的进攻。以上事实说明阿拉伯人对景教徒及其国家和人民造成如此大的变化。

3. 伊斯兰教

伊斯兰教何时传入中国并没有明确的说法。很多学者认为应当在唐初经海陆两路传入。唐高宗时，大食灭波斯后，曾一度攻入天山南麓，伊斯兰教可能通过丝绸之路向东扩张至中亚、西亚。而大食人因海上贸易之故，伊斯兰教经东南亚国家传入中国东南沿海一些港口城市。例如，玄宗天宝十二年（753 年），大食人曼苏尔在广州、杭州等地建寺。至于都城长安有无伊斯兰寺，有学者根据唐玄宗天宝元年（742 年）御史王鉷撰写的《创建清真寺碑记》认为今西安化觉巷中建有清真寺，但大部分学者持反对意见，认为应为明代建筑风格。

至于波斯及中亚摩尼教、印度及中亚佛教在多大程度上受阿拉伯人军事扩张影响，笔者限于材料和本文目的，在此不予以展开讨论。

六 博物馆藏品：中阿文化交流新篇章的开启者

彭树智先生说，人类文明的相通相知之处甚多，智者常会穿越时空而打开各种文化壁垒，就像 8 世纪伊斯兰诗人贾拉里丁·鲁米这样的心灵诗人一样。阿拉伯文明同中华文明之间悠久、广泛的交往，是经久不衰、开发不尽的历史研究资源[14]。王国维先生也用诗歌颂了唐朝与阿拉伯国家交往的积极影响，"南海商船来大食，西京祆寺建波斯。远人尽有如归感，知是汉家全盛时"。陆上和海上两条交通大动脉不仅促进了中阿两个地区经济文化的交流，也成为改变世界发展格局的地理大发现的海陆大通的先河。

博物馆在当前中阿文化交流中应该发挥怎样的作用？当代英国历史学家爱德华·卡尔在《历史是什么》中说道，根据过去来了解现在，就意味着也要根据现在去了解过去。博物馆作为连接现在与过去的纽带，应该诠释、融合这些历史文化信息，服务于当代的文化交流与发展。

1. 博物馆收藏、诠释关于唐代文明与阿拉伯文明的古老记忆。

---

〔14〕 彭树智：《文明交往论》，陕西人民出版社，2002 年，第 245 页。

以物质和精神两方面，勾勒文化传播、冲突、交流与融合的轨迹。

2. 博物馆可以将反映不同文明信息的藏品资源整合起来，以文献记载为辅助，以多元化现代展示、诠释、教育等方式，创立一种文明物质化、信息化、时空化的多维度的实物及信息的新组合，提升中阿古老文明交往、历史文化交流在当今社会的价值感与认同感。例如，整合中阿博物馆藏品资源，联合举办宏大主题展览；整合科研力量，进行跨地区或国家的合作科研项目或科技攻关课题；提炼主题，拓宽研究视野，提升大主题科研能力，组织专家举办国际学术研讨会，出版学术著作；采用现代传媒手段，策划跨地域的主题宣传教育活动或多维度的社会推广活动。

3. 博物馆利用"博物馆日"、国际专业委员会和国家博物馆协会及各专业委员会等博物馆专业人士的国际网络，针对中阿两国博物馆面临的共同问题，加强交流与合作。如在博物馆人员培训、流失文物回流、如何有效保护历史文化遗产等方面，共同探索一些有效的机制与方法。

中阿博物馆藏品所包含、承载的双方交往的历史文化气息绵延不息，将交流传播的历史与现实及未来连接起来。希望通过收藏、研究、陈列展示、社会教育、公共服务体系等方式，共同将反映古代中阿文化交流的器物与遗存最大限度地传播、传承与利用，延伸文化交流的内涵，共同谱写中阿以博物馆为纽带的文化交流的新篇章。

（中阿丝绸之路之旅：中国—阿拉伯国家博物馆馆长论坛演讲稿，2013 年）

寻觅散落的历史记忆：征集与入藏

一 征集与入藏：一个迫在眉睫的问题

对于像陕西历史博物馆（以下简称"陕历博"）这样的综合类历史博物馆而言，面对有限的藏品资源，必须在扩大藏品数量方面有所创新，才能不断满足观众对常看常新展览的需求。

截至目前，陕历博的藏品数量共计 14.7 万件，来源主要由两部分构成：原陕西省博物馆移交和新馆开馆时从地县博物馆征调。虽然这个数字在全国博物馆中仍排列在前，特别是气势恢弘的唐墓壁画、独具特色的唐代金银器、序列明显的陶瓷器和独具特色的青铜器等。但是在具体工作中，我们还是常常感到"藏品欠缺"带来的诸多遗憾。这一方面是我们不断建设与完善藏品体系、展陈体系、公共服务体系的需要。我馆的主体业务体系一直采用传统的横向划分模式，陈列展览和藏品保管分属陈列部和保管部，目前展出的3000 多件展品是从藏品中精选出来的，长期固定在展厅，库房中可供调换的文物数量不够，这样就使得很多文物得不到定期保养，对于文物保护造成不良影响，因此，需要有新文物的不断流入，以便展台上文物的撤回保养。只有在此基础上，才能谈得上展品定期更换，展览面貌焕然一新，也才能谈得上丰富完善以陕西古代文明为主体、以何家村出土唐代金银器展和唐墓壁画珍品展为两翼辅助的陕西古代通史与唐代历史点面结合的立体展陈体系。

2008 年免费开放后，观众以数倍规模不断增长，原来的展览面积和展陈体系面临极大的挑战，若要增加开放面积，就需有大量文物填充新展厅或新展区，我馆藏品中的精华部分大多在展台上，这样也必须增加新入藏文物数量及质量。

二 "昨夜西风凋碧树"：文物征集概况

自 1991 年开馆起，我馆就一直致力于在全国各地搜寻散落文物的信息，并不断征集入藏新文物。负责机构为保管部下属的文物征集科（1991～2005 年），2006 年文物征集工作从保管部分离出来，成立文物征集处，加强了文物征集工作的力度。

从 1991 年起，在多方努力下我馆共征集文物一万一千余件，其中不乏历代精品，例如西周宰兽簋、战国秦青铜龙、汉代金饼、唐代雕版印刷经咒、宋代银棺银函、唐武惠妃石椁等，都算得上国宝级文物。

从来源上看，这些新征集藏品全部来自市场。而大量考古新发现则无法获得，由于博物馆与考古所都属独立机构，考古所与博物馆在发掘品变成藏品方面渠道的阻塞不畅，使得博物馆面对每年考古所大量的发掘品艳羡不已，常常对着"新考古发掘品"黯然神伤。这种全国博物馆普遍存在的问题出现的原因在于博物馆与考古所之间缺乏强有力的联系，而与考古所结合的博物馆则不存在这个问题。

对于 20 世纪五六十年代的陕西省博物馆来说，囊括专门化的考古发掘、文物保护、藏品保管、科研、陈列等分支机构的综合性文物管理机构在新增加文物方面有着便利条件。后来随着文管会和考古发掘功能的分离，并相继成为独立机构，陕西省博物馆承担的任务以藏品保管、陈列、科研、社会服务等业务为主。从此，文物征集工作便进入了逐渐缓慢的过程。让我们看到一丝希望的是，国家文物局博物馆文物事业十二五规划中明确提出要着力解决此问题。

另外，捐献因社会发展、个人认知价值的变化而造成渠道的狭窄。当我们翻看一些藏品的原始记录时，会发现这样的信息：某某村某某人捐献。这种情况随着改革开放而逐渐减少，很多人即使用捐献的名义却要求等同于市场价格的经济回报。还有一个不容忽视的现象，随着国营废品收购站的私营化以及个体或游击废品收购现象的普遍，从废品收购站拣选文物的可能性大大降低。

毋庸置疑，这些新入藏文物珍品对我馆各项工作起到了积极的作用。首先是填补了我馆馆藏文物种类的空白，促进了展览内容的更新。单为我馆基本陈列、专题陈列补充的文物已近 200 件；为外单位展览借展文物近百件，征集文物参加的出国外展 10 次。部分文物甚至以其丰富的内涵直接支撑或推进了一些重要专题展览的推出和设计，比如北宋蓝田吕氏家族征集文物、唐贞顺皇后武惠妃石椁、宋元时期琉璃器、金元时期壁画等。这些数据与例证都充分体现了征集文物对馆藏文物序列和陈列展览的填补和丰富。其次是促进了博物馆的科研工作。大量有重要价值与意义的文物的征集入馆促成了我馆对其的研究，并产生了一批可观的学术成果，不但提升了自身的学术水平，也为学术界介绍了大量新的研究资料。首先是结集出版了一批具有较高学术水平的科研成果，例如《寻觅散落的瑰宝——陕西历史博物馆征集文物精粹》（三秦出版社，2001 年）、《陕西历史博物馆新入藏文物》（三秦出版社，2011 年）、《唐武惠妃石椁回归记》（三秦出版社，2011 年）等，而发表的相关文章多达百余篇。其次是在工作实践中摸索出一套行之有效的规章制度及管理模式，例如设立馆文物鉴定专家委员会，制定了相应的《文物征集工作条例》、《征集文物库房管理制度》、《征集文物移交制度》、《文物鉴定委员会工作章程》，并实施了重要藏品入藏的第三方鉴定制度。

三　"众里寻他千百度"：文物征集前景

总结我馆多年藏品征集工作实践，笔者认为藏品征集、入藏、管理、保护、利用在博物馆事业发展中具有非常重要的地位，我们应不断创新理念、提高认识水平和工作能力，促进文物征集工作的提档升级，具体可从以下几个方面着手：

1. 不断增强文物征集工作的针对性与计划性

根据我馆的性质与功能、使命与任务，从馆藏、陈列和科研的实际需要出发，着重征集本省范围内具有典型性、代表性、来源可靠的文物。

2. 探索多领域合作的征集模式

加强与社会各界的广泛联系，积极扩展征集渠道，特别是与公安局、检察院、海关等执法机关的联系，巩固多方合作在打击文物犯罪、保护珍贵文化遗产、丰富馆藏序列方面取得的成绩。例如，2013 年 4 月，西安市公安局破获一起倒卖文物案，为确保取证工作的顺利开展以及缴获文物的妥善保护，西安市公安局与我馆合作将缴获的两幅壁画、三幅帛画移交我馆。经过两个多月的紧张修复，终于初步完成了两幅壁画的揭取工作，确保了公安局取证工作顺利完成。经省文物鉴定研究中心鉴定，三幅帛画分别为一、二、三级文物。唐代伏羲女娲图帛画目前见于报道的不超过十幅。基本都出自新疆，大部分也收藏在新疆维吾尔自治区博物馆。应当是唐代用来覆盖在墓葬棺木上，起沟通彼岸世界作用的路引。广大中原地区基本没有见到出土，一方面可能与丧葬习俗有关，另一方面可能也是埋藏条件限制，丝帛麻布类制品极难保存的原因。此次我馆征集的三幅唐代伏羲女娲图帛画实属罕见，由于为社会流散文物，没有明确出土地，下一步还需要对其进行进一步的研究。

3. 加强对相关领域法律法规的研究

特别关注国际研究新动态，增强与国际相关组织的联系，发挥博物馆在流失文物回归中的作用，例如国际艺术与文化遗产调停委员会、打击非法贩运文化遗产组织、国际博协蓝盾行动、世界海关组织等。

4. 加强对我馆未来发展趋势和社会需求的研究，强体固本，填漏补缺

在丰富我馆有特色的四大类藏品基础上，根据藏品种类、展览

体系、科研项目重点征集"缺"项类文物。例如，玻璃类、丝绸类、书画类、陶瓷类等。还应关注近现代乃至当代典型社会生活物件的征集与收藏动向。

5. 转变工作思路，加强对近现代文物的征集

目前，我们对近现代文物重要性的认识还不足，把距离现实生活很近甚至与生活同步的典型历史见证物当做文物看待的意识不够强。现行文物出口规定（目前仍遵循 20 个世纪中期制定的 1795 年、1911 年、1949 年的三条线标准），导致我们的认识不到位，造成那些我们不曾重视的文物批量出口，有些文物在国内都难以寻到踪迹。

6. 开展馆际藏品的交流，拾遗补缺，用活现有文物

在博物馆数量快速增长的今天，各地纷纷建造博物馆，应探索通过学术交流、相互借展等多种形式来加强馆际交流，这样既能够较好地使所交换的文物物尽其用，也可以大大缩短征集文物所需的时间和相对节约征集经费，有利于促进对馆藏文物的学术研究，加大对区域文化研究的力度。西北地区一些博物馆在这方面的探索实践表明，博物馆之间合作，是我国博物馆事业发展的趋势，它符合社会发展的基本规律，是促进中国博物馆事业发展的途径之一。

7. 认真研究我国文物市场现状与发展趋势，开拓文物征集新渠道

在目前文物市场规范化、法律化尚不健全的情况下，我们应探索博物馆在民间文物征集、保管、保护、传承和利用方面的新思路，例如，托管、捐赠等。现在私人收藏队伍日趋庞大，其藏品将成为未来博物馆潜在的、雄厚的文物资源库。博物馆征集部门要与民间收藏组织建立联系，研究制定鼓励私人收藏家向博物馆捐献文物或有偿转让收藏文物的奖励政策；及时了解私人收藏家有无出售或捐献藏品的意向；为个人藏品在博物馆展出提供良好的展览环境。

此外，在城镇社区（团）化发展的今天及未来，我们还应将文物征集工作与社区工作结合起来，积极与藏友联系，广交这类朋友，将流散在居民个人手中的文物以妥当方式变成博物馆藏品。这方面

应多向国外博物馆学习，例如大都会博物馆的经验可在《让木乃伊跳舞》这本书中找到完整版本。

四 "期期望断天涯路"：文物征集的困难

在总结我馆二十多年文物征集工作所取得的成绩同时，我们深感此项工作的困难。

首先是文物资源本身的不可再生性造成的文物数量会随着时间推移越来越少，而关注者、收藏者、购买者越来越多。随着民间收藏热的不断升温，市场上流通的文物，特别是珍贵文物很难觅到。在全社会参与文物收藏的大潮中，文物已经不仅仅是文化遗产，而且成了一种投资甚至是投机品，它的价值特别是经济价值已经早已不是文物工作人员所能左右的了，与之相反的是文物征集经费的严重不足，文物征集工作难度越来越大。

其次是由此而来的疯狂地盗掘古墓现象屡禁不止，掠夺性盗掘古墓葬造成了不可逆转的破坏性影响，很多珍贵文物遭到破坏，有的甚至消失了。

再次是由于文物价值飙涨以及由此对文物征集工作产生的观念上的偏离，而博物馆在现代社会的影响力与价值不再具有"物以稀为贵"的吸引力，博物馆快速发展带来数量上的大幅度增加以及行业自身局限，加上旅游业的发展而造成的公众对博物馆的印象分值大大减低，很多人追逐高额利润不愿意把文物卖给博物馆，更不用说捐献了。近年来，博物馆藏品中的捐献者后人到博物馆索要原来的捐献品或要求按照现在的市场价予以补偿的例子屡屡发生。

在这种情况下，我们一方面要加强对该领域前沿信息的采集与分析研究，分步骤编制《陕历博接受捐献文物表》、《陕历博征集文物表》等文本，逐步完善并执行《陕历博文物征集方案》、《陕历博文物征集管理办法》等相关规章制度。加快文物征集专业人才的培养。文物征集工作需要多学科知识与技能，例如文物鉴定、藏品保管、学术研究、丰富的历史知识等，还应掌握摄影、录音、计算机的操作等现代化办公的技能。更重要的是对文物征集工作的热爱与奉献精神。

征集文物工作是关乎博物馆功能与使命的重要问题，我们应该高度重视、认真对待、科学规划，让文物征集工作更好地服务于我馆的未来发展。

（南京世界博物馆馆长高峰论坛演讲稿，2013 年）

著述序言

《赵文艺文集》序

　　文艺先生拟将写他和他写的文章汇总起来，出一本集子。嘱咐我写点东西，作为序言之一。身为晚生，唯恐唐突，便迟迟没有动笔，却禁不住他一再催促，便有了这些文字。

　　论起来，文艺先生是我的师长和上司。20世纪70年代初，我中学毕业后辗转到了半坡博物馆，做讲解员。文艺先生那时是群工组组长（即现在的宣教部主任，那时候没有称老师或官衔的习惯，我们都称他"老赵"）。后来，宣教部和陈列部曾一度合并，他继续任主任。我也随他，既做讲解员，也做一些陈列方面的事。就这样，在他的领导下，我在半坡工作了十年多。后面的几年，还与他共用一间办公室，直到80年代初离开半坡去复旦读书。再后来，我的工作单位不断变化，但始终没有脱离陕西文物系统。而文艺先生则长期担任省博物馆学会宣教委员会的主任，直到去年因年龄原因改任顾问。他的顾问做得很称职，只要是与宣教工作相关的活动，都会参加。我则因为兼任省博物馆学会会长，也经常出席宣教委员会的活动，我们时有谋面的机会。遇到一起时谈谈工作，忆忆往事，倒也其乐融融，颇有忘年之感。

　　文艺先生是一位个性鲜明的人，所以关于他的印象和记忆很多，也很深刻。

　　首先是他对博物馆讲解工作的倾心与投入。坦率地说，文艺先生并不具备一般意义上博物馆讲解员的基本条件，文化程度不高，普通话也不标准，但他却能得到听众的普遍欢迎和业界的广泛认可。

这完全取决于他全身心的投入。他读的所有书籍，几乎都与半坡的基本内容和讲解工作相关。而常备案头的，则有 L. H. 摩尔根的《古代社会》、马克思的《摩尔根〈古代社会〉一书摘要》、恩格斯的《家庭、私有制和国家的起源》，以及石兴邦先生的《西安半坡》考古发掘报告和相关的考古学、民族学书籍。其中的一些经典段落，他背得滚瓜烂熟。对于讲解，他几乎到了如醉如痴的程度。我一般很少早起，偶尔在清晨到半坡的庭院里转转，总能看到文艺先生面对花坛，手持书本，口中念念有词。那是他在酝酿和构思讲稿中出彩的句子和段落。对他来说，所有的勤奋和努力换来的最值得珍视的回报，就是众多席地而坐或伫立在寒风中的团体观众听讲时的鼓掌声、欢笑声或喝彩声。

其次是他做事情的热情与执著。他是一个喜欢求新也乐于创新的人。而且一有想法，便会立即实施。大约是 70 年代末的时候，他在《考古学报》上看到了中国社科院考古研究所的杨鸿勋先生关于仰韶文化半坡类型建筑基址复原的研究成果，如获至宝，马上产生了在半坡模拟复原的念头。硬是将杨先生从北京请来，住在半坡作指导，复原了几种不同类型的房屋。那时候，我们边查资料，边做小工。满身泥土，却也其乐融融。接着，他又突发奇想，要在半坡搞电化教育，便拉着我和照相的张师傅行动起来。一个写脚本，一个借设备；白天拍摄，晚上配音。折腾了一个多月，还真拍出了有模有样的一部介绍半坡的黑白影片，在参观区的一处空房间里为观众放映了一段时间。我离开半坡读书时的一个暑假，被他叫了回去，说是要搞一套半坡史前村落复原的方案。讨论了几天，又熬了几个通宵，终于交稿。此方案工程太大，且需大量土地和资金，便搁浅了。后来我将稿子刊登在一本文集中，算是没有白出力气。多年以后，半坡利用外资，搞了部分村庄复原。虽与当初的设想有些距离，却也营造了感受史前村落的氛围。

再就是他为人处世的直率与认真。他是个认死理的人，但凡是他认准的事情，便非干成不可。为此，没少与领导、同事或下属争吵。在他手下工作，既快乐又辛苦。快乐是因为他从工作的角度出发，为部门和属下争取了很多利益。我刚到半坡那年，北京故宫等文博机构在关闭数年后陆续开放。我们这些刚参加工作、从未出过远门的年轻人都很想去看看。将这种想法告诉文艺先生后，他认为很有必要，马上向馆领导提出建议。要知道，那时候半坡的经费十分紧张，为讲解员的一次参观学习花费数百元，可不是小事，领导不可能痛快地答应。此后的几天，他每天上班的第一件事便是到领导的办公室报到，软磨、硬泡加争论，直到领导允诺。还有一次，他又为我们争取到了去甘肃参观学习的机会。七八个讲解员参观了甘肃省博、莫高窟，感受了古丝路沿线的风情。以后，我到过世界上许多地方，印象都没有这两次深刻。再说说辛苦。他对下属的严厉程度到了不通情理的程度。那时，展厅拖地、擦窗子、涮痰盂，都是讲解员的活儿。本来就很辛苦，加上他苛刻的检查，大家的气儿真不打一处来。我是他认为有点儿文才的人，写写抄抄的事常让我干。常常是前一天下班时布置，次日上班就要。那时晚上不睡觉是常有的事。

关于文艺先生的印象很多，却也凌乱。拣印象深刻的地方写了点儿字，权作序言。末了儿，有点儿感慨：人生在世，大不过百年。大凡活得有滋有味、无愧此生者，都是有自己想做的事，并不遗余力地做了，而且做得很成功。甚至到了暮年，依然对自己平生所做的事难以释怀，割舍不开。这是一种人生的境界，一种精神的涅槃。大千世界，芸芸众生，干大事小事者皆有，而能达到这种境界者却不多见。但是，文艺先生却以他四十余年的从业历程、孜孜不倦的大半生努力、尚未割舍的讲解生涯和依然忙碌的晚年生活，证实了这种境界的存在。

《张鸿修画集》序

曾经写过几篇序言，但为一位资深画家的画集写序，还是第一次。

所以，当张鸿修先生约我为他的《中国历代壁画》作序时，曾有过踌躇。但看过画集的样稿后，感受颇多，觉得应该表达出来。

鸿修先生早年毕业于西安美术学院，辗转多年后到陕西省博物馆工作。1987年，我担任陕西历史博物馆（以下简称"陕历博"）副馆长时，他是该馆的美工。那时陕历博的馆址在西安碑林，由于馆内藏有大量的碑志、拓本和唐墓壁画，故喜好临碑摹画者较多，也出了几位著名的书画家，鸿修先生便是其中一位。几年后，一大批文物和人员调往新落成的陕历博，鸿修先生也在那时离开了碑林。2005年，我调任陕历博馆长时，他已经退休。

在我的印象中，鸿修先生是一位极其认真、执着和勤奋、有为的人。在碑林时，他工作的复制部由我分管，我也时常到他们的办公室转转。每次见到他，要么在认真地看书、赏画，要么在书写或作画。馆里安排的临摹任务，他总能欣然接受、按时完成。同事中有人求幅字画，他也会痛快应允、成人之好。我到陕历博后，曾与几位同事谈起鸿修先生，都认为他这些年在壁画临摹和研究方面做了不少的事情。以我当时之理解，他的作为可能还是限于馆藏唐墓壁画。做了半生的事情，退休后一时割舍不开，继续做做，亦属人之常情。即便如此，我亦因他大半生孜孜不倦的努力和追求而备受感动。而当我拿到他待出版的《中国历代壁画》清样时，才知道

257

他所做的是一项十分浩大的工程，远远超乎我的想象。

中国壁画始于商周，历经春秋战国、秦汉、魏晋南北朝、隋唐和五代、辽、宋、夏、金及元、明、清而长盛不衰。分布范围遍及全国，所选题材丰富多彩，绘制手法各有千秋，艺术价值无与伦比。这些壁画，是中华民族奉献给人类的一份宝贵的文化财富，值得我们世世珍惜、代代相传。可是，这些艺术瑰宝或深藏于墓室，或遥处于戈壁，或贮存于仓库，或回填于田野……无论是观赏、品味，还是借鉴、临摹，都成为难以如愿的企盼。于是，考察、临摹、整理、出版这些古代壁画，使之流传于世，供大众欣赏、专家研究，使中华传统文化中的一份独特遗产得以保存、传承和弘扬，便成为一个有良心的艺术家的一份责任。

鸿修先生勇敢地挑起了这份责任。浏览他提供的画集清样，我得到了以下两组数字。

1. 地域所至。所收壁画的发现地点，涉及 16 个省（自治区）。有山西、河南、陕西、河北、甘肃、内蒙古、宁夏、西藏、新疆、云南、吉林、辽宁、山东、四川、青海等。

2. 时代所属。所收壁画的时间跨度是 2100 余年，涵盖了秦、汉（西汉、新莽、东汉）、魏晋（十六国）、北朝（北魏、东魏、西魏、北齐、北周）、隋、唐、五代、宋、辽、金、西夏、元、明、清、民国等。

同时，我也产生了两点感受。

1. 题材所及甚广。画集涵盖宗教壁画和墓室壁画两大类。其中仅宗教壁画，便涉及佛寺、道观、石窟寺、地宫等地点和佛、道故事中的诸多人物。如道教的各路天神、仙女和神话故事；佛教中的佛、菩萨、罗汉、飞天、度母、金刚力士以及连接天地的使者，还有礼佛的信士和崇仰道教的男女，以及拟人化的飞禽走兽。墓葬壁画的题材多与墓主人生前的生活相关，男女侍从、车马人物、亭台楼阁、出行仪仗、歌舞伎乐、四神图案等均有表现。而颇具地域特点的西藏古格壁画和新疆龟兹、吐鲁番伯孜克里克壁画，在图册也做了专题表现。

2. 境界所至极高。在搜集资料的过程中，鸿修先生遵循"行万里路、读万卷书"之古训，风餐露宿、含辛茹苦，披阅典籍文献、临摹壁画真迹。其中的酸甜苦辣，非亲历者无从体会。对于绘画，我是外行。但因为有过田野调查和发掘的经历，对于野外探访之辛苦，旅途劳顿之艰难深有体会。鸿修先生能够在一个充斥着浮躁和功利色彩的社会氛围中，承常书鸿、王子云等老一辈艺术家的风范，不辞劳苦地寻觅和探访心灵中的一方方净土及传统艺术领域的一座座圣殿，用线条和色彩所构成的特殊语言记录下自己的理解和感受，并通过这本画集，把它们奉献给当代，留赠予历史，着实令人感动。这里所体现的，是一位有良知的艺术家的精神境界。

如前所述，我到陕历博工作时，鸿修先生已经退休。因曾在碑林一起工作，他到我办公室来过几次。言语所及，总离不开他的画。坦率地说，我除了在学校所学且已大部分归还老师的那点美术史和古代书画鉴定知识外，对画着实不懂。但我却真实地感受到了他对中国传统绘画艺术执著的爱和不舍的情。

这使我想到了中国当代美学家朱光潜先生作为座右铭的"恬、恒、诚、勇"四个字：恬者，安也、静也。恬淡寡欲，恬然自安。恒者，久也。德之固也。诚者，信也。诚者自成也。勇者，气也。勇志之所以敢也。鸿修先生正是以安然之态、宁静之心，持之以恒、不畏艰辛，以真诚的信念、诚实的劳作，勇于探索、勇敢追求，才取得了今天的成就，也才有了读者手中这本画集。

愿读者从鸿修先生这本画集中感受到中国古代壁画的丰富多彩和精美绝伦，亦愿读者从中体会到作者对壁画艺术的至爱及其为之付出的努力和辛劳。

《周文化考古研究论集》序言

　　无论是对于古代陕西还是对于古代中国，西周都是一个十分重要的时代。

　　西周是中国历史跨入文明社会门槛之后盛开的一朵奇葩。此时形成的思想理念、文化传统一直深深地影响着中国人的思维、观念和意识。这个时代厚重的历史积淀和迷人的文化魅力，则长久地令世人赞叹，让学者陶醉。我馆的资深研究员、老领导尹盛平先生，就是为此辛勤工作数十年，刻苦钻研大半生而不倦不怠的一位学者。

　　38 年前的秋天。尚在陇县文化馆工作的尹盛平先生征集到一批出土于陇山脚下、千水河畔黄土地中的西周青铜器。其中铜戈等器上所铸的"夨仲"及"夨"字，引起了他的注意。善于思考和钻研的他开始探寻这些铭文的真实含义。正是这一机缘，让一个具备系统的历史考古知识并对西周文化有着浓厚兴趣的年轻学者撞开了西周历史与考古研究的大门，并取得了令学界关注的成果：他结合历史上宝鸡斗鸡台等地出土的与"夨"相关的铜器，与他人合作撰写了《古夨国遗址、墓地调查记》，勾勒出西周夨国活动于汧（千）水流域的基本轮廓，并提出散氏盘铭文中的"瀗水"可能是汧（千）水的见解；通过考证"夨"字古代读音为"吴"、"虞"声，而原陇县又有一座称为"吴山"的山，探讨了"夨"字与"吴山"的相互联系；他认真研究宝鸡弓鱼国墓地的考古资料，形成了自己早年的学术重心——关于太伯、仲雍奔"荆蛮"的系列研究，并将西周史上仅有简略记载的"太伯奔吴"事件理出了一个比较清晰的线索。这些研究成果，得到了学术界较为普遍的认可。

宝鸡附近的弻国墓地因其出土文物颇具特色而备受关注。对于该类遗存的来源，亦可谓众说纷纭。作为亲历发掘的研究者，尹盛平先生对其进行了独立的思考和缜密的分析。他全面了解关于此类遗存的纷纭众说，分析与甄别已有的结论，以严谨的态度进行更高层次的研究与思考，发现这类遗存虽有大量典型的周文化特征，却也有一些甘肃东部寺洼文化的因素，而数量较多的尖底罐、船形小铜器等，却可能与陕南汉中盆地的城固、洋县一带的商代青铜器以及成都平原的巴蜀文化有关，而与前者联系更紧密。至于前一文化的性质，他确信应该属于古代巴人的文化遗存，与成都平原的古蜀文化有所不同。而这种比较，又成为他拓展研究领域的契机。《巴文化与巴族的迁徙》等系列论文，就是他进行比较研究的成果。特别值得称道的是，城固宝山商代遗址的数年发掘，揭示了城固一带商代青铜文化与鄂西、渝东地区早期巴文化的源流，进而证明了将汉中盆地商代青铜文化遗存认定为巴文化的学术价值。

多年参加与主持周原遗址的考古发掘工作，奠定了尹先生学术的基础。他所做的很多研究，如《周原西周宫室制度初探》、《试论金文中的"周"》、《西周蚌雕人头像种族探索》等，都与周原的考古发掘与研究相关，从不同的侧面反映了他对周原考古资料的认识、思考与升华。他关于青铜器铭文所载的"周"地即周原遗址，召陈遗址出土的蚌雕人头像代表了源自欧罗巴人种的塞人等观点，得到学术界的关注，有不少认可与引述者，产生了较大的影响。

基于周原考古的收获，对周人早期历史文化的探索和寻求，成为尹先生学术探索的新目标。20世纪80年代初，在进行文物普查时，尹先生偶然看到了武功县尚家坡出土的几件铜器。敏锐的学术目光让他觉得这是一组早于西周的青铜器，便开始寻踪调查，终于发现了规模巨大的武功县郑家坡先周文化遗址。该遗址发掘后揭示的以联裆鬲为代表的文化内涵，与西周文化既有关联而又有差别，却与他几乎同时被发现、一般认为属于先周文化典型陶器高领袋足鬲为特色的扶风刘家墓地的出土物迥然有别。巨大的反差促使相关的系列论文《先周文化的初步研究》成为他在该领域研究的代表作，主要观点在先周文化研究中引出了持续近三十年的争论。

考古研究最重要的使命之一，就是对古代历史的复原重建。在尹先生因工作所需承担起行政管理工作，而不再承担具体的考古项目之后，便将自己思路拓展到更宽泛的范围，在考古资料与西周史结合的研究领域进行了积极有益的探索。《新出太保铜器铭文及周初分封诸侯授民问题》、《邢国改封的原因及其与郑邢、丰邢的关系》等论文，就是他在这方面探索和研究的代表性成果。他运用出土的金文和其他考古资料，对于周初分封诸侯、封国的改封等重大历史问题，进行了客观翔实的探讨，均有很好的引领和启示作用。

我对西周史和西周考古研究的了解不多，但也从不同的角度知道一些相关的争论。坦率地说，尹先生的部分论点并不是没有可讨论的余地。如在曾为他带来广泛影响的先周文化研究方面，关于郑家坡遗址早期的年代约在夏末或商初的推断，就为一些研究者所质疑。但我也发现，在后来的文章中，他已依据新的考古资料对此问题做了必要的调整，将其置于更为可信的年代范围内了。由此可见一个高层次学者从善如流、勇于纠偏、不固执己见的风节。

唯愿此书的出版对周文化研究有所促进，亦盼我馆的晚学后生们以尹先生为效，苦心志、劳筋骨，共树我馆的学术研究之风气。

是为序。

《千秋金鉴——陕西历史博物馆馆藏铜镜集成》前言

陕西历史博物馆（以下简称"陕历博"）收藏有中国古代铜镜一千余面，时间跨度从商代一直延续到清末，历代谱系较为完备。尤其是其中的汉唐铜镜最有特点，无论从类别、数量上，还是品质上来说，都在全国文博单位中独树一帜。

长安是中国古代王朝鼎盛时期的京畿之地，周秦汉唐墓葬随处可见。铜镜作为古代墓葬中常用的随葬品出土较多，尤其是在汉唐时代的墓葬最为普遍。陕历博收藏的铜镜多出自西安周边的古代墓葬中。50年代初，在国家的大规模基本建设时期，西安周边发掘了大批的古代墓葬。其中有许多汉唐时期贵族和官僚的墓葬，出土文物等级高，品质佳，发掘情况清楚。在汉、唐墓葬中，铜镜"一般都放在人头骨的旁边，有的铜镜出土时用匣子装置，有的用布类包裹，有的上面还残留着植物枝条编织的余痕和丝布等物的腐朽遗迹"（《陕西省出土铜镜》）。隋唐时期墓葬大多有墓志，时代清晰，又有大量共存文物可以参照对证，这就使这批铜镜在研究上有了更大的意义。50年代出土的这批铜镜绝大多数收藏于陕历博。可惜的是，由于当时条件所限，这批铜镜资料没有全面系统地整理出来。1958年陕西省文物管理委员会曾编撰过一本《陕西省出土铜镜》，收录了其中的一百七十二面铜镜的黑白照片。出版到现在已经相隔五十多年，以当时较少的印数，已经很难找到了。孔祥星先生编撰的《铜镜图典》一书，收录了其中的一些铜镜资料，但仍是少数。所以我们不揣学识浅陋，努力把这批铜镜连同历年来收藏的其他铜镜，完整地整理出来，配以照片，编缀成书，以方便于研究者。

据考古发现，铜镜在中国最早出现于 4000 年前的齐家文化时期。陕西出土铜镜中时代最早的是商代的，数量很少。镜子尺寸都不大，轮廓也不十分规整，纹饰简单，仍属于铜镜工艺发展的初期阶段。本书收录的两面商周时期铜镜都很具有代表性，1982 年淳化县赵家庄商墓出土的重圈光芒纹镜，与殷墟出土的铜镜，在装饰手法上有很多相似的地方。背面纹饰图案中圆圈加放射状短线的组合，似乎是在描摹太阳的形象。岐山县王家嘴出土的西周素面镜，圆形平板式，宽桥形纽，形制简单。商周时期的青铜器制造业非常发达，与青铜礼乐器相较而言，制造的铜镜的形制仍然略显简单，说明当时人们对铜镜的认识和使用仍然处于初级阶段。

从全国范围来看，春秋战国时期铜镜制造技术进入成熟发展的阶段，尤其是南方的楚文化地区，出土了大量工艺精湛的铜镜。陕西发现铜镜的数量远不如楚地，与东方国家相比也没有优势。铜镜的制造在秦地没有受到重视，这或许与秦人注重武备，重视武器生产，并不太重视生活用具有关。但从出土铜镜的制造工艺来看已经非常成熟，有的镜面很大，边轮规整，纹饰华美，主纹和地纹反差明显。纹饰最具代表性的是夔龙纹，线条挺拔有力，主纹浮雕凸起，底纹细密繁缛，打磨精致，具有很强的表现力。与楚式镜相比，镜体较薄，纹饰外边缘较宽，边沿或有上卷。本书收录一面 28 厘米的夔龙凤鸟纹镜，纹饰的组合就很有特色，堪称秦地铜镜的代表。

进入西汉，陕西地区的铜镜制造业进入了一个繁荣鼎盛期。国家的大统一，带来了经济文化的全面繁荣，长安作为首都，京畿周围自然成了铜镜的制造中心。从目前出土情况来看，关中地区出土汉镜数量最多。另一个推动汉初铜镜制造业蓬勃发展的重要原因，很可能是汉朝统治者来自楚地，受过去楚文化的影响比较大，重视对铜镜的使用和欣赏，所以汉代铜镜从一开始就受到了楚地风格的影响。西汉铜镜在制造工艺上继承了战国以来的成果，在装饰风格上却很快另辟蹊径，开创了更具有代表性的汉镜模式。镜体变得厚重，镜面有了弧度，主纹和地纹之间的区别逐渐消失，主纹突出鲜明，纹样图案化，更加富于装饰性。铜镜的模具制作技术有了改进，使纹饰更加规整严密，铜镜更加规范化。

西汉初年铜镜还保留着战国晚期的面貌特征，纹饰以蟠螭纹为主，但主纹逐渐形式化，和地纹之间的差别逐渐减弱。战国以来蟠螭纹一直是铜镜装饰主题中最具代表性的纹样，西汉蟠螭纹发展演化形成了多种新的汉镜装饰纹样。星云纹镜就是蟠螭纹镜变形演化的直接结果，从出土汉代铜镜中可以清晰地看到这一演变过程。

武帝前后确立了汉式镜的基本特点。镜体厚重规整，纹饰严谨，突出主纹，地纹消失。主纹以高尖的棱线勾画而成，构图宏大而浪漫。典型的有草叶纹镜、星云纹镜等。

汉代工匠的另一项重要创造是把文字作为铜镜的重要装饰纹样之一，这同汉代瓦当上装饰文字出现情况相一致。西汉初期的少数蟠螭纹镜的镜纽旁就出现了少量的文字，到了草叶纹镜和方格铭文镜出现以后，纹饰中间的方格中都填布有折绕式的铭文带，文字已经成为装饰的重要组成部分。西汉中晚期出现的连弧铭文镜、重圈铭文镜，文字已经摆脱了图案的框架，独立成为装饰纹样的主体。其中日光铭连弧纹镜出现得最早，大概在西汉武帝、昭帝前后，流行时间也较长，留存下来的也最多。昭明连弧纹镜、清白连弧纹镜、铜华连弧纹镜、君忘连弧纹镜等文字镜大都流行于西汉晚期至新莽时期。

博局纹镜是汉代流行时间最长，也最能体现汉代思想文化特点的一种铜镜。纹饰构图宏大浪漫，布局严谨细腻，对世界万物的朦胧认识。博局纹镜产生于西汉早期，到了西汉中期时大量出现。西汉晚期，尤其是新莽时期博局纹镜制作华美精致到了无以复加的程度。LTV形的博局纹间，用挺拔秀丽的线条勾画出祥瑞的青龙、白虎、朱雀、玄武四神，旁边配以日月、瑞兽、禽鸟和具有升仙之意的羽人等形象。主纹饰外往往有一周铭文带，多为七言韵语铭，内容是仙人长寿和顺阴阳、祝愿平安之类吉语，反映出汉代人浓厚的神仙思想。博局纹镜在东汉早期仍然非常流行，但纹饰的线条细密乏力，边缘多装饰勾连的云朵纹或花叶纹。东汉中期以后博局纹逐渐简化衰落。

东汉早中期与博局纹镜同时流行的还有多乳禽兽纹镜，纽座外环绕五至九枚不等的乳钉，中间布置四神、羽人、瑞兽和禽鸟。纹饰细密繁缛，线条挺拔秀丽。

东汉晚期铜镜的装饰形式上出现了两种不同的发展趋势：一种是采用高浮雕装饰手法，让纹饰高出镜体，具有很强的立体感。主要是在神仙人物或神兽纹镜上使用，使画面更加逼真具象。如神仙神兽纹镜、画像镜和龙虎镜。另一种是采用剪纸式剔地平雕的手法，使图案更加富于装饰性。主要用于夔凤纹镜和四叶纹镜等。东汉晚期在构图上的创新是出现了"左右对称"式的布局，突破了以往以镜纽为中心的环绕式和上下左右对称式的布局模式。最具代表性的是直行铭文镜，在镜纽上下的一条直行铭文带，通常是"位至三公"或"君宜高官"等文字，两侧装饰相对的龙凤纹。此类镜子从东汉中期一直流行到三国时期。

东汉中期以后铜镜的传统装饰纹样开始简化，流行以连弧纹、云雷纹和四叶纹组合的简单样式，四叶纹之间常有四字吉语铭文。这类镜子形态通常较大。东汉晚期也有些镜子变得小巧，镜面中心凸起，略呈弧形，边缘呈斜角尖锐状。东汉晚期的铜镜通常抛光都很好，有些出土后仍然银亮光洁。

三国、两晋时期铜镜延续东汉晚期的风格。变形四叶纹镜、直行铭文镜、方格铭神兽纹镜等依然流行。四叶纹已经演变为夸张的尖塔形，顶端张开如蝙蝠的双翼。四叶内填有四字铭文，空间装饰云气或兽面纹，装饰图案形如剪纸。

南北朝时期是陕西铜镜发展过程中的一个休眠蛰伏的阶段。由于长期战乱的影响，过去作为北方铜镜制造中心的地位明显衰落。

但是另一方面是民族大融合和东西方文化交流的影响，给中原文化带来新鲜元素，为在隋唐时期形成中国古代铜镜的第二个繁荣期做好了文化上的储备。

隋代的统治时间虽然很短暂，但统一带来了南北文化的充分融合和共同升华，在铜镜艺术的发展史上是一个具有开创性的阶段。从考古资料来看，铜镜艺术的变革期从隋代开始，一直延续到唐初才完成这一重要的历程。隋代前期铜镜以四神十二生肖镜为代表，无论从形制还是花纹上来看，仍旧沿袭南北朝时的风格样式。四神铭文镜和瑞兽铭文镜的出现，标志着一种新的艺术风格的产生。这种风格融合了南北的文化，在形式上借用汉代以来博局纹镜的框架，但作为主纹饰的四神或瑞兽的表现手法已经大不相同。主纹饰外有一周高梁，高梁外为字体美观大方的楷体铭文带，铭文带外另有一周纹饰，或生肖，或鸟兽。这种瑞兽镜发展到后来布局更加自由活泼，唐代著名的瑞兽葡萄镜就脱胎于此。

唐代是中国铜镜艺术的全盛时期。唐初在隋代的基础上继续发展，到了盛唐时铜镜艺术完全摆脱了旧有模式的桎梏，开创出一个全新的面貌。国力的强盛，文化的灿烂，使人们对于美好的事物充满了想象力和创造力。铜镜的轮廓不再只有简单的圆和方两种，而是创造性地使用了花的轮廓，出现了菱花形、葵花形和委角方形，其中的菱花形还产生出更多种的组合形式。唐人对丰腴饱满的造型有所偏爱，所以使得唐镜不但体形厚重（边缘厚度有超过1厘米的），而且轮廓饱满，线条挺拔，富于张力；纹饰图案也饱满华丽，多采用浮雕式。瑞兽葡萄纹镜、天马鸾鸟狮子纹镜都是其中的代表。

在唐代以镜组为中心的围绕式布局已不占主导地位。大量出现了对称式布局图案，如双鸾纹、对鸟纹镜；独立单点式图案，如龙纹镜、凤纹镜、狮纹镜；散点式图案，如宝相花纹镜；四方连续式图案，如方格花叶纹镜；螺旋式图案，如万字镜等。

在题材上，唐人认为只要是美的东西都可以作为铜镜装饰的内容。人间的山峦、湖水、竹林、鸟兽、花木、人物；天上的仙人、云龙、月宫；与宗教相关的宝相花、万字纹、八卦纹，都是装饰的新题材。在纹样的设计布局上充满了生活气息和异域情调。瑞兽葡萄纹镜是其中的代表，镜背上铺陈的葡萄枝蔓环曲盘绕，花叶繁密、果实累累；其间跃动的狮子姿态各异，甚至有的肚皮朝上，活泼顽皮；飞鸟、蝴蝶穿梭其间，充满了无尽的生命力，这也正是唐王朝雄厚国力在艺术上的体现。

唐镜在制造工艺上还借鉴了金、银、漆、贝等材质的特殊加工技术，制造出多种多样、绚丽多彩的特种工艺镜。如嵌入式金银背面镜、金银平脱镜、螺钿镜、鎏金镜、鎏银镜以及镶嵌宝石镜等等。

唐代皇帝对铜镜制造也非常重视。唐玄宗就把自己的生日定为"千秋金鉴节"，专门制作铜镜用以在宴会上赏赐大臣，称做"千秋镜"。出土铜镜中就有千秋铭蟠龙镜和鸾鸟镜，制作相当精美，体形宏大，有的超过30厘米，边区的方胜内填"千秋"或"千秋万岁"字样。

总的来说，唐代铜镜一改秦汉以来那种平面的图案化的装饰手法和神秘的主题，创造性地融合进现实生活题材，开创了一种新鲜活泼、浓郁瑰丽、富于生活气息的新风格。

唐以后铜镜进入了衰落期。宋代铜镜大多镜体轻薄，铜质颜色灰黄，不再如唐镜一般的银亮。这是由于宋朝常年与北方的辽、西夏、金政权用兵，施行铜禁，一定程度上阻碍了铜镜制造工艺的发展。宋镜由于镜体较薄，所以较少使用高浮雕的技法，纹饰线条纤细，图案细密柔和，花卉纹是采用最多的纹样。宋代在铜镜造型上也有一些创新，产生了钟形、桃形、盾形等样式，但没有发展成为新的潮流。宋代还出现了执柄镜，改变了传统的执镜方式，成为以后铜镜重要样式之一。宋金铜镜纹饰中最具想象力的是表现传统人物故事题材，采用了高浮雕技法，人物突出，背景细致富丽，情节具有戏剧性。关中地区出土较多。

金代铜镜中最具代表性的是双鱼纹镜，浮雕的两尾鲤鱼在细密的波纹间翻滚，镜体厚重，技艺精良。承安年号铭文镜在关中地区出土较多，上面有"陕西东运司官造"字样，是具有地域特色的一类镜子。金代铜镜的边缘上一般都錾刻有官府验记和押记。宋金时代有些铜镜在墓葬中不是作为生活用具放置的，而悬挂于墓室顶部的上方，象征着日月的运行，是社会意识在丧葬观念上的反映。

元代贵族多信奉佛教和道教，所以元代铜镜中最典型的纹饰是宗教题材，如准提观音造像镜、准提咒语铭文镜等。

明清是铜镜发展的尾声。明代铜镜数量不少，但造型和纹饰都形式化、简单化，缺乏艺术创造力。大量制作的是形式统一的多宝镜、方格铭文镜等。清中期以后，随着玻璃镜子的引入和传播，铜镜逐步退出了人们的视野，退出了历史舞台。中国古代铜镜终于走完了近四千年的辉煌历程。

本书的编撰，吸取了前辈学者的研究成果，希望能够为古代铜镜的研究做一些基础工作。在编写的过程中，编者切实感到学识的不足。在一些过渡时期的铜镜断代上，谬误之处在所难免，敬请有识之士指正。

让观众到博物馆散步吧

——《2011 年度陕西历史博物馆观众调查报告》序言

随着全球现代化进程加快，信息产业与知识经济的高速发展，现代意义上的博物馆在展示和教育方面发生了巨大而深刻的变革。世界各地的博物馆开始由传统的对收藏文物标本的重现，转变为对社会大众精神文化需求的关注，即由以藏品为本的传统博物馆变换成为以人为本的新型博物馆。自 20 世纪 60 年代开始，博物馆学尝试将社会学、教育学、心理学、行为科学、公共关系学等相关理论引入博物馆学研究，出现由"藏品为中心"向"公众为中心"的转化。国际博协 1996～2004 年远景规划中指出："虽然传统认为博物馆是文物收藏机构和文物保护场所，但当代的博物馆是为社会及其发展服务，并逐渐成为社会变革的工具。"博物馆必将牢固树立其作为深刻体现共享和参与的公共文化设施的形象。

近二十年来，国际博物馆界在走向社会、走向公众和走向市场的过程中已经形成一个重要共识：人的因素是衡量一个博物馆能否实现其终极目标最基本的标准，因此，博物馆不仅关心物，更要关心"人"。博物馆关心"人"的实践自 20 世纪 80 年代以来已经取得了明显效果，通过对所服务的和将要服务的"目标观众群"的调查——博物馆关注公众兴趣的最基本手段，博物馆正一步步走向社会生活，走向普通观众。观众调查使得博物馆比过去更多地关注观众的参观需要和参观质量，并在研究观众需要、服务观众需要上进行了诸多尝试。

如果说博物馆的建立都是前瞻性决策的结果，如果说标志性博物馆代表着现代城市的文明程度的话，陕西历史博物馆无疑是这样的典型。这座博物馆是在敬爱的周恩来总理指示与关怀下为中国历史上十三朝古都西安立项、建造的，也正因为如此，它被赋予了中国第一座现代化的国家级博物馆的内涵，被誉为凝练着自蓝田猿人至周秦汉唐物质文明精华中最灿烂部分的历史殿堂以及西安这座开放的国际大都市的城市名片。开馆二十年来，这座承载了太多公众称赞和期望的博物馆一直秉承着服务公众、回馈社会的办馆理念，不断加强与公众联系，赢得了越来越多的社会支持，为提升这座千年古都的文化魅力，不遗余力地奉献着。

首先，我们的仿唐建筑和三十七万件藏品品质上是一流的，我们的陈列安排、设计和环境营造始终围绕"吸引观众，留住观众"的人性化服务理念，让更多人到博物馆来，让来的人在每件展品和整个博物馆里逗留更长的时间。为达到此目标，我们想方设法改善绿化和庭院氛围，为观众提供优良的驻足环境；我们努力使陈列展览的设计、制作、安排布置更加吸引人，陈列语言一改过去枯燥生涩的教科书风格，以年轻的语调同历史对话，以流畅优美的散文韵味让观众感觉到一种亲切和蔼的交谈氛围；为观众提供饮水、进餐、购物便利和进一步增强相关知识的购书、阅读场所，甚至提供学术性或普及性讲座及各类博物馆之友一类的交流活动；采用各种新闻媒体网络广泛宣传博物馆展览和活动。通过种种精心策划的活动和预先安排的服务设施，为观众提供舒适高雅优美的参观环境，让观众在这里度过一段美好闲暇时光的同时又能增长知识、陶冶情操、求知启智，努力使博物馆像商店、公园一样，成为人们日常生活中必不可少的组成部分，成为许多人一生、一年中反复光顾的地方。正如台湾自然博物馆前馆长汉宝德曾预言的那样："未来的博物馆将成为街头巷尾活动的场所，博物馆生活化、社区化、生态化是新时代的趋势。"

其次，我们一直努力打造与观众沟通交流的平台。自开馆以来，我们就一直采取各种方式进行观众调查活动。例如，前区设立咨询台和观众意见台，设计出中英文观众调查表供观众填写；宣教部、陈列部、办公室利用一些特殊场合和节假日进行专项观众调查，调查结果定期以工作简报形式在馆内刊布。为了总结开馆 20 年来我馆观众调查活动得失，比较免费开放前后观众结构和流量的变化，研究探索新形势下我馆工作方向，我馆六个部门联合举办 2010 年度大型观众调查活动。由于计划科学缜密、组织有序，此次观众活动进行得有声有色，在观众中产生了良好的影响。

第三，此次观众调查活动将成为我们未来常态化工作内容的良好开端。我们不遗余力地试图与观众建立一种平等、和蔼的交谈气氛，让博物馆不再是"嫦娥应悔偷灵药，碧海青天夜夜心"那样一种若有若无的传说，也不再是"燕子不来花又落，一庭风雨自黄昏"那样一种可有可无的东西。博物馆的展览也不再是一种例行公事的点缀，一种"本以高难饱，徒劳恨费声"的无人识、无人懂的天书。理想的博物馆应该让观众将其当成经常挂念的身边事，让观众能将博物馆参观当做在自家后院的闲庭漫步那样惬意舒适，只当是"春日在天涯，天涯日又斜。莺啼如有泪，为湿最高花"——"不必有所指，不必无所指，言外只觉有一种深情、一种牵挂、一种记忆。"这种看似高远的目标其实可以通过"真诚态度与不懈努力"来实现的。

让观众舒适畅游是要付诸行动的。行动的最基本一步是到观众中去听他们的心声。正是怀揣着这样的诚挚心愿，我们尽力使 2010 年度大规模观众调查活动的筹划、实施和总结都能达到较高水准。著名博物馆学家肯尼斯·赫德森在《80 年代的博物馆》中指出："好的博物馆基本上是一个永不停歇的实验室，在这里，实验的结果使人能以更充实的知识去开始下一次的实验，来自观众的这种反馈在创造着他们自己的博物馆。"陕西历史博物馆将永远会是方便观众往来的文化娱乐和求知、休闲场所。

《何正璜文集》序

　　曾经写过几篇序言。但这次当《何正璜文集》的编辑约我为该书作序时，却踟蹰良久，难以下笔。一是因为此前李松先生已有一些文字，觉得十分详尽，且颇得要领。二是因为感触很多，竟不知从何处下笔。

　　闻何先生之名已是很久以前的事了。20世纪70年代初，离开中学的我刚刚就职于西安半坡博物馆，便常听年长一些的同事谈到省博物馆的何正璜，言语之间充满了敬重和尊崇。那时何先生任陕西省博物馆陈列部主任。十多年后的1987年，我有幸到省博任副馆长，何先生时任该馆顾问。那段时间，她有时还到馆里走走，我也曾到她在翠华路的寓所探望过她几次。印象中的何先生集质朴、高雅、睿智于一身。朴素的装束，银色的短发，和蔼的笑容。遇到熟人，拉着手唠唠家常，如同邻家大妈一般。而举手投足，言谈话语之间却分明体现出浓浓的书卷气和良好的素养及不同凡响的阅历。偶然谈及文物博物馆事业，她专注的神态、动情的表述和独到的见解，足以感染每一位听者并使之随着她的思绪在她心驰神往的领域里遐想、遨游并被深深地打动。1991年，随着陕西历史博物馆建成及开放，何先生改任历博顾问。此后虽很少谋面，却有两件事难以忘怀。一是何先生曾在王子云先生的著作《从长安到雅典》正式出版后，亲笔签名赠我一本，并托其长女送至我的办公室。这本书一直珍藏于我的书柜之中，几次翻阅，均生出无限感慨。再就是得知何先生重症在身时，我曾去探望，见到的何先生虽显憔悴，却依然精神矍铄，面带笑容，谈吐自如，全然无弥留人世之悲凉，表现出对生命的深刻感悟和在噩运中的超然。

何先生早年就读于东瀛，抗战爆发后毅然回国，40年代参加了王子云先生组建的西北艺术文物考察团的全程工作，新中国成立后一直从事博物馆的陈列和研究工作。她一生留下许多文字，有游记、散文、考察报告、研究论文、诗歌等。有的曾在各类刊物上发表，感动过许多读者；有的是尚未发表的手稿，亦有很高的价值。将其汇编成集，是历博同仁多年的愿望。此愿得以实现，要感谢何先生的子女提供了他们悉心整理的文稿，要感谢省文物局和西安碑林博物馆资助了出版经费，还要感谢许许多多为《文集》的出版做了各种各样努力的人。

《何正璜文集》分为三部分。第一编为《考古散文》，收录了40~50年代的二十三篇散文、游记。有对日本生活的回忆和抗战爆发后含泪返国门的痛楚，有参加西北艺术文物考察团期间的见闻和感受，也有投身文博工作后的心得和体会。第二编为《文博研究》，所录63篇文稿成稿或发表于40~90年代。其中有极富学术价值的调查报告与考察笔记，有见解独到的文物研究考证，有对博物馆工作的探索、论述。第三编收录了何先生80~90年代的诗词23篇。她专情于文物古迹，文物古迹也感染、激励着她。在有感而发时，何先生颇具亘古以来的文人风范，吟诗填词，以诗言志，以词抒怀。

读何先生的《文集》，无论是散文、游记，还是论文，诗词，总感到有一种独特的魅力和内在的感染力。与许多朋友聊及她的作品，无不称赞"写得好"。好在哪里？我的体会有以下几点：

一是自然流畅。何先生付诸文字的，或是她历尽艰辛、长途跋涉、经心考察的见闻；或是她长期钻研、悉心琢磨，终得要领的体会；或是她深刻体验、有感欲发、呼之即出的感怀。她的许多文章，发表后自己并未存留，幸有一位热心的读者精心搜集并恭敬地用小楷录成才完整保存至今。还有些文章写就后并未付梓，家人在清理旧物时才归整到一起。正是这种毫无功利目的，把生活的感悟和生命的需求融为一体的写作，才使她的作品具有一种独特而隽永的魅力。

二是内涵丰富。何先生饱览群书，精通史学，思维活跃，自然富于联想。无论是田野考察还是案头研究，荒野古迹或馆藏文物，都能顷刻间在她脑海中形成波澜壮阔的历史画面和鲜活生动的人物形象并付之于笔墨。她的文章，会带着读者由物及人，由人及事，由事及史地层层深入。笔下的人物活灵活现，事件清晰明澈，史实真切可信。似乎漫不经心，娓娓道来，却又入木三分，深刻透彻。这就是人们常说的"大家手笔"。

三是情理兼容。何先生悟性极高。或许因为她学识渊博，或许因为她思维活跃，也或许因为女性情感思维的特点，她总能在考察研究或写作中捕捉到被一般研究者忽略的细节，并产生独到的感受进而做出感人至深的表述。在汉武帝宠妃李夫人墓陵前，她感慨于在武帝众多的后妃中，李夫人独享千载傍于陵侧的殊荣；驻足灞水畔，遥望汉武帝前皇后陈阿娇和唐玄宗宠姬武惠妃的墓地，她叹息无辜灞水，为何要朝朝暮暮承载她们绵绵的幽怨。类似这类感受的描写，在何先生文章中还有很多，读之令人感怀、揪心、扼腕、动容。

四是执着投入。文物博物馆工作对于何先生，已不仅仅是一种职业，更是她精神的寄托和她生命的组成部分。她为之投入的时间和精力，为之倾注的心血和激情，构成了她生命乐章的三部曲。在西北艺术文物考察团期间，她用心感受民族文化遗产，留下了许多珍贵的图文资料和优美动人的文章，同时也奏响了她生命价值的序曲；在省博期间，通过筹办西安石刻艺术室和构建碑林的陈列体系及一系列研究工作，体现出她成熟的博物馆理念和独到的成果，构成她人生的主旋律；在陕历博期间，虽已是她生命的最后阶段，但她对文博事业关注和思考以及通过赋诗撰文和口述留下来的感悟和体会，使她人生的结束曲依然华美、动人。

古人将"立德、立功、立言"视为不朽。中国历代文人士子，莫不以此为人生的最高准则，而真正做到者却寥寥无几。而何先生做到了。她以爱国、敬业、本本分分做人、扎扎实实做事立德；她以马背的辛劳、跋涉的劳顿、探索的苦涩、成功的喜悦立功；她以对历史的深刻理解、对文物的独到见地、对博物馆事业的不倦探索立言。

十二年前，何先生因病辞世。但她留下了作为学者的睿智、作为智者的深邃和作为仁者的慈爱，她将一生苦苦求索的精神结晶奉献给了浸润她学术生命的土地和承续她未竟事业的后生。唯愿这本文集既能彰显前辈奉献之劳、弘扬学术研究之风，亦能告慰先生在天之灵。

《唐墓壁画保护修复研究报告》序

中国古代壁画指绘制在建筑（包括宫殿邸宅、寺观洞窟和墓葬三种形式）墙壁上的美术作品，它是东方文化史册上闪光的一页，这种独特的艺术形式，反映了中国古代特定时期特定人群的信仰崇拜和风俗时尚。唐代壁画墓大多数发现于陕西，主要集中在以西安市为中心的唐长安城及其附近，基本上都是皇亲国戚和官僚权贵的墓葬。壁画绘于墓中的墓道、过洞、天井、甬道、墓室的壁上，描绘墓主人生前的生活场景和美好的理想，洋溢着对生命、对自然的肯定和热爱，闪耀着大唐文化浓重的人文光彩。

西安及附近地区唐代壁画墓揭取的壁画主要收藏在陕西历史博物馆（以下简称"陕历博"）、陕西省考古研究院、西安博物院和昭陵博物馆等单位，以陕历博收藏最多，所藏唐墓壁画1000多平方米，500余幅，仅一级品就有100余幅，这些壁画分别揭取自20余座唐代贵族墓葬。由于壁画对展厅光线、温湿度、空气质量和柜内微环境都有极其严格的要求，所以长期以来只能深藏在库中。1991年陕历博建成后，曾在东展厅中展出40幅，因保护条件有限，很快归入库中，以至于很多重要来宾和专家学者都将进壁画库中参观视为在陕历博的一种特别的礼遇。

将馆藏壁画中的精品做成展览公开展出是大家的愿望，但由于壁画陈列耗资巨大，技术条件要求高，故一直未能实现。1999年，中意双方达成合作意向：利用意大利政府软贷款，在陕历博地下展厅建设唐墓壁画馆。根据此设想，我馆开始筹备工作，2001年12月

7 日陕西省文物局下发我馆《关于唐墓壁画馆有关事项的批复》指出，第一要立即着手唐墓壁画馆设计方案的招标，第二成立唐墓壁画馆建设领导小组，办公室设在我馆并负责项目的设施，这标志着唐墓壁画馆项目正式启动。此后在陕西省计委、陕西省文物局等上级单位和有关领导的支持下，2002 年 4 月，陕历博完成了壁画馆项目可行性研究报告和总体设计。2003 年 9 月，中、意两国政府正式签署谅解备忘录，确定中、意合作的条款，并且得到省领导的肯定和有关部门的大力支持。该项目计划投资总额为 7300 万元人民币，其中意大利无息贷款 403 万欧元，陕西省政府补助资金 1800 万元人民币。根据项目的设计方案，唐墓壁画馆建筑面积 4200 平方米，展线长 800 多米，计划展出壁画近百幅，目标是建设一座管理科学、设施先进，功能齐全，集壁画保护、修复、展览、科研为一体的现代化艺术陈列馆。但由于贷款程序的繁复，项目一度进展缓慢，后经多次与意大利驻华大使孟凯蒂、意大利文化遗产部部长布提廖内等人沟通，2006 年该项目最终有了突破性进展。2006 年 11 月完成了设备的国际招标工作，2007 年 11 月进入正式施工阶段，2009 年基本完成土建装修工程和设备安装工程，2010 年 4 月开始，从意大利采购的壁画展柜到场并开始安装，至 2010 年 10 月全部完成了展柜安装，并开始陈列装饰工程。为了如期开馆，我馆文保工作者从 2006 年就开始壁画修复工作，到 2010 年 6 月完成了全部壁画的修复工作。

2011 年 6 月 20 日，陕历博新馆建馆 20 周年之际，唐墓壁画馆将正式对外开放。壁画馆设在陈列楼东侧地下展厅，参观者沿阶而下，恰似由地面步入神秘的墓室。而展厅内的装饰及设备，又使人充分感受着现代化的气氛：洁净度和恒温、恒湿环境自动控制系统，具有独立恒温、净化、密闭系统的展柜和国际最先进的高强度、高透光率、高清晰、低折射率的灯光设备以及三维虚拟场景、人机互动的多媒体技术。壁画馆的设备和陈列，已达到世界一流博物馆的水平。

感谢各级领导和上级单位对我们多年的鼓励、理解和支持，感谢中、意双方有关专家的辛勤付出，感谢所有为壁画陈列辛勤劳动的同仁。我们相信，2011 年 6 月 20 日必将是笑脸和鲜花互相映衬的令人幸福的日子。

《西安碑林观览》序

初知碑林，年纪尚幼。那时常听父辈们说起碑林，好像还偶然翻到过几份家藏的拓本，却不认识其中的几个字。有一次去碑林，留下的印象很清晰：昏暗的大房子里有许多黑色的竖石，上面布满各种形态的字，感觉十分好奇、神秘。看着大人们认真、虔诚地观赏，朦胧中意识到，这些石头绝不简单，一定有什么不寻常的东西蕴藏其中。

没有料到，长大后竟以文博工作为职业，辗转十余年后又落脚在碑林博物馆工作，搜寻起儿时的记忆和好奇心，始信世上真有"缘分"二字。

西安碑林历九百余年的历史沧桑，集汉至民国历朝历代的文化精华，是举世公认的民族文化宝库。成千上万的石质文物，构成碑林颇具特点的展品体系，有碑石、墓志、雕刻、造像、画像石、经幢等，其中仅国宝级文物，就有近二十组，一百多件。长期以来，碑林获得过诸多美誉，如"石头构成的文化史册"、"人类最重的一部书"、"民族文化的瑰宝"等等。毛泽东曾用"人猿相揖别，只几个石头磨过"的词句概括了从猿到人波澜壮阔的漫长历史。石头把人和猿区别开来，人类又从未间断地在石头上创造着隽永而深厚的文化，续写着体现凝重和希冀永恒的历史。徜徉于碑林，时时为人类在石头上精美绝伦的艺术创造所感染，所感动。那古拙质朴、生活气息浓郁的画像石，仿佛冲破时空之限，把人带入"二牛抬杠"、"狩猎放牧"的汉代田园风情之中；用工整楷书写就，镌刻在百余块巨石之上，集中上古思想文化之大成的《开成石经》，以其体量、重量、文化含量和历史容量，震撼了多少读得懂它和读不懂它的人；那凝固在六方石块上的"昭陵六骏"，披着一千多年岁月的风霜，面对成千上万欣赏、赞叹的目光，好像在讲述着跟随主人驰骋疆场，又默默守护在主人墓前千余年的永远讲不完的故事；在遍布碑林的历代名碑中，你几乎可以找到任何一位在中国书法史上享有盛誉，令古今数不清的书法爱好者仰慕终生的书法大师的笔迹；在那些展藏于碑林之中，并不十分起眼的墓志里，又有多少或辉煌壮烈，或悲怆凄凉的人生故事，足以为各种各样的正史、野史补遗；碑林是一部书，一部读不完、难读懂的书。冰凉的石头和远逝的历史仿佛在古人和今人间形成一道理解的屏障，要在十分有限的参观时间内与古人沟通，与历史对话，对很多的观众来说，并非十分容易。于是，编一本面向各方面、各阶层观众的"向导"书，便显得十分重要。

　　本书的作者，都是在宣教工作第一线的讲解员同志。多少年来，他们用自己辛勤积累的知识，用自己富于表现力的语言，架起了一座和观众沟通的桥梁。他们最熟悉观众需要知道什么，怎样才能让观众了解碑林。所以读他们写的文章，感觉少了些晦涩、呆板，多了些平易、生动，更像是朋友们聚在一起，你问我答，侃侃相谈。

　　读了这本书的文稿，有以上感想。

　　按时尚的方式，是书则需有序，以上文字，就权作"序言"吧。

后　记

　　20世纪70年代初，一个偶然的机会，我走进了地处西安东郊的西安半坡博物馆，做了一名讲解员，开始了我的文博生涯。后来，与很多同龄人相似，我也经历了脱产学习、工作单位和岗位、职务变动、在职继续读书的经历。

　　除西安半坡博物馆外，我曾经工作过的博物馆有陕西省博物馆、西安碑林博物馆和陕西历史博物馆，分别担任副馆长、党委书记兼副馆长、馆长职务。

　　在半坡时，该馆规模较小，分工不很细致。而领导也有培养年轻人的意图。这使我有了很多学习、提高和锻炼的机会。记得当时参加过许多专业性较强的工作，如陈列方案制定、布展，考古调查与发掘等。这本文集中收录的《试析原始宗教的社会作用》和《半坡史前村落的复原设想》，就是在那时完成的。值得庆幸的是，在半坡现任领导和同仁的努力下，前些年终于建成了一个复原村落。

　　后来离开半坡去复旦读书，毕业后在省文物局工作了一年多后，被调往当时位于西安碑林的陕西省博物馆担任业务副馆长。陕西历史博物馆建成后，原陕西省博物馆更名为西安碑林博物馆，我又担任过几年党委书记兼副馆长。文集中的《博物馆管理四题》、《市场经济体制下博物馆管理的几个问题》、《碑林的定位与发展》等几篇文章，就是在那段时间完成并发表的。《碑林的定位与发展》一文，针对陕西历史博物馆建成开放后碑林的定位与转型，提出了比较系统的构想。而《西安碑林与世界文化遗产》则系统阐述了碑林的内涵、特性与文化遗产定义、条件的一致性。直到现在，我依然认为碑林申报世界文化遗产是应该坚持的事情。

2005年，我调任陕西历史博物馆馆长。当时，陕历博已经建成开放十五年。经过一段时间的观察、调研，我撰写了《陕西历史博物馆的历史、现状和前景》一文，提出陕西历史博物馆应该承袭自1944年开始的馆史并详尽阐述了自己的理由。还提出了依据该馆藏品特点所应构建的陈列体系。在同仁们的认可和上级领导的大力支持下，这个体系已经形成并受到观众与业界的普遍认可。构成这个体系的三个陈列连获三届"全国博物馆十大精品展"。文集中的《写在"陕西古代文明"开展之际》、《拥珍品而现精妙》便体现了这种信心与喜悦。

作为中国博物馆协会在西部地区的副理事长，我还通过对中国西部地区博物馆的调研，撰写了《西部博物馆事业的发展之路》一文，以期引起各相关方面对西部博物馆事业的重视与支持。

对于一个热爱博物馆，并愿意将自己有限的工作时间都与之相伴的人来说，总觉得为之应做的事情很多而所做的事情太少。若有来生，我还将奉献给博物馆。

感谢西安碑林博物馆的景亚鹂先生为本书提供相关照片，感谢陕西历史博物馆相关部门在本书编撰和出版过程中给予的大力协助和支持，感谢杨瑾、文军、张维慎、翟战胜、张佳、杨效俊等同仁为本书编辑所付的辛劳。同时，感谢陕西历史博物馆信息中心、科研处、陈列部、保管部、宣教部、唐墓壁画研究保护中心等部门提供了本书所需的大量图像资料。本书还得到了董理、姜涛、韩建武、刘芃、梁彦民、邵小龙、廉钰、王佳诸先生的热诚相助，文物出版社的领导和编辑们也为本书的出版付出了大量心血。在此诚致谢忱。

为了保持所收录文章的时段特点和原真性，结集出版时未做改动。其中的疏漏、失妥甚至谬误之处在所难免，诚望读者见谅。

　　文集付梓前，曾贸然请我十分尊崇的原国家文物局局长、现故宫博物院院长单霁翔先生作序。承蒙单先生欣然应允。谨致诚谢！

成建正

2013 年 11 月 10 日